城东街道志

泰州市海陵区城东街道志编纂委员会 编

南京出版传媒集团
南京出版社

图书在版编目（CIP）数据

城东街道志 / 泰州市海陵区城东街道志编纂委员会编. -- 南京 : 南京出版社, 2025. 4. -- ISBN 978-7-5533-4886-5

Ⅰ. K925.35

中国国家版本馆 CIP 数据核字第 2024AA1401 号

书　　名　城东街道志
编　　者　泰州市海陵区城东街道志编纂委员会
出版发行　南京出版传媒集团
　　　　　南 京 出 版 社
社　　址　南京市太平门街53号
邮　　编　210016
联系电话　025-83283893、83283864（营销）　025-83112257（编务）

策划统筹　杨传兵
责任编辑　徐　辰
责任印制　杨福彬

排　　版　南京凯德印刷有限公司
印　　刷　南京凯德印刷有限公司
开　　本　787毫米×1092毫米　1/16
印　　张　19.75
插　　页　14
字　　数　320千字
版　　次　2025年4月第1版
印　　次　2025年4月第1次印刷
书　　号　ISBN 978-7-5533-4886-5
定　　价　168.00元

实干担当
走前列
敢拼善赢
争第一

序

经过艰辛努力,《城东街道志》终于脱稿,即将付梓。她的问世,是城东街道发展史上的一件盛事,功在当代,利在千秋,意义深远。

城东街道地处海陵区中东部,东至春兰路与京泰路街道毗邻,东北与红旗街道、姜堰区淤溪镇接壤,南至通扬运河与城南街道隔河相望,西南与城中街道、城北街道相连,西至卤汀河与城西街道相交,西北、北与华港镇相接,区位优势独特,水陆交通便利。通扬运河、新通扬运河、卤汀河、泰东河、老东河流经域内,海陵北路、东风路快速路、春兰路、东环快速路纵贯南北,迎春东路、东进路、运河路、森园路、站前路、宁启铁路横跨东西。距扬州泰州国际机场25分钟车程、距泰州火车站8分钟车程,距长江泰州港仅22千米。

城东伴随古海陵同生共长,历尽沧桑。在2100多年的历史长河中,素为古海陵通江达海的东大门。作为行政区,城东镇见诸史书为清末民初,至今逾一百年。1956年3月城东街道成立。2006年1月,城东街道与东郊乡合并组建新的城东街道,翻开了历史新篇章。《城东街道志》上限始于有文献记载的城东镇,其中,2006年乡街合并后的历史尽可能上溯源头,下限止于2021年,全面、系统地记述城东街道政治、经济、文化、社会等方面的发展情况,真实再现城东街道经历数次区划调整的发展历程,准确反映城东街道在改革开放、经济建设、城乡建设和社会发展等方面取得的巨大成就,时代特点鲜明,地方特色突出,具有存史、育人、资政等重要作用。

修志在于经世致用。当前，城东街道正迎来高质量发展的新机遇。我们殷切期望城东人能够借助这部志书，进一步深化对城东街道发展现状的认识，深刻了解和把握街道实际，观照过去，谋划未来，找准城东街道的历史方位和发展定位，在习近平新时代中国特色社会主义思想的指引下，开辟新时代城东发展的新境界，致力发展新质生产力，全力提升中心城区首位度，不断谱写“幸福城东”现代化建设新篇章。

编修《城东街道志》是一项综合工程。首部街道志的出版，是各方共同努力、密切合作的结果。感谢城东街道各部门单位提供丰富翔实的资料，感谢全体编修人员的辛勤劳动、精心著述，感谢上级部门的关心支持，感谢各位专家、学者的热心帮助和指导。由于行政区划和管理机构变动较大，有些资料搜集起来比较困难，加之编修人员力量不足和能力水平有限，《城东街道志》难免存在一些瑕疵，希望各界贤达不吝赐教。

中共泰州市海陵区委城东街道工作委员会书记　花寅军

泰州市海陵区人民政府城东街道办事处主任　张见宇

2024年11月

《城东街道志》编纂人员

主　　编　陈桂荣

执行主编　杨国胜　朱海嘉

　　　　　　朱耀元　张　彦（女）

图　　片　杨国胜　王佳葳

终审单位　泰州市海陵区党史方志办公室

终审人员　蔡　清　王顺国　易楠希　谈得平　朱　骅

验收单位　泰州市海陵区党史方志办公室

验收人员　蔡　清　王顺国　易楠希　谈得平　朱　骅

批准单位　中共泰州市海陵区委城东街道工作委员会

　　　　　　泰州市海陵区人民政府城东街道办事处

凡例

一、本志以马克思列宁主义、毛泽东思想、邓小平理论、“三个代表”重要思想、科学发展观、习近平新时代中国特色社会主义思想为指导，坚持辩证唯物主义和历史唯物主义的立场、观点和方法，客观记述城东街道行政区域的自然、政治、经济、文化和社会的历史与现状。

二、本志记述上限追溯至有史记载事物之发端，记述下限断至2021年。详今明古，全面反映时代特色和地方特点。

三、本志记述地域范围以2021年城东街道行政区域为主，如涉及历史变迁，则适当记载。2006年城东街道与东郊乡合并以前直接记名称，或称“境域”“境内”。

四、本志采用纲目体，设类目、分目、条目三个层次，运用述、记、志、传、图、表、录等体裁，以志为主。统一采用现代汉语、第三人称记述。行文朴实、严谨、简洁、流畅，可读性强；图片精美，地方特点明显，生活气息浓，信息含量高，注重编排，图文并茂。表格统一编排序号。

五、本志纪年，1912年之前采用朝代年号纪年，括注公元纪年，1912年1月1日起使用公元纪年。中华人民共和国成立前（后），以1949年10月1日为界；改革开放前（后），以1978年12月为界。

六、本志数据以统计部门提供的数据为准。统计部门未提供数据的，以相关部门提供的数据为准。各类数据一般保留到小数点后两位。

七、本志中数字和计量单位，执行国家新闻出版相关规定，原则上使用法定计量单位。历史上使用的计量单位以及地名、机构名称，则如实记载。

八、本志的称谓书写按照各个历史时期的事物全称，如全称较长，则在首次出现时括注规范的简称。直书人员姓名，必要时在姓名前（后）冠以当时的主要职务、职称。

九、本志人物传略记载已故人物，人物简介记载在世人物，均为本籍有重大影响和贡献的人物，人物履痕收录有影响的客籍人物，主要记述在当地的活动片段。人物名录收录市级以上先进模范人物、在外名人、革命烈士。入志人物皆以出生年份排序。

十、本志所用资料来自相关文献、档案等，均经核实鉴别入志，一般不再注明出处。

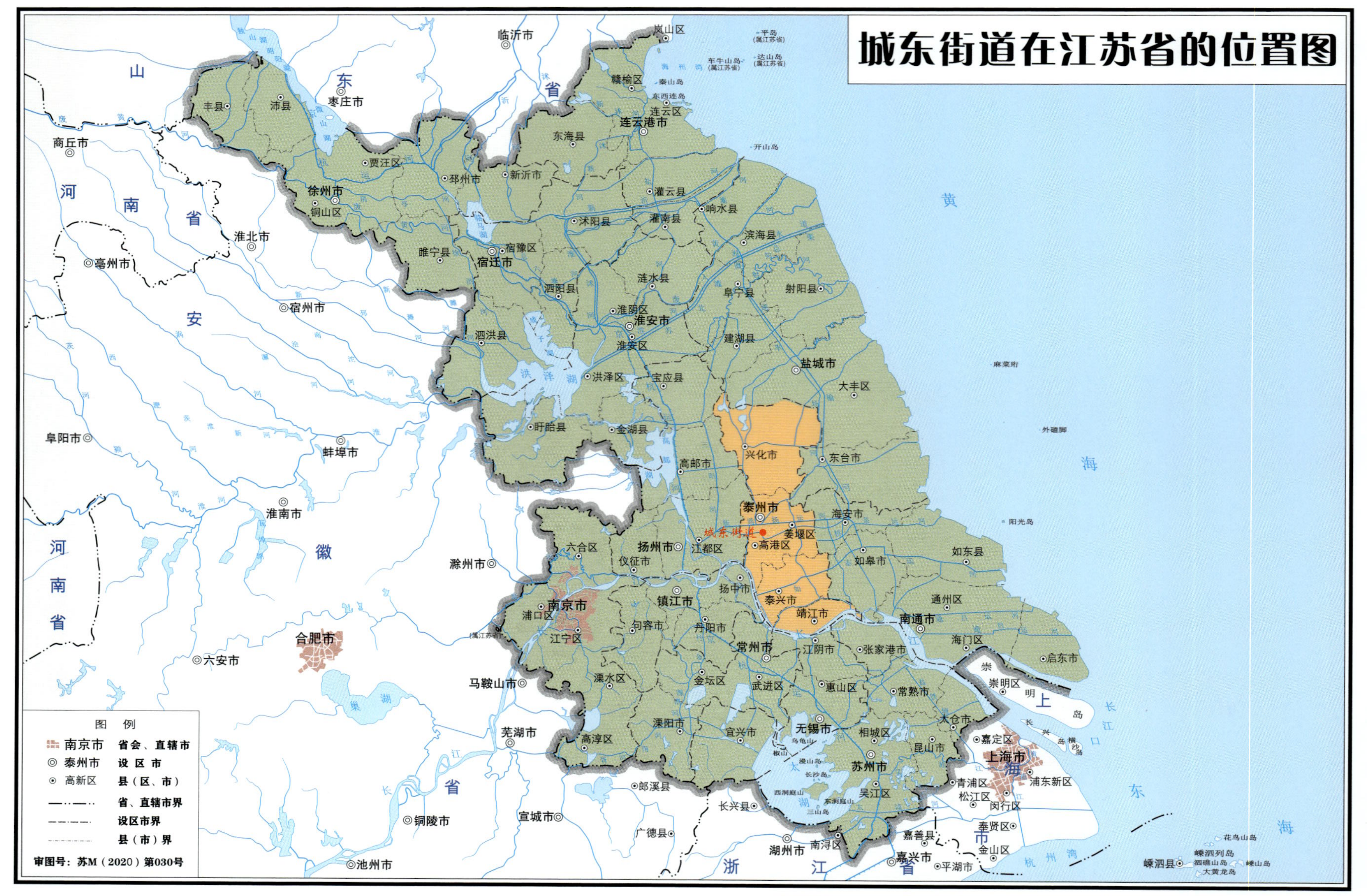
城东街道在江苏省的位置图
图例
南京市 省会、直辖市
泰州市 设区市
高新区 县（区、市）
省、直辖市界
设区市界
县（市）界
审图号：苏M（2020）第030号
城东街道
泰州市
姜堰区
高港区
兴化市
泰兴市
靖江市
南京市
无锡市
徐州市
常州市
苏州市
南通市
连云港市
淮安市
盐城市
扬州市
镇江市
宿迁市
上海市
合肥市
黄
海
东
长江口
山东省
河南省
安徽省
浙江省

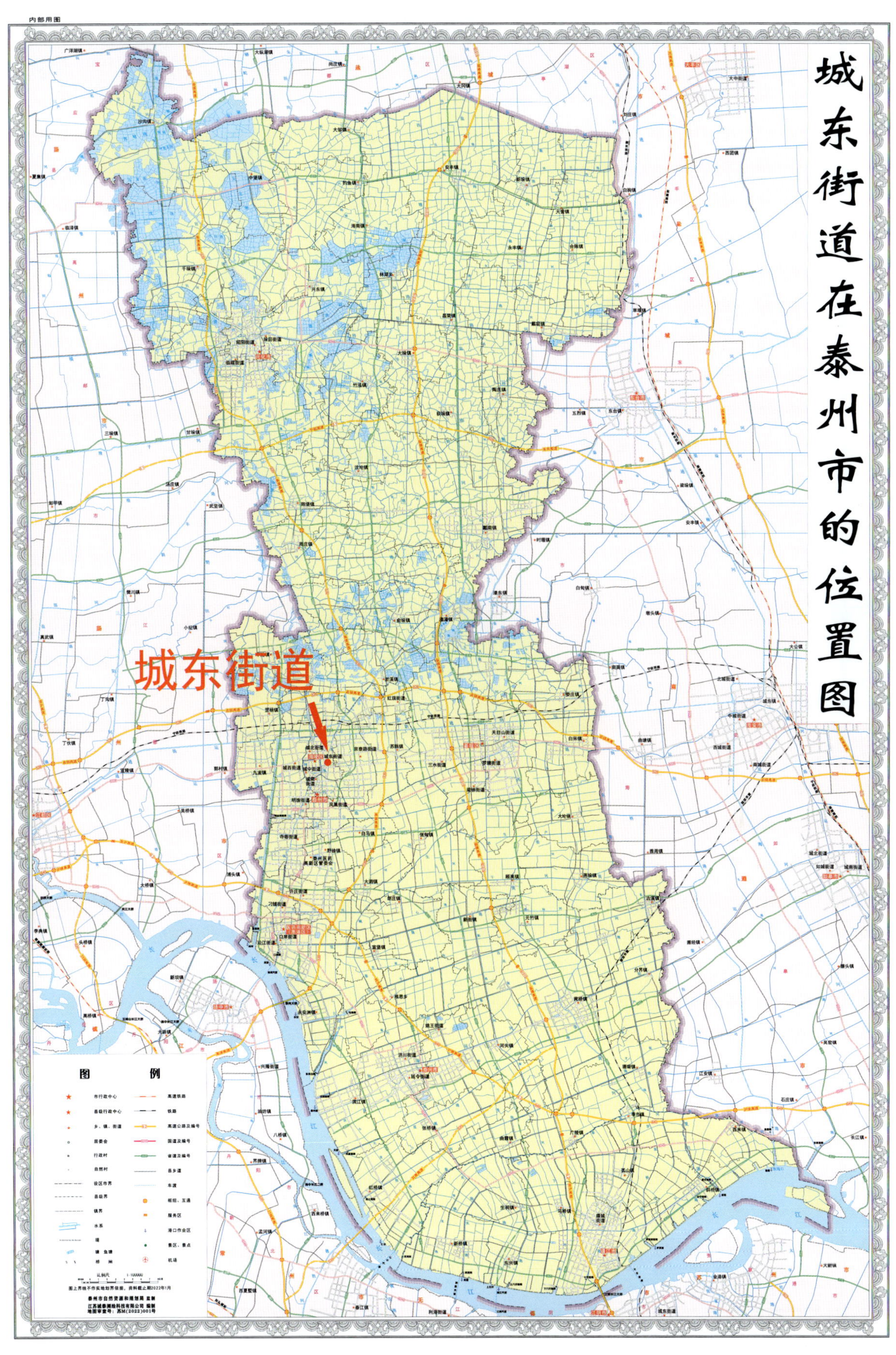
内部用图
城东街道在泰州市的位置图
城东街道
图例
市行政中心
县级行政中心
乡、镇、街道
居委会
行政村
自然村
设区市界
县级界
镇界
水系
堤
塘 鱼塘
桥 闸
高速铁路
铁路
高速公路及编号
国道及编号
省道及编号
县乡道
车渡
枢纽、互通
服务区
港口作业区
景区、景点
机场
比例尺 1:100000
图上界线不作实地划界依据，资料截止期2022年1月
泰州市自然资源和规划局 监制
江苏诚泰测绘科技有限公司 编制
地图审查号：苏M(2022)001号

城东街道地图

华港镇
淤溪镇
道
街
红旗
京
启扬高速
S28
东环快速路
站前快速路
宁启线
华庄大道
麒麟路
东泰渔路
海陵北路
凤凰路
朱东
窑头
孙金
唐甸
丁冯
魏徐
碧桂园
泰州市第四人民医院北郊分院
泰州市朱庄中心小学
泰州市大浦中心小学碧桂园校区
泰州市渔行实验学校
中加生态园
凤凰岛
云林水岸苑
观棠苑
林湖郡
城河依柳苑
泰渔新村
金李村
李家垛
陈家舍
徐家垛
魏垛村
洪家垛
姜子头
梅家垛
解楼村
陈家垛
渔行水村社区
姜家舍
吴家舍
顾家垛
新庄

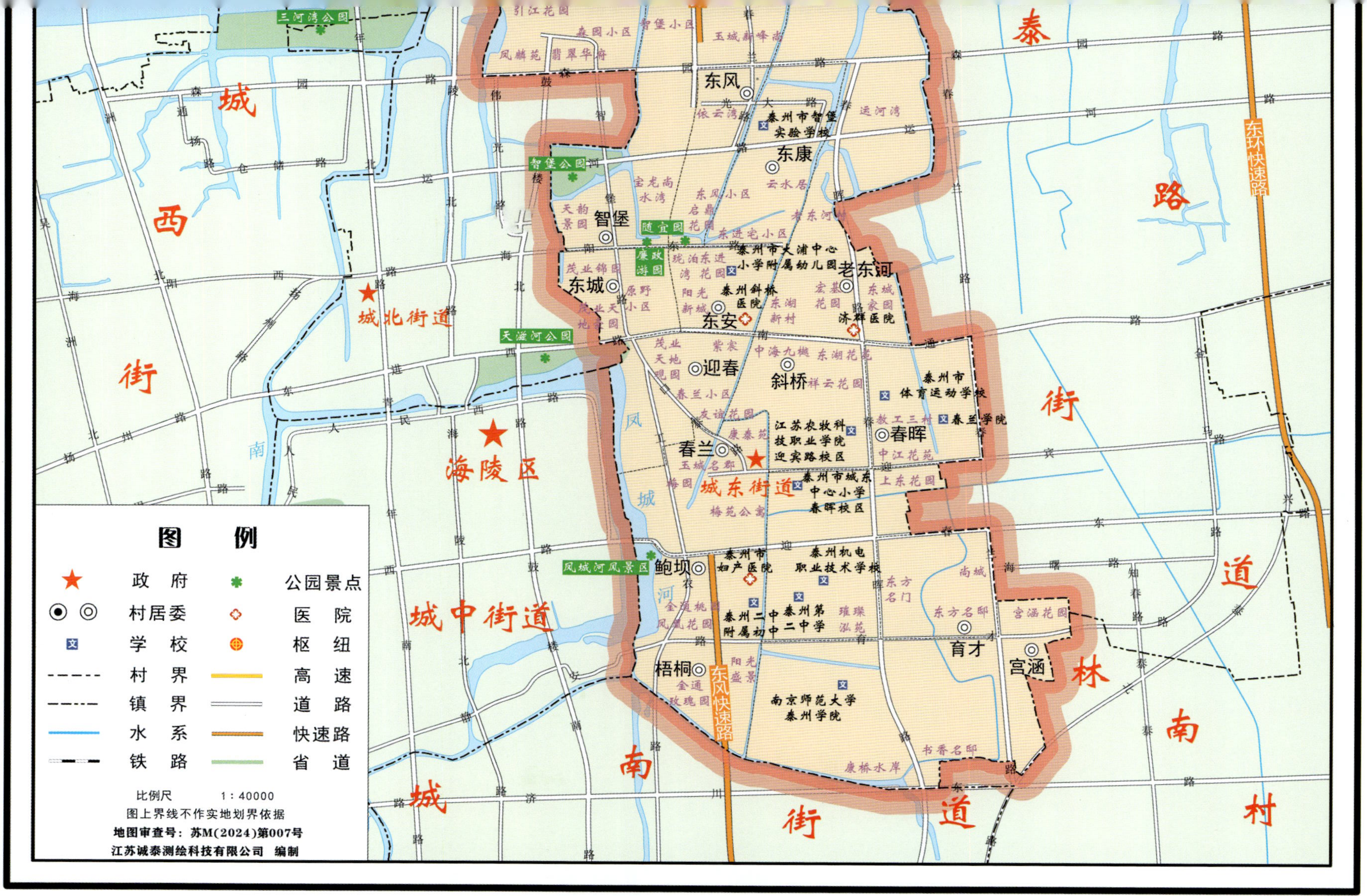
城西街道
泰路街道
南林村
城北街道
海陵区
城东街道
城中街道
南城街道
东环快速路
东风快速路
东风
东康
智堡
东城
东安
老东河
迎春
斜桥
春兰
春晖
鲍坝
梧桐
育才
宫涵
三河湾公园
智堡公园
随宜园
廉政游园
天滋河公园
凤城河风景区
泰州市智堡实验学校
泰州市大浦中心小学附属幼儿园
泰州斜桥医院
济群医院
泰州市体育运动学校
春兰学院
江苏农牧科技职业学院迎宾路校区
泰州市城东中心小学春晖校区
泰州市妇产医院
泰州机电职业技术学校
泰州二中附属初中
泰州第二中学
南京师范大学泰州学院
图例
政府
村居委
学校
村界
镇界
水系
铁路
公园景点
医院
枢纽
高速
道路
快速路
省道
比例尺 1：40000
图上界线不作实地划界依据
地图审查号：苏M(2024)第007号
江苏诚泰测绘科技有限公司 编制

东城河风光

穿境而过的宁启铁路

秦东河两岸绿色长廊

东风路快速路

运河路俯瞰

桃园步道

老街舞龙表演

茂业广场远眺

泰州宾馆主楼

花园半岛住宅区

东城河广场

凤城河夜景

唐甸三月三庙会舞龙表演

非物质文化遗产代表性项目——河蚌舞

目　录

概　述

城东，镶嵌在海陵大地上的一颗璀璨明珠，在双水绕城、水城一体、文昌水秀的古城东隅独领风骚。

城东，沐浴改革开放的春风崛起的现代街区，工业发达，商贸繁荣，宜居宜业。

城东，半城锦绣半城画，新通扬运河之南，高耸的楼群鳞次栉比，一排排繁华的商铺之间人员熙熙攘攘，一条条宽阔的街道车水马龙，一座座绿化园林苍翠欲滴。新通扬运河之北，改革的春风唤醒了农村大地，吹绿了希望的田野，城郊型高效农业、生态农业蓬勃发展，美丽乡村如诗如画。

城东街道地处海陵区中东部，位于北纬32° 28′ 26″～32° 33′ 54″，东经119° 57′ 14″～119° 53′ 18″，素为古海陵通江达海的东大门。东与京泰路街道毗邻，东北与红旗街道、姜堰区淤溪镇接壤，南与城南街道隔河相望，西南与城中街道、城北街道相连，西与城西街道相交，北、西北与华港镇相接，呈南北长、东西窄的扁平形状。境域地势南高北低，属于江淮湖洼平原。气候属亚热带季风性湿润气候区，年平均气温15℃，四季分明，降水丰沛。2021年，街道行政区域总面积29.78平方千米，下辖7个行政村、5个涉农社区、10个城市社区，总户数28574户，户籍人口73062人，常住人口10.80万人。街道实现地区生产总值55.34亿元，财政总收入3.88亿元。城镇居民人均可支配收入55980元，农村居民人均可支配收入25730元。先后获得“全省和谐社区建设示范街道”“泰州市红旗党组织”“泰州市创建文明城市先进集体”“泰州市优秀公务员集体”等称号。

城东大地物华天宝、人杰地灵，千百年来，涌现的历史文化名人，有古代贤者风范的明代工部右侍郎徐蕃，清朝同治、光绪时期技艺非凡、声名赫赫的京剧表演艺术家梅巧玲，清末民初泰州军政司令部司令、拥孙反袁名将张淦清，中华人民共和国成立之初创办泰州市第一个农业生产互助组并任组长的于锦凤，中国气象学会会员、江苏省书法家协会会员夏道逑，江苏师范大学特聘教授、江苏省药用植物生物技术重点实验室首席科学家和学科带头人郑元林，中国经济社会理事会理事、外交家、作家、翻译家陈来元……都是城东历代名贤的杰出代表。

城东街道因城市发展而生，因社会进步而延。1956年3月31日，原县级泰州市设立城东街道办事处。2000年11月，海陵区调整街道办事处，撤销城北和西仓两个街道，原辖区域合并，新设海陵区政府城东街道办事处。这是时隔44年后，城东街道再次登上历史舞台。2006年1月4日，经省政府批准，泰州市批复同意海陵区区划调整，城东街道与东郊乡合并组成新的城东街道，翻开历史新篇章。

一、经济发展实力强劲。农业生产特色鲜明。街道坚持做优一产，全力实施品种、技术、知识三大更新工程，优化农业产业结构，调整种植养殖结构，推进城东城郊型特色农业，推进高效农业规模化。依托毗邻农业产业园和地处北部生态走廊优势，在麒麟大道周边地块引进种植加工、物流销售、观光体验、旅游休闲等现代高效农业项目，打造中心城区北部生产、生态、生活农业新坐标。依托蘑菇部落、万家园、电子商务、麒麟园艺（多肉微景观），开辟都市农业、智能装备、水肥一体化现代农业发展路径。依托苏中农副产品批发市场，打造有机生态农业基地。持续做强丁冯省级菜篮子示范基地品牌，协同推进苏中农副产品批发市场与线上平台合作，完善特色农产品生产购销体系。2021年，街道耕地面积6420.15亩，实现第一产业增加值1.25亿元，增速2.7%。第一产业从业人员数1658人。粮食种植面积2777亩，实现粮食总产量1066吨，油料总量398.7吨，蔬菜总产量19925.6吨。肉类总量35吨，禽蛋总量26.3吨，水产品总量887.6吨。工业经济发展迅猛。街道工业基础雄厚，工业门类涉及轻纺、化工、电器、机械、食品加工、建材建筑、船舶运输设备制造等产业。2000年后，街道积极实施科技创新，推进企业转型升级，促进企业以新技术、新工艺、新设备、新材料投入为契机，走科技含量高、资源消耗低、经济效益好的规模工业道路，培育打造一批主业突出、竞争力强、销售业绩高的规模企业。2008年，工业发展进入兴盛时期，拥有各类企业252家、从业人员5800人。2021年，实现规模以上工业产值0.61亿元，实现第二产业增加值13.92亿元，完成工业固定资产投资12.2亿元。第二产业从业人员数14521人。建筑业厚植优势。城东建筑业历史悠久，是街道的支柱产业。20世纪七八十年代，东郊乡1000多名建筑工人转战省内外，以一流建筑质量和拼搏精神赢得了建设方的信赖和好评。1988年，江苏原野建筑安装工程有限公司(简称“原野公司”)率先进军国外市场，在新加坡承接工程。2004年在北京成功注册分公司，成为海陵区首家进入北京建筑市场的区属建筑企业。2005年4月，经商务部批准，原野公司获得境外承包工程经营权，实现海陵区建筑业境外承包工程经营权零的突破。2021年，街道具有资质以上建筑企业17家，其中，建筑总承包一级资质企业1家，总承包二级资质企业2家，总承包三级资质企业14家，实现建筑业总产值18.14亿元。商贸服务方兴未艾。2008年，伴随东部城区大规模旧城拆迁改造，街道商贸服务业迎来快速发展机遇期，成功引进汇成置业、大润发超市、泰茂商业、鑫隆置业(世纪联华)、依云湾置业等知名企业，华钜活力城、内河船用物资市场、金凤凰大酒店等建成运营。随着主城区东扩步伐加快，街道抢抓发展机遇，打造现代服务产业集聚区，即南通路商业区：以商贸业为主，形成以茂业百货、茂业天地、世纪联华为中心，向东西两端辐射，集商贸、商务、休闲、娱乐等功能于一体；现代农业物流区：依托北部苏中农副产品批发市场、中加花卉苗木展销中心、丁冯省级蔬菜基地等重点农业项目和周边丰富的农产品生产资源，构建城东地区现代农业物流中心。2020年，街道全面启动实施“优质公共服务资源采集区、现代服务业总部经济引领区、时尚体育文旅融合发展区、生态经济特色田园乡村示范区”四大功能区建设，签约中溱文旅风景区、奥山冰雪综合体等亿元以上项目14个。全季酒店、世贸商业街、海悦汇商业综合体、泰州会宾楼丽呈酒店等项目建成运行，现代化街区形象大幅提升。2021年，实现第三产业增加值40.17亿元，第三产业从业人员数22085人，资质以上房地产开发企业14家，限额以上批零住餐业企业28家。旅游经济蓬勃发展。城东街道素有“凤凰宝地”、城市后花园之美誉，不仅有梅园、桃园的城市园林之秀美，还有垎岸、菜花的郊外田野之妖娆。独特的城市、郊区相互呼应的地理位置，吸引八方游客来此打卡，观光旅游。街道充分发挥区位优势，以聚集于凤城河东岸的梅园、桃园、老街等风景区为发展旅游经济的抓手，鼓励社区居民利用家庭资源兴办民宿、私房菜馆、手工工艺等服务产业，做好旅游服务保障，开发旅游附属产品，用本地特色产品、特色工艺吸引游人，留住游客，夯实发展旅游经济的基础。充分发挥“都市隐唐甸 非遗文化村”品牌效应，积极拓展品牌外延，以海陵唐甸庙会、朱庄庙会、乡村采摘等为平台，大力开发集生态农业观光、采摘垂钓、农家乐餐饮、民宿服务于一体的现代乡村文化旅游点，最大化发挥乡村旅游资源效能，使之成为新的乡村经济增长点，实现村集体经济、村民收入可持续增长。

二、街区面貌焕然一新。历史上城东地处城乡接合部，建筑大多沿路而建、聚商而兴。撤市设区后，境域内迎来新一轮城市建设高潮。1994年7月，市区建筑规模最大、占地面积30公顷、建筑总面积36万平方米的东进住宅小区工程开工，翌年竣工交付。2006—2008年，市、区城建体制调整，中心城区建设力度加大，老东站周边地区旧城改造实施，鲍坝街区改造、智堡安置、鲍坝安置、斜桥安置等工程项目开工建设。金通梅园、阳光新城、康桥水岸、依云湾等商品住宅拔地而起，梅园、桃园等一批体现古城风貌和历史文化积淀的重要历史建筑得到修复和重建。实施村庄环境综合整治，完善农村基础设施，推进美丽乡村建设。2021年，境内运河路、站前路建成通车，东风路高架快速路开工建设。新增天韵景园、中海·九樾、玉城名郡、尊园花园等8个住宅区，建成公园、街心游园6个，绿化覆盖率28%。唐甸村获评“全国美丽宜居示范村”“国家森林乡村”“江苏省水美乡村”，碧桂园小区获评“江苏省宜居示范住宅区”“江苏省十佳宜居园林居住区”。

三、社会事业协同发展。2007—2021年，街道实施就业帮扶，促进就业创业。新开发就业岗位1794个，新增就业人数7176人，转移农村劳动力1803人，无零就业家庭及农村零转移就业户。开展社会救助，促进社会和谐。创建居家养老服务站，创办残疾人庇护安养所，为重病家庭、残疾家庭、受灾家庭提供大病医疗救助和临时救助金459万元，为住房特困家庭申办廉租房150套。城乡低保提标扩面，为475名城乡居民保障对象发放保障金517.8万元。新型农村医疗保险实现全覆盖，参保率持续保持100%。城乡居民养老保险参保人数逐年增加，至2021年，参保社保人数15800人，参保人员续缴率达96.3%。加强文化建设，打造文化品牌。至2021年，街道拥有舞蹈、艺术、合唱等业余文体队伍14支，社区（村）图书馆（室）17座，百姓大舞台9座，"社区文化农村行、农村文化社区行"品牌效应不断放大，"幸福城东"指数日益提升。坚持两个文明一起抓，营造风清气正、和谐清明的城东氛围，培养和选树一批道德模范和先进模范，先后涌现出"中国好人"段成林，"全国孝亲敬老之星"杨兆华，"江苏好人"李爱华、汤汝华和朱琳琳夫妇等模范典型，"唯美和谐、幸福城东"成为时尚新风。教育资源兴旺发达。城东自古兴学重教。1928年，泰县私立时敏中学诞生在域内。1952年成立的苏北泰州师范落户境域。1998年3月，泰州第一所高等院校泰州职业技术学院坐落于辖区。2006年，境域教育资源涵盖幼儿教育、小学教育、中等教育、高等教育四个层次，泰州学院等5所高校、江苏省泰州中学等5所中等学校集聚境域。2012年后，随着市区南扩和区划调整，辖区教育资源相应调整。至2021年，境域仍为泰州教育资源最大的聚集区，境内有高等院校2所：南京师范大学泰州学院、江苏农牧科技职业学院（迎宾路校区），中学5所：泰州市第二中学（高中）、泰州市智堡实验学校（初中）、泰州市渔行实验学校（初中）、泰州二中附属初中、泰州市体育运动学校，小学5所：智堡实验学校（小学部）、渔行实验学校（小学部）、大浦中心小学碧桂园校区、城东小学春晖校区、育才实验学校；幼儿园10所。在校学生24741人，教师总数1581人。

回首峥嵘岁月，城东街道的发展历程令人振奋，城东的沧桑巨变让人自豪。展望美好未来，蓝图已经绘就，实干托起梦想。站在新起点，踏上新征程，意气风发的城东人正朝着“两个一百年”奋斗目标，不忘初心，继续前进，奋力激扬城东梦想、提升城东气质、书写城东担当，撸起袖子加油干，甩开膀子务实干，让城东这个古老而年轻的街道逐步成长为海陵中东部经济发达、百姓殷实、环境优美、人文厚重、气质卓越的朗润明珠。

大 事 记

清代

康熙二十五年（1686）

秋，国子监博士孔尚任协助工部侍郎孙在丰在泰州治水，结交遗老，栖居境域陈庵创作《桃花扇》。

乾隆元年（1736）

泰州税课局设于州治西南。在东门鲍家坝、南门滕家坝、北门堂子巷设税房收货物关税。

乾隆年间（1736—1795）

从明末起，泰州造船业逐渐兴盛。至乾隆年间，渔行、丁冯一带居民多以造船为生，其中，造船大户拥有大船多达99艘。

道光十五年（1835）

江苏巡抚林则徐颁布“扬关奉宪永禁滕鲍各坝越漏南北货税告示”，并在滕鲍两坝口勒石立碑。

咸丰三年（1853）

9月 城东十三里汪农民在僧人道正、曹跛领导下，进行联合抗租斗争。遭官府镇压，道正、曹跛被杀，村舍被焚毁。

中华民国

1912年

泰县奉令筹办地方自治，设市乡公所处理地方行政事务，全县划为8市40乡，城东镇隶属城市。

1923年

7月6日 鲍坝崩，下河水势骤涨，于迎春桥及北关吊桥筑坝堵水。

1927年

10月 遵省府令，泰县城市市乡行政局成立。全县分为15区，第一区为城市，城东镇隶属第一区。

1929年

废市乡行政局，成立区乡（镇）公所，各区名称以数字为序，共15个区，下辖438个乡镇。第一区（城市）辖14镇16乡，城东镇隶属第一区。

1934年

原15区438乡镇调整为10区272乡镇。第一区（城厢），辖11镇16乡，城东镇、智鲍乡、三忠乡隶属第一区（城厢）；朱麒镇、唐丁乡隶属第九区（港口）。

1941年

2月13日 李长江率部在泰州城公开投敌。李明扬率千余人离城，以鲁苏皖边区游击总指挥名义活动于唐家甸下河农村。同时，泰县县政府移驻唐家甸。

1945年

6月4日 李明扬在唐家甸被日军俘获，解押南京后又转押上海日军司令部。日军投降后获释。

1947年

4月至11月 泰县进行区划调整，合并为10区81乡。其中，城东镇隶属第一区管辖。

1948年

3月 泰州智堡布厂工人许富元、许济元等在中共特派员姚干的领导下，成立工人党支部，许富元任支部书记。

1949年

1月22日 泰州解放，城区划为6个镇：城东镇、城西镇、济川镇、坡管镇、民新镇、永清镇。

3月1日 市公安局增设智堡派出所。

6—9月 市内区划调整：6月24日，划苏陈区的智家堡、斜桥、鲍家坝成立智堡镇，直属市政府。9月13日，划港口乡的第一村、第二村与第三村成立唐甸乡。

9月1日 市公安局撤销城中分局，建立城东、城西2个派出所。

中华人民共和国

1950年

5月8日 泰州市、泰县合并，称泰县，全县分为7县属镇16区203乡（镇）。其中7县属镇分别为：济川镇、城东镇、城西镇、坡管镇、民新镇、永清镇、智堡镇。10月7日，泰州市、泰县分治，7个县属镇划归泰州市，乡区划归泰县。

1951年

9月6日 撤镇建区，全市分为4个区，其中：由原城东、城西2个镇组成城中区，原下坝（永清）、鱼行、智堡3个镇组成下坝区。

1952年

3月 境域花园村创办泰州第一个农业生产常年互助组，组长于锦凤。1954年5月，该组发展成泰州第一个农业生产初级合作社。

1954年

7—9月 连降暴雨，加之江淮并涨，水位陡增，境域智堡、花园等村农田基本淹没。

11月12日 泰县港口区窑头乡丁冯村划归泰州下坝区。

1955年

3月22日 市内区划调整，重新组建鲍坝、泰山、九龙、智堡、新城5个乡，设郊区管辖。

1956年

3月9日 著名京剧表演艺术家梅兰芳回乡探亲演出期间，到泰州东郊马家汪（俗称六十亩凹子）祭扫祖墓。

3月31日 行政区划调整，撤销城中、城北、下坝3个区，设城南、城东、城西、城北、西仓、下坝、鱼行7个街道办事处及1个水上办事处。

6月 本月降雨量达393.4毫米，超过常年同期平均降雨量两倍。智堡、新城两乡3020亩稻田平水。境域低洼地区出现积水。

9月26日 调整乡的建制，智堡、新城2个乡合并，定名新城乡；鲍坝、泰山2个乡合并，定名玉带乡。10月8日，郊区区公所撤销，新城、玉带、九龙3个乡直接归市人民委员会领导。

1957年

11月22日 城东街道办事处与城西街道办事处合并为城中街道办事处。

1960年

1月17日 泰州万亩渔场开工建设，投资44万元，开挖鱼池914亩。2009年建设为碧桂园住宅区。

7月 从6月初起，连续49天滴雨未下，农村沟塘干涸，新城乡受旱农田面积占秋熟作物面积的44%。

1962年

5月 港口公社划分为港口、朱庄2个公社。

5月24日 泰州市、泰县分治，泰州市下辖13个人民公社、244个生产大队。其中郊区公社管辖包括花园、丁冯在内的13个大队；泰东公社管辖包括智堡、鲍坝、纪庙、宫南、宫北、忠南在内的21个大队；朱庄公社管辖包括朱东、孙垛、窑头、联合、金李、唐甸、魏垛、刘北、解楼、徐垛在内的20个大队。

1964年

9月10日 泰州市下辖港口、朱庄等10个人民公社以及泰东、泰西两个人民公社的42个生产大队划归泰县。泰州市保留郊区等3个人民公社的21个生产大队。经调整，重新组建成智堡（下辖8个生产大队：鲍坝、高桥、智堡、花园、西坝、丁冯、渔行、黄垛）、园林（下辖5个生产大队：园林、松林、泰山、西仓、新城）、头营（下辖8个生产大队：任景、头营、九里、招贤、森森、森南、森北、唐楼）3个人民公社。

1968年

4月 智堡人民公社改名为东郊人民公社。

1980年

10月 东郊公社鲍家坝出土2具不腐尸和50多件服饰，经考古鉴定，该墓为明代工部右侍郎徐蕃夫妇合葬墓，其中有两件补服被列为国家一级文物。

1984年

6月8日 废社改乡，东郊人民公社改为东郊乡人民政府。朱庄人民公社改为朱庄乡。

9月 为纪念梅兰芳诞辰90周年，在鲍坝村凤凰墩上兴建梅兰芳纪念亭。

1985年

1月1日 泰县朱庄乡划归泰州市。

1986年

1月1日 园林乡并入东郊乡。

4月29日 泰州市郊区区公所建立，管辖东郊、朱庄、泰西、西郊4个乡。

1988年

7月 泰州市政府决定，原园林乡改为泰山经济合作总社，辖园林、松林、泰山、西仓、新城等5个行政村。

1989年

1月31日 位于境域鲍坝村的梅兰芳公园建成开放。

1990年

8月31—9月1日 境内遭受15号台风袭击。平均风力7级，最大风力10级，最大风速在17米/秒以上，2天总降水量202.9毫米，为中华人民共和国成立后台风降水量最大的一次。东郊乡3000多亩水稻70%倒伏、40%严重积水。

1991年

5月21—7月19日 境内遭遇百年未遇的特大洪涝灾害。出现7次暴雨，降水573.9毫米，上、下河水位分别超过警戒水位0.88米和1.33米，新通扬河河水倒灌，智堡河及智堡前河、后河河水上岸淹没农田农舍，产业用布总厂、弹力衫厂、针织厂、纤维板厂等企业厂区车间进水。智堡、花园、黄垛等村损失严重，受灾125户，因灾倒塌房屋超过350间。

1994年

5月27日 市区行政区划调整，从东郊乡划出园林、松林、泰山、西仓、新城等5个行政村，从城南街道办事处划出书院、园林、蒲田、方洲等4个社区，新设泰州市政府泰山街道办事处，与泰山经济合作总社合署办公，实行两个机构、一套班子管理模式。

7月20日 市内建筑规模最大的东进住宅小区开工建设。该小区规划占地面积30公顷，一期建房总面积36万平方米。

1995年

9月21日 东进住宅小区建立东安、东兴、东康3个居民委员会，隶属城北街道办事处管辖。

1997年

4月12—13日 中共泰州市东郊乡第九次代表大会召开，选举新一届乡党委、纪委，选举黄三罗为乡党委书记，孙步根、陈发甫、张永平、冯淦寿为乡党委副书记，韩瑞英为乡纪委书记。

5月6日 海陵区机构编制委员会批复，同意建立东郊乡计划生育服务站。

8月18—20日 受11号台风影响，境内出现暴雨和8—9级大风，造成水稻倒伏、棉花落铃和蔬菜损失等。

1998年

5月12日 东郊乡重大疑难纠纷调处中心成立。

11月9日 海陵区机构编制委员会批复，同意建立东郊乡建筑管理站。

△ 港朱公路（姜堰市港口镇至海陵区朱庄乡）通车，全长2.3千米。

1999年

1月21日 东郊乡第十届人民代表大会第一次会议召开。选举张永平为乡人民代表大会主席团主席，冯淦寿为乡长。

8月30日 东郊乡党委试行干部任前公示制。是年，有4名乡管干部通过任前公示履职。

9月4日 东郊乡智堡村一农户家遭雷击，屋面及家用电器损坏，经济损失约2万元。

9月 海陵区首家乡级农民经纪人协会——东郊乡农民经纪人协会成立。

12月21日 经省政府批准，撤销朱庄乡。所辖刘垛、唐甸、魏垛、徐垛、金李、孙垛、窑头、东南、朱东、解楼10个村划归东郊乡管辖。

2000年

1月6日 东郊乡政府新办公大楼落成启用，乡机关迁至新址办公。办公大楼位于口泰路88号，主体五层、局部六层，建筑面积6210平方米。

1月7日 东郊乡决定将各村土地征用补偿费纳入乡财政专户管理。

1月12日 位于东郊乡鲍坝村的江苏省泰州中学新校区建成。

2月17日 东郊乡党委决定建立村与村帮扶机制，经济基础较好的鲍坝、高桥、智堡、斜桥村与经济基础相对薄弱的朱东、魏垛、徐垛、全李、孙垛村结对帮扶。

2月28日 位于市区南通路的原野大酒店建成试营业。该酒店于1997年开工建设，建筑面积2.7万平方米，层高24层，总投资1.2亿元。

2月 东郊乡被评为"泰州市安全文明乡镇" "海陵区建筑业先进乡镇"。

3月9日 中共泰州市东郊乡第十次代表大会召开。选举姚龙章为乡党委书记，丁和扣、张永平、潘祥龙为乡党委副书记朱巧玲为乡纪委书记。

4月10日 斜桥村由泰州市畜牧场划归东郊乡管辖。

10月20日 东郊乡政府决定采取引资、租赁承包的方式，对金李村"北大荒" 进行改造，将其中的417亩低产田及废地荒水改造成养殖基地。

11月14日 泰州市政府批复，同意海陵区调整街道办事处：撤销城北街道办事处和西仓街道办事处，将其原辖区域合并，新设海陵区政府城东街道办事处，辖29个社区。

12月29日 泰东河拓浚工程开工。全长55.08千米，东郊乡境内长3.38千米。

是年 东安、东兴、东康3个居民委员会合并为东安、东康2个居民委员会，隶属城东街道办事处管辖。

2001年

1月2日 东郊乡首个居民委员会——东郊居委会成立。

6月5日 海陵区在东郊乡进行计划生育村民自治试点工作。

7月13日 海陵区委在东郊乡试点乡（镇）机关、事业单位机构改革工作。

9月10日 东郊乡推广“史力丰”双低油菜新品种，全乡建立以魏徐村为中心的“史力丰”油菜千亩丰产方。

9月14日 泰州市在东郊乡举行第六届村民委员会换届选举试点工作动员大会。此次换届选举为行政村合并后的第一次选举。

11月24日 江苏省农林厅有关领导考察东郊乡魏徐村500亩无公害蔬菜示范基地。该基地为泰州市十大农业示范工程之一。

11月25日 东郊乡第六届村民委员会换届选举工作结束。全乡12个行政村共选举村委会委员58名，其中，主任12名，副主任5名，委员41名。当选的委员中，妇女干部19名，约占入选人数的三分之一；高中以上文化29名，占入选人数的50%。

12月20日 东郊乡鲍坝村农民投资2000多万元兴建“泰州市育才高校学区服务中心”。该中心为泰州市“三产”重点项目工程之一，占地面积10000平方米，建筑面积达15500平方米。2002年8月28日，该中心正式投入运行。

12月28日 东郊乡第十一届人大代表选举结束。全乡分为29个选区，共选举产生乡人大代表59名。当选代表中，妇女代表14名，非党代表24名，私营企业主5名。

2002年

1月14—16日 东郊乡第十一届人民代表大会召开，选举张永平为乡人民代表大会主席团主席，丁和扣为乡长。

1月29日 魏徐村农民经纪人潘广珠为全村农民推销自产萝卜100万公斤，每公斤价格比市场价高0.14—0.20元，共为农民增收7000—8000元。

2月25日 原朱庄乡所有文书档案送交市档案馆归档管理。

2月28日 省民政厅一行到东郊乡朱庄敬老院考察，对该院迎接第五次省文明敬老院和全国模范敬老院的验收提出指导意见和整改要求。

5月9日 省农业厅在东郊乡魏徐村召开“双低”“史力丰”油菜品种推广现场会，并将该品种作为向全省推广的油菜品种之一。

5月12日 为规范党员干部购买养老保险行为，东郊乡印发《关于成立"清理用公款为个人购买养老保险"领导小组的通知》。通知下发后，经过排查，全乡共有159人，动用259万元购买个人养老保险。

△ 经国家有关部门选样确定，泰州市第二食品厂生产的"梅香"牌蛋制品伴随中国足球队征战"世界杯"。

5月18日 东郊乡举办第十二届"东进杯"乒乓球赛，来自市、区、乡的11支代表队参加比赛。最终，东郊乡斜桥村代表队、市技术监督局代表队，分获男子团体冠、亚军。

5月28日 撤销东郊乡窑头村窑头渡口，结束了长达20多年的摆渡历史。自此，海陵区境内再无渡船摆渡。

6月5日 泰州市第二食品厂"梅香"牌红心咸蛋和无铅无泥松花变蛋获得中国绿色食品发展中心颁发的"绿色食品"证书。

6月21日 东郊乡在全市率先启动RTI综合防治工程。该工程由市计生委负责指导，区计生局负责协调，乡政府负责实施，对全乡5034名育龄妇女生殖道感染情况进行综合防治检查。

8月30日 东郊乡居民委员会第一届居民代表大会召开。35名代表采用无记名投票方式，选举产生首届东郊居民委员会。

2003年

3月24日 中共泰州市东郊乡第十一次代表大会召开。选举姚龙章为乡党委书记，王震宇、张永平、李步宽、姚建中为乡党委副书记。赵国祥为乡纪委书记。

8月 东郊乡获评省级人口普查先进集体。

12月 东郊乡人民政府档案工作目标管理机关获一级认定，为全市第一个获得一级认证的乡镇。

2004年

12月30日 在第七届村委会换届选举中，东郊乡斜桥村在全市率先采用无候选人一次性直接选举办法，由村民直接选出村委会主任、副主任和委员。

2005年

2月24日 海陵区国土资源管理工作会议在东郊乡召开。

11月29日 海陵区委、区政府决定成立新城东街道筹备工作小组。

2006年

1月4日 经省政府批准，泰州市政府批复，同意海陵区调整部分乡镇、街道行政区划：将东郊乡与城东街道合并，设立新的城东街道。行政区划调整后，新的城东街道辖区行政区域面积28.48平方公里，区域内人口7.23万人，管理15个社区、12个村，办公地点位于口泰路88号。

3月7日 省检查组对城东街道争创“十五”人口与计划生育示范区进行考核验收。

3月17日 省军区领导一行到街道检查人民武装工作。

5月18日 省委组织部有关负责人到城东街道工人社区调研社区党建和非公经济党建工作。市委组织部副部长程秋喜，海陵区委常委、组织部部长崔国庆陪同调研。

6月6日 副省长张九汉一行到城东街道工人社区考察社区便民服务大厅、市民学校等运转情况。省政府副秘书长于利中，市政府市长姚建华、副市长丁士宏等陪同考察。

6月8日 区委书记杨杰出席城东街道人民武装部揭牌仪式。

9月6日 区委书记杨杰带领区财政、经贸、发改委等相关部门负责人到城东街道调研经济发展情况。

9月16日 省统计局人口与就业统计处根据2006年城乡划分后的城乡地域库，抽中城东街道迎春社区、东安社区、东风社区、智堡村委会作为2006年人口变动和劳动力调查第一级样本单位。

10月26日 海陵区第一家农村社区劳动保障工作站在城东街道东郊社区成立。

11月7日 泰州军分区政委庄义春到城东街道调研基层武装工作。

12月28日 海陵区造船行业协会在城东街道花园村成立。

2007年

2月26日 泰州市内河船舶工业集聚区海陵区管理委员会在城东

街道花园村举行挂牌仪式。

6月 城东街道管辖的彩衣、东街、西浦、大浦、工人5个居民委员会划归城北街道管辖。2008年3月，城东街道办事处渔行村整体划归城北街道办事处管辖。2008年12月，海陵区政府决定将城南街道办事处莲花、忠南、新胜3个行政村归划入城东街道办事处代管，3个行政村原有建制与名称不变。2010年8月，城东街道办事处撤销忠南、高桥、鲍坝、智堡等村民委员会，并在原村行政区域范围内组建新社区居民委员会；撤销花园村第一、第二、第三村民小组，建立花园村第一、第二、第三居民小组，隶属关系不变。

6月20日 市委副书记、市长姚建华到城东街道魏徐村调研“内河船舶集聚区”海陵区盐河北路工程建设情况。区委书记杨杰、区长周绍泉、副区长丁和扣等陪同调研。

9月11日 城东街道渔行村西坝大桥正式修复通车。

2008年

1月19日 南京师范大学泰州学院学生社会实践基地在城东街道东安社区挂牌成立。

1月28日 全国总工会副主席、书记处书记乔传秀到城东街道东康社区看望慰问社区居民周扣林。省总工会负责人、市委书记朱龙生陪同慰问。

4月12日 城东街道举办首届体育运动会暨“迎奥运、讲文明、树新风”全民健身展示会。来自街道的11个代表队的400多名运动员参加了各个运动项目的角逐，并进行了健身展示。

8月14日 境内东风北路（南通路至碧桂园段）改扩建工程竣工，全长5.1千米，双向六车道，为城市一级道路。

2009年

2月10日 由全国500强、零售业全球第三的英国TESCO——乐购集团投资兴建的泰州华钜金海商业广场项目开工奠基典礼在高桥村举行，区委书记杨杰出席开工奠基仪式。

5月31日 市委副书记王守法到城东街道智堡村调研“秸秆还田”

技术推广工作。区委副书记叶海波、副区长张仁德陪同调研。

7月15日 城东街道规模最大的旧城改造项目——米厂周边街区拆迁启动实施。

8月6日 副市长丁士宏到城东街道斜桥村调研股份合作社改制及撤村建居工作。区委书记杨杰陪同调研。

9月15日 省水利厅副厅长张小马一行调研城东街道朱东村航道整治工作。

9月24日 区委书记杨杰到城东街道魏徐村调研造船企业安全生产工作。

10月4日 区委书记杨杰到米厂街区改造工程拆迁现场了解拆迁实施进度,走访慰问节日期间参与拆迁工作的人员。

10月20日 城东街道土地流转服务中心挂牌成立。

10月26日 区委副书记、区政协主席叶海波一行到城东街道调研第三批学习实践科学发展观活动开展情况。

12月28日 城东街道为撤村建居的斜桥、新胜、莲花3个社区统一授牌。

2010年

1月22日 市委书记张雷、市政协主席陈克勤到城东街道春兰社区和高桥村走访慰问困难居民和军烈属。区委书记杨杰陪同走访慰问。

3月1日 区委书记杨杰调研城东街道斜桥街区城中村改造工作。

8月26日 城东街道举行撤村建居授牌仪式,忠南村、高桥村、鲍坝村和智堡村正式撤村,分别更名为忠南社区、高桥社区、鲍坝社区和智堡社区。

9月6日 省民政厅有关领导到城东街道东康社区调研省级“居家养老示范单位”创建工作。

9月7日 省委组织部、省民政厅相关负责人到城东街道高桥社区调研撤村建居工作。

11月10日 省住房城乡建设厅到城东街道唐甸村检查验收康居示范村创建工作。

12月6日 城东街道育才社区正式挂牌成立。

2011年

1月12日 省委组织部到城东街道高桥社区调研远程教育工作。

3月 海陵区决定调整城东等街道行政区划：1.城东街道新高桥、新胜、新莲花、忠南4个社区回归城南街道管辖；将城东街道花园村位于新通扬运河以南的1、2、3组的社会事务划归城北街道管理。2.将京泰路街道宫涵、老东河2个社区划归城东街道管理。3.社区调整后，属于原社区的集体资产、股份制合作单位的权属关系归新划入的街道管理。

6月8日 省监察厅副厅长洪慧民带领政府征地拆迁制度规范落实情况督查组，实地走访督查城东街道辖内老东站地块拆迁工作情况。

8月4日 省水利厅考察团一行到城东街道宫涵社区、丁冯村现场调研水利建设工作。

9月11日 城东街道举行村级后备干部公开选拔面试，前期通过笔试的56名后备干部候选人参加。

11月9日 省城市社区药品“两网”建设示范区创建工作组到城东街道检查验收药品“两网”建设示范区创建工作。

2012年

1月15日 区委副书记、代区长李卫国，区委常委、组织部部长于顺华，分别到街道朱庄敬老院和迎春社区低保户家中走访慰问。

2月1日 中加（泰州）生态园举行开工典礼。

7月3日 全省“社会管理创新先锋行动”现场会在城东街道举行，省委常委、政法委书记李小敏带领180多名与会人员到城东街道政法综治工作中心，现场调研街道社会管理创新先锋行开展情况。

8月2日 省财政厅副厅长宋义武一行到城东街道检查指导财政所信息化建设工作。

8月9日 省质监局有关人员到城东街道督导检查食品安全工作。

8月31日 区委书记孙耀灿调研城东街道春晖社区文明指数测评工作。

9月8日 区委书记孙耀灿带领政法委检查组到城东街道宫涵社区检查指导社会治安综合治理工作。

11月29日 省残联检查组到城东街道检查基层残疾人组织建设

“强基育人”工程落实情况。

2013年

3月6日 省委统战部副部长莫宗通一行到城东街道春晖社区专题调研少数民族工作。

4月12日 区委副书记、区长李卫国带领区住建、城管等部门负责人现场督查城东街道城建基础设施转型升级工作。

6月2日 城东街道公开选拔村级后备干部，通过推荐报名、笔试筛选，共有31名考生参加面试。

6月20日 省综合减灾工作组到城东街道宫涵社区检查防灾减灾工作，察看社区应急逃生路线及避难场所设施建设。

9月2日 区委书记徐克俭到城东街道走访调研。

9月 城东街道碧桂园社区居委会成立。

2014年

1月10日 泰州市副市长孔德平率领相关部门负责人到城东街道唐甸村调研村庄环境整治工作。

2月10日 泰州市委书记张雷带领市相关部门负责人到城东街道迎春社区调研残疾人“幸福家园”工程项目使用情况。

2月13日 区委副书记、区长李卫国到城东街道调研经济社会发展工作。

3月18日 城东街道召开党的群众路线教育实践活动动员大会。街道领导班子全体成员、部分退休干部，机关中层干部以及村、社区“两委”主要负责人、督导组成员、群众观察员等参加会议。

4月1日 泰州市委副书记、市长陆志鹏带领相关部门负责人到城东街道迎春社区调研棚户区改造工作，并就正在开展的党的群众路线教育实践活动征求基层意见。

4月2日 区委书记徐克俭率领相关部门负责人到城东街道东康社区调研棚户区改造工程。

5月6日 省委农工办“四有一责”检查组到城东街道宫涵社区检查“四有一责”建设情况。

5月22日 区委副书记、区长李卫国带领调研组到城东街道丁冯村调研农民专业合作社生产基地建设情况。

6月18日 副市长孔德平带领市环保局、城管局等部门负责人专题督查城东街道文明城市创建工作。

7月17日 副市长陈明冠到城东街道丁冯村调研农民专业合作社生产基地建设情况。

10月21日 省红十字会常务副会长盛放一行到城东街道调研基层红十字会工作，副市长王学锋等参加调研。

10月30日 市委常委、秘书长、宣传部部长卢佩民到城东街道迎春社区调研学雷锋志愿服务站建设使用情况，区委常委、宣传部部长刘玲参加调研。

△ 区政协主席崔国庆，区委常委、宣传部部长刘玲对东进小区创建问题整改进行回访。

11月4日 市爱卫办到城东街道魏徐村检查指导省级卫生村创建工作。

11月20日 安徽省铜陵市考察团到城东街道迎春社区参观学习“鲁班80365”服务工作站运转情况。

12月25日 市委副书记、市长陆志鹏一行到城东街道迎春社区调研学雷锋志愿服务站建设使用工作，区委书记徐克俭及区委常委、宣传部部长刘玲参加调研。

2015年

1月28日 市委副书记史立军到城东街道丁冯村调研农民专业合作社建设工作，区委副书记、区长陈翔参加调研。

3月12日 省司法厅副厅长周红养一行到城东街道迎春社区调研司法行政服务工作，泰州市司法局局长赵晓玲参加调研。

3月25日 省考核组到城东街道唐甸村验收“三星级康居乡村”创建工作，副区长刘燕参加验收。

3月30日 城东街道东安社区被国家减灾委员会、民政部授予2014年度“全国综合减灾示范社区”称号。

5月30日 市委书记、市人大常委会主任蓝绍敏到城东街道迎春社区调研“鲁班80365”工作站运行工作，市委常委、秘书长、宣传部部长卢佩民，副市长孔德平参加调研。

6月4日 市人大常委会副主任丁士宏到城东街道调研撤村建居后的遗留问题，市政府相关部门做现场解答。市政府副秘书长周天云参加调研。

7月30日 省委宣传部副部长焦建俊带领全省培育和践行社会主义核心价值观现场推进会与会人员到城东街道参观宫涵社区核心价值观公益活动。市委常委、宣传部部长卢佩民，区委副书记、区长陈翔等陪同参观。

9月1日 全国妇联书记处书记、党组成员谭琳，权益部部长、法律帮助中心主任高莎薇一行到城东街道“李爱华工作室”，专题调研婚姻家庭纠纷调解工作。省妇联主席、党组书记缪志红，市领导卢佩民等陪同调研。

9月8日 区委书记、区人大常委会主任徐克俭带领相关部门负责人到城东街道专题调研街道经济社会发展工作。

9月10日 区委副书记、区长陈翔到城东街道调研指导工作。

9月22日 副市长杨杰到城东街道宫涵社区调研“三严三实”活动开展情况。宫涵社区共建单位，工行泰州分行及市水利局、市园林局、市住建局等部门负责人参加调研，区领导徐克俭、于世生陪同调研。

11月20日 城东街道承办的“2015泰州·海陵城建招商推介会”在碧桂园举行。副区长刘燕、各镇街（园区）主要负责人、相关部门负责人参加会议。

2016年

3月21日 西藏曲水县委副书记谭洁一行到城东街道宫涵社区参观学习美德善行文化广场建设。

4月23日 区委副书记、区长陈翔，副区长刘燕到城东街道调研房屋征收搬迁工作。

6月29日 城东街道纪工委举行首场信访听证会，就村民反映窑头村违规安排宅基地相关信访问题进行公开听证。这是街道纪工委在处理信访事项上进行的一次全新探索。

8月10日 省测评组到城东街道迎春社区进行省级文明社区创建测评。

9月19日 泰州市委“两学一做”学习教育第三督导组到城东街道鲍坝社区督查“两学一做”学习教育工作。

△ 市人大常委会副主任高纪明到城东街道春晖苑小区视察小区物业管理服务工作。区委副书记、区长陈翔陪同视察。

10月24日 城东街道社会矛盾纠纷调处服务中心专职调解员李爱华被省妇联评为“江苏省十大婚姻家庭纠纷金牌调解员”。

12月2日 台湾新北市芦洲区15名基层干部到城东街道迎春社区进行交流学习，听取社区网格化管理、居家养老服务和“鲁班80365”志愿服务的情况介绍，参观社区居家养老服务中心和鲁班志愿服务站。

12月15日 市委副书记、市长史立军到城东街道迎春社区调研社区服务品牌以及社区居家养老服务站建设使用情况，区委副书记、区长陈翔参加调研。

2017年

1月3日 市委书记蓝绍敏到城东街道宫涵社区拆迁现场，调研指导征收拆迁工作。

4月18日 区人大常委会主任崔国庆到城东街道主持人大代表接待日。

4月26日 泰州市第七届基层干部“培训周”在城东街道举行。

5月11日 副市长王学峰到城东街道迎春社区督查文明城市创建工作。

11月4日 市委书记曲福田到城东街道迎春社区走访调研。

2018年

4月9日 吉林省通化市信息中心考察组一行到城东街道宫涵社区进行人社信息考察交流，参观人社信息自助服务终端机。市人力资源和社会保障局信息中心负责人陪同考察。

6月27日 区委书记、区长陈翔参加城东街道“解放思想再出发、对标找差新跨越”大讨论活动专题研讨会。

6月 城东街道梧桐社区成立。

7月25日 “南京师范大学泰州学院学生社会实践基地”在城东街道鲍坝春兰党群服务站举行启动仪式。该基地由城东街道联合南京师范大学泰州学院教师教育学院共建。

9月4日 区委副书记、代区长孙群到城东街道，调研妇女儿童医院升级改造项目、老东河社区停车场升级改造建设，以及迎春社区日常工作开展和为民服务、老旧小区管理服务等。

12月5日 省军区动员局局长周瑞峰一行到城东街道调研人武工作。

2019年

2月20日 海陵区2019年第一季度攻坚重大产业项目暨集中开工活动奠基仪式在城东分会场举行。

3月11日 城东街道召开巡察工作动员会，区委第四巡察组组长作动员讲话，区委第四巡察组全体成员；城东街道党工委书记、副书记，纪工委书记、组织委员和有关分管领导；17个被巡察村（社区）"两委"成员、村（居）务监督委员会委员、民主理财小组成员代表出席会议。

4月18日 江苏省现代农业蔬菜产业技术体系首席专家、国家大宗蔬菜产业技术体系岗位科学家、蔬菜学国家重点学科带头人、江苏省优势学科"现代园艺科学"学科带头人侯喜林，省科协农技中心副主任张海珍，省科协农技中心综合部部长、省农技协组工委主任李全鹏等一行到城东街道丁冯村对蔬菜栽培种植户进行现场指导，帮助种植户们掌握科学、绿色、高效的生产技术。

7月23日 区人大常委会主任崔国庆率领区人大代表视察城东街道丁冯村圣泽食品厂，区委常委、常务副区长丁和扣陪同。

9月29日 区委副书记、区长孙群到城东街道东安社区看望慰问老党员孙学仁，并送上节日问候和祝福。

10月10日 市委常委、秘书长张余松一行到城东街道迎春社区调研基层减负工作。区委副书记张兆洋参加调研。

11月22日 区人大在城东街道举办人大代表履职培训班，邀请全国人大代表何健忠就如何"依法履职、撰写高质量建议议案、更好地发挥人大代表的作用"作专题辅导。120余名市、区人大代表参加培训。

2020年

4月10日 省委宣传部副部长葛莱一行到城东街道迎春社区"鲁班80365"志愿服务工作室调研公民道德建设。市委常委、宣传部部长常胜梅，区委副书记张兆洋，区委常委、宣传部部长刘燕等陪同调研。

10月15日 区委书记孙群，区委常委、副区长刘燕到城东街道鲍坝社区督查第七次全国人口普查工作推进情况，观看普查员入户摸底全流程操作。

2021年

3月16日 城东街道与泰州学院举行结对共建签约揭牌仪式，泰州学院党委常委、副校长周建超，泰州学院党委常委、宣传部部长吕林出席。

4月16日 市委副书记、市人民政府市长朱立凡带领相关部门负责人到城东街道社区卫生服务中心，调研指导工作。区委副书记、区长刘剑波陪同调研。

6月7日 区委副书记、区长刘剑波带领相关部门负责人到城东街道唐甸村督查特色田园乡村建设工作。

6月22日 市政协在城东街道召开市民建界别、城东街道委员履职小组联合开展“提升乡村建设品质”专题协商议事会。市政协副主席、民建市委主委、市发改委副主任卞赋章，区政协副主席张怀德，市住建局副局长翟健等出席。会前，参会人员到唐甸村调研特色田园乡村建设过程中的规划设计、产业发展、项目实施等工作。

7月28日 区人大常委会主任丁和扣、副主任周晓晔到城东街道调研指导街道人大工委工作，视察“你点我督”平台试点建设。

8月17日 区政协主席刘玲、副主席周来荣到城东街道唐甸村督查指导“有事好商量”示范议事室建设。

9月1日 副市长王学锋带队到城东街道督查指导东风农贸市场、迎春社区、工农路等地，检查公益广告宣传、环境卫生、车辆停放等工作。副区长曹锦明参加督查。

9月6日 市政协主席卢佩民带领相关部门负责人到城东街道智堡社区专题督查文明城市创建工作。市委常委、宣传部部长刘霞，市政协秘书长沈惠彪，区委书记孙群，区政协主席刘玲等参加督查。

10月9日 市政协副主席卞赋章，市政协城乡委主任徐朝铭，市文广旅局副局长黄正良，海陵区政协学习文史委主任徐同华联合城东街道，到唐甸村共商传统村落助力特色田园乡村建设。

第一篇　城东概览

城东作为镇出现在1912年，作为街道办事处出现在1956年3月。后历经数次行政区划调整。2006年1月，行政区划再次调整，东郊乡与城东街道合并，设立新的城东街道。街道地处海陵区城河以东，东与京泰路街道毗邻，东北与红旗街道、姜堰区淤溪镇接壤；南与城南街道隔河相望；西南与城中街道、城北街道相连；西与城西街道相交；北、西北与华港镇相接，呈南北长、东西窄的扁平形状。街道区位优势突出，水陆交通便利。新老通扬运河、卤汀河、泰东河、老东河流经域内，海陵北路、东风路、东风路高架快速路、春兰路、东环快速路纵贯南北，迎春东路、东进路、运河路、森园路、站前路、宁启铁路横跨东西，距扬州泰州国际机场25分钟车程、距泰州火车站8分钟车程，距长江泰州港仅22千米。至2021年，辖区面积29.78平方千米，总人口73062人。下辖行政村7个，涉农社区5个，城市社区10个。实现地区生产总值55.34亿元。

历史沿革

城东街道设置前

1912年，泰县奉令筹办地方自治，设市乡公所处理地方行政事务，全县划为8市40乡，城东镇隶属城市。

1927年，遵省府令，泰县城市市乡行政局成立。全县分为15区，城东镇隶属第一区（城市）。

1929年，废市乡行政局，成立区、乡（镇）公所，全县共15个区，第一区（城市）驻城内歌舞巷，辖14镇16乡，城东镇隶属第一区。

1934年，原15区438乡镇调整为10区272乡镇。其中，原第一区仍为第一区，原第十二、十三区合并为第九区。

第一区（城厢），辖11镇16乡，城东镇、智鲍乡、三忠乡隶属第一区。

第九区（港口），辖4镇28乡，朱麒镇、唐丁乡隶属第九区。

1947年，泰县进一步调整，合并为10区81乡。其中，第一区辖5镇4乡，城东镇隶属第一区。

1949年1月22日，泰州市设立，城区划为6个镇：济川镇、城东镇、城西镇、坡管镇、民新镇、永清镇。6月24日，划苏陈区的智家堡、斜桥、鲍家坝成立智堡镇，直属市政府。9月13日，划港口乡的第一村、第二村与第三村成立唐甸乡。

城东街道设置后

1950年5月8日，泰州市、泰县合并，称泰县，全县分为7县属镇16区203乡（镇），城东镇、智堡镇为县属镇。10月7日，泰州市、泰县分治，城东、智堡等7个县属镇划归泰州市，乡区划归泰县。

1951年9月6日，撤镇建区，原城东、城西2个镇组成城中区，原智堡、下坝（永清）、鱼行3个镇组成下坝区。

1955年3月22日，市内区划调整，重新组建鲍坝、智堡、泰山、九龙、新城5个乡，设郊区管辖。

1956年3月31日，撤销下坝区，设城东街道办事处。

1956年9月26日，调整乡的建制，智堡、新城2个乡合并，定名新城乡，鲍坝、泰山2个乡合并，定名玉带乡。10月8日，郊区区公所撤销，新城、玉带、九龙3个乡直接归市人民委员会领导。

1957年11月22日，城东、城西2个办事处合并为城中街道办事处。

1958年10月16日，泰州人民公社成立。12月20日，撤销街道办事处，改设街道工作区，后又改称分社。

1962年5月，港口公社划分为港口、朱庄2个公社。7月29日，泰州人民公社撤销，泰州市下辖13个人民公社、244个生产大队。其中：

郊区公社下辖花园、丁冯等13个大队；

泰东公社下辖智堡、鲍坝、纪庙、宫南、宫北、忠南等21个大队；

朱庄公社下辖朱庄、朱东、朱西、朱南、东南、王舍、宫庄、麒麟、金星、孙垛、窑头、联合、金李、唐甸、魏垛、刘北、解楼、徐垛、采菱、中桥等20个大队。

1964年9月10日，泰州市所辖朱庄等10个人民公社划归泰县。后经调整，重新组建成智堡（下辖8个生产大队：鲍坝、高桥、智堡、花园、西坝、丁冯、渔行、黄垛）、园林、头营3个人民公社。

1968年4月，智堡人民公社改名东郊人民公社。

1984年6月8日，废社改乡，东郊公社改名东郊乡，朱庄公社改名朱庄乡。

1986年1月1日，园林乡并入东郊乡。

1988年7月，东郊乡建立“泰州市东进经济合作总社”和“泰州市泰山经济合作总社”。

1994年5月，泰州市泰山经济合作总社从东郊乡划出。

1996年7月19日，经国务院批准，撤销县级泰州市，设立地级泰州市，将原县级泰州市行政区域改设为泰州市海陵区，原县级泰州市人民政府街道办事处更名为泰州市海陵区人民政府街道办事处。

1999年12月21日，经省政府批准，撤销朱庄乡（1985年1月1日朱庄乡划归泰州市）。所辖刘垛、唐甸、魏垛、徐垛、金李、孙垛、窑头、东南、朱东、解楼10个村划归东郊乡管辖。

2000年4月10日，斜桥村从畜牧场划归东郊乡管辖。11月14日，泰州市海陵区调整街道办事处：撤销城北街道办事处和西仓街道办事处，将其原辖区合并，新设海陵区政府城东街道办事处，辖29个社区。

2006年1月4日，泰州市海陵区调整部分乡镇、街道行政区划：将东郊乡与城东街道合并，设立新的城东街道办事处。新的城东街道区域面积28.48平方千米，区域内人口7.23万人，管辖15个社区（工人、东风、东安、东康、春兰、迎春、试采、西浦、彩衣、东街、大浦、杨桥、智堡、纺新、东郊）、12个行政村（高桥村、花园

2006年1月，原城东街道办事处办公大楼

村、丁冯村、唐甸村、孙金村、窑头村、魏徐村、朱东村、鲍坝村、斜桥村、智堡村和渔行村)。办公地点为口泰路88号。

2007年6月，街道彩衣、东街、西浦、大浦、工人5个居民委员会划归城北街道。

2008年3月，城东街道办事处渔行村整体划归城北街道办事处管辖。

2008年12月，海陵区政府决定将城南街道办事处莲花、忠南、新胜3个行政村划归城东街道办事处代管，3个行政村原有建制与名称不变。

2010年8月，城东街道办事处撤销忠南、高桥、鲍坝、智堡等村民委员会，并在原村行政区域范围内组建新社区居民委员会；撤销花园村第一、第二、第三村民小组，建立花园村第一、第二、第三居民小组，隶属关系不变。

2011年3月，海陵区决定调整城东等街道行政区划：城东街道新高桥、新胜、新莲花、忠南4个社区回归城南街道管辖；将城东街道花园村位于新通扬运河以南的第一组、第二组、第三组的社会事务划归城北街道管理；将京泰路街道宫涵、老东河2个社区划归城东街道管理；社区调整后，属于原社区的集体资产、股份制合作单位的权属关系归新划入的街道管理。

2013年9月，城东街道碧桂园社区居委会成立。

2018年6月，城东街道梧桐社区成立(2019年6月正式挂牌)。

截至2021年底，城东街道辖7个行政村：花园村、丁冯村、唐甸村、孙金村、魏徐村、窑头村、朱东村。

5个涉农社区：老东河社区、宫涵社区、鲍坝社区、智堡社区、斜桥社区。

10个城市社区：东安社区、东康社区、东风社区、春兰社区、迎春社区、东城社区、碧桂园社区、育才社区、春晖社区、梧桐社区。

附：

一、原东郊乡简介

东郊乡前身为1949年6月设立的智堡镇。1964年，组建智堡人民公社，1968年改名为东郊人民公社，1984年改名东郊乡。1999年12月，朱庄乡撤销，所辖刘垛、唐甸、魏垛、徐垛、金李、孙垛、窑头、东南、朱东、解楼10个村划归东郊乡管辖。2000年4月，斜桥村从畜牧场划归东郊乡。后经区划调整，至2006年1月，东郊乡下辖高桥、鲍坝、智堡、斜桥、渔行、花园、丁冯、唐甸、魏徐、孙金、窑头、朱东等12个行政村。

东郊乡环绕市区，东至智堡河，与京泰路街道相望，南与医药高新区（高港区）凤凰街道、明珠街道毗邻，西至汽车客运西站加油站，北接华港镇。东城河、新通扬运河、口泰公路与328国道分别纵横穿过。乡人民政府驻口泰路88号。

东郊乡农业生产以麦、稻种植为主，粮食种植面积原约占耕地面积半数，后生产结构化，部分粮田改种蔬菜。20世纪80年代后，东郊乡为泰州市的副食品生产基地。常年蔬菜地4324亩，占耕地面积63.9%，占全市计划菜地80%，年产量

原东郊乡政府办公地址

18810.9吨，上交国家蔬菜14528.6吨，约占全市蔬菜收购量的80%。20世纪80年代，黄垛村冬季韭菜生产迅速发展，成为韭菜专业村。鲍坝村种植的“坝瓜”具有脆、酥、甜、香的特点，1956年曾选送至中南海。养殖业以养鱼、养禽、养猪为主。20世纪80年代前，城郊群众饲养的鸡、鸭、鹅苗禽，均由该乡提供，并有大量鸡（鸭）嘌蛋空运山东、广东、上海等8省（直辖市）销售。1981年，市政府确定东郊乡为泰州商品禽蛋基地，重点发展家禽生产，并规定智堡村为养鸡专业村。1988年前，东郊乡有乡村办渔场7个，养鱼水面637亩，每年为市场供应商品鱼20万公斤左右。1988年初，东郊乡耕地面积6971亩，以种植蔬菜为主，兼种稻、麦、油菜；养殖水面691亩，其中池塘381.8亩、河沟309.2亩，以养殖青、草、鲢、鲤、鲫、鳊等鱼类为主，尤其是鲢鱼最多。1988—1992年，国家蔬菜收购量占全乡蔬菜总产量的56%，其余在城区零售。1996年，常年蔬菜地2572亩，占耕地面积的45%；季节性蔬菜地夏播229亩、秋播238亩。全乡61个村民小组有47个组（菜农组）常年种植蔬菜，年产量21000吨。1999年12月和2000年4月，朱庄乡10个村及斜桥村并入后，东郊乡养殖水面增至3673亩，其中池塘969.6亩、河沟2703.4亩。

东郊乡于1965年创办东郊船舶修造厂，初期以修造木船为主，后修造钢质船舶，1979年开始研制生产电器产品，1981年电器产品与造船分列，另立市第二电器厂。1969年创办棉织加工厂，1980年更名为市第四布厂。1973年创办鲍坝地毯加工厂，1987年更名为东郊地毯厂，主要为泰州渔网厂加工单丝、绳索。1974年创建印刷厂，1980年更名为泰州市华新印刷厂。1979年创办泰州市开关厂，为社会福利企业。1984年5月创办曙光建筑构件厂。至1990年，东郊乡工业主要有机械、造船、电器、纺织、印刷、医药包装、食品加工、建筑、运输等，主要产品有涤棉、化纤坯布、高压开关柜、低压配电箱、电力电容器、工业洗衣机、脱水机、烘干机、烫平机、柴油发电机组等。1987年，东郊乡农业、副业、工业三业总产值5734万元，其中农副业产值283万元，占4.9%；工业产值5451万元，占95.1%。第三产业销售额848.万元，利税总额752万元。人均收入1099元，人均住房16.3平方米。2000年，实现农业总产值7462万元，其中种植业年产值5250万元。2005年，东郊乡工业总产值8.34亿元，其中17家规模以上工业企业完成工业总产值4.88亿元，销售收入4.70亿元。

2005年，辖区内有中学3所，小学6所，幼儿园1所，成人教育中心1所，卫生院2所，村卫生室13个。泰州职工大学、泰州师范学校、泰州宾馆均在东郊乡辖区内。建于鲍坝凤凰墩上的梅兰芳公园与梅兰芳史料陈列馆为泰州市文物保护单位。

2006年1月，东郊乡与城东街道合并，设立新的城东街道办事处。

2005年东郊乡领导班子成员一览表

表1

姓　名	职　务
姚龙章	党委书记
王震宇	党委副书记、乡长
张永平	党委副书记、乡人大主席
李步宽	党委副书记
姚建中	党委副书记
赵国祥	党委副书记、纪委书记
王凤才	乡人大副主席
刘云祥	乡人大副主席
朱巧林	副乡长
周秋勤	副乡长
丁永圣	副乡长

二、原朱庄乡简介

朱庄乡原名为朱麒镇，1934年，隶属泰县第九区港口区。1962年5月，港口公社划分为港口、朱庄2个公社。1964年9月，朱庄人民公社划归泰县。1984年，更名为朱庄乡。1985年1月，朱庄乡划归泰州市，下辖中桥、采菱、解楼、魏垛、徐垛、刘垛、唐甸、金李、孙垛、麒麟、俞舍、双舍、窑头、东南、朱东、朱庄、朱西、朱南、官庄、王舍20个村，163个村民小组、1个居民委员会。全乡27.14平方公里，6485户，22090人，耕地面积19673亩，人均耕地0.9亩。

朱庄乡地处市区北缘、新通扬运河以北。1999年撤销之前，隔河与泰东、东郊、西郊3乡相望，东与泰县苏陈乡、淤溪乡毗连，北与泰县港口镇接壤，西与泰县罡杨乡为邻。境内水陆交通方便，有泰东河、卤汀河、泰朱公路、泰渔公路与市区及邻县沟通。乡政府驻朱东村。1994年，朱庄乡政府移驻孙金村。

朱庄乡属里下河水网与垎田地区，水网地区种植稻、麦、棉花，垎田地区种植油菜籽、蔬菜。20世纪70年代曾大面积平垎并垎，扩大粮油生产。农业生产历来以经济作物为主。1987年粮食总产量6996.01吨。垎田地区实行油菜、瓜果、蔬菜轮作，是泰州市油菜重点产区，常年种植0.8万—1万亩，占耕地面积40%—50%，1987年产菜籽10833.73吨。窑头、金李、朱东等9个村是季节性菜地，常年种植300多亩，年产量1万吨以上。葱、蒜、芋头、冬瓜、甜瓜是传统产品，除供应市区与邻县外，还远销上海、南京、徐州、盐城等地。菘蓝（板蓝根）栽培历史悠久，《万历泰州志》有记载，20世纪80年代时为江苏省两大板蓝根产业基地之一。1987年，药材种植面积65亩，占全市药材种植

原朱庄乡办公地址

面积66.7%。棉花为朱庄乡主要经济作物之一，1987年种植1502亩，总产量93吨。菱角是本地特产，1987年出产51.2吨，占全市产量88.97%。此外，养殖水面4043亩，年产鱼类165.34吨。1987年全乡农业产值763.9万元，林、牧、副、渔总产值155.22万元。工业主要为造船、机电、化工、食品、木器等，1987年产值553.78万元。1988年，朱庄乡有工业企业11家、职工672人，工业总产值974.4万元。

1987年，朱庄乡有初中1所，小学11所，中心幼儿园1所，村级幼儿班15个，乡卫生院1所，村级医疗室9处。1987年全乡人均收入466元，人均住房17平方米。

1999年12月21日，经江苏省人民政府批准，撤销朱庄乡，其所辖刘垛、唐甸、魏垛、徐垛、金李、孙垛、窑头、东南、朱东、解楼等10个村划归东郊乡管辖，俞舍、麒麟、双舍、朱南、朱西、朱庄、官庄、王舍等8个村划归西郊乡管辖，采菱、中桥等2个村划归泰东乡管辖。

1999年朱庄乡领导班子成员一览表

表2

姓　名	职　务
丁和扣	党委书记
魏国俭	党委副书记、乡长

续表

姓　名	职　务
朱凤祥	党委副书记、乡人大主席团主席
解锦云	党委副书记、纪委书记
田　震	副乡长
朱巧林	副乡长
翟荣民	副乡长

行政村（社区）简介

花园村　成立于2001年，由原花园、黄垛、解楼3个自然村合并组建，位于海陵区北部。辖区范围：东与丁冯村毗邻，南临新通扬运河。西跨卤汀河至江州北路，北至宁启铁路，站前快速路、东风北路穿村而过。2021年，行政区域面积1.50平方千米，管辖14个村民小组，户籍户数593户，户籍人口1232人，常住户数608户，常住人口1271人。

村党组织为总支部建制，下设2个网格支部，在册党员92名，在职党员11名，全村工作人员共12名。

1952年3月，花园村创办泰州第一个农业生产常年互助组，组长于锦凤。1954年5月，该组发展成泰州第一个农业生产初级合作社，定名花园村农业生产初级合作社，当时有3个生产队。村域南至泰州轧钢厂，北至泰州抗旱排涝

泰州市民主法制示范村——花园村

站（现江苏省泰州引江河管理处），有村民110余户，农田40多公顷，分为3个生产队，以农业生产为主。1960年起，原花园村的土地逐渐被征用，先后兴建了泰州毛巾厂、泰州拉丝厂、泰州轧钢厂等企业，此后，有20多家企事业单位在此兴建了职工宿舍楼。1980年，花园村转变思路，兴办了花园轧钢厂、塑料合成材料厂、精工锻压件厂等村办企业。1987年，村里规定65岁以上的村民每人每月享受20元退休金，成为东郊乡第一个实施"社员退休"的村。1992年，村集体产值首次突破千万元。2000年，经区划调整，花园、黄垛、解娄3个村合并组成新的花园村。2014年，花园村户籍人口1341人，耕地面积763亩，各类企业35个，年经济总收入533.09万元，农民人均16412元。2021年末，全村拥有耕地面积743亩，各类企业39家。全年村集体收入320.9万元，其中，经营收入16.8万元。

丁冯村　成立于2001年（合并村），村委会驻地泰渔路19号。辖区范围：东至东风北路，南至渔行社区，西至卤汀河，北至泰朱路1号桥，站前快速路横穿辖区东西。2021年，行政区域面积1.9平方千米，管辖14个村民小组，户籍户数796户，户籍人口2214人，常住户数813户，常住人口2418人。

村党组织为总支部建制，下设3个网格支部，在册党员75名，在职党员36名。村工作人员14名。

丁冯村是传统农业村，也是闻名周边市区的蔬菜种植特色村。2012年，丁

江苏省农业示范大棚——丁冯村

冯村成立蔬菜种植农民专业合作社，以发展现代农业为切入点，以高效设施农业带动蔬菜大棚种植，投资900多万元，建成省级“菜篮子”工程蔬菜生产基地，形成了以有机生态蔬菜种植、高效设施农业为主要特色的村集体经济，先后被评为“江苏省现代高效农业三八示范基地”“泰州市千名科技专家兴农富民工程先进单位”“泰州市文明村”。

丁冯村的农田多为“垎岸”。垎岸不是自然形成的，而是由人工开挖堆置而成。垎岸大小田块分隔，每个田块之间是3米多宽的河沟，沟沟相连。田块最低处离水面10米左右，最高处可达15米以上。相传，宋代名将岳飞为抗击金兵，令岳家军按照八卦阵的形状日夜挖掘，形成了独特的垎岸地貌。垎岸顶面平整，适合种植农作物，四个倾斜的侧面，同样也能种植，垎岸临水，便于排水浇灌。为扩大耕种面积，1962年，丁冯村组织村民平整垎岸田。原来的垎岸田，因为田块小而高，不能种植水稻，经过平整后，可以种植水稻。2010年起，丁冯村陆续将种植水稻改为种植蔬菜，蔬菜种植完成从露天栽培到钢架大棚的飞跃。2014年，丁冯村户籍人口2445人，耕地面积468亩，各类企业23家，年经济总收入570.01万元，农民人均收入16593元。至2020年，全村有钢架大棚约400亩。种植技术也从原先的常规栽培，到引进先进适用的农业新品种、新技术、新模式，实现早熟或延后栽培。2021年末，全村拥有耕地面积454亩，各类企业48家。全年村集体收入688.4万元，其中，经营收入646万元。

唐甸村 位于新通扬运河北侧、宁启铁路南侧、东风北路西侧，辖区范围：东、北与魏徐村相连，南与丁冯村交界，西与孙金村毗邻，村庄周围河流交错，水陆交通十分方便。2021年，行政区域面积2.45平方千米，管辖17个村民小组，户籍户数658户，户籍人口2148人，常住户数686户，常住人口2221人。

村党组织为总支部建制，下设3个网格支部，在册党员53名。

唐甸村前身为唐丁乡，1934年隶属泰县第九区港口区。1941年至1945年，泰县县政府随鲁苏皖边区游击总指挥李明扬移驻唐家甸。1947年唐丁乡被合并。1949年9月，泰州解放后，划港口乡的第一村、第二村与第三村成立唐甸乡，隶属泰州市港口区，下辖解楼、魏垛、丁冯、黄垛、金李、孙垛、徐家垛、采菱桥9个自然村。1957年，经区划调整，唐甸乡、窑头乡、朱庄乡三乡合并为“朱庄乡”，唐甸乡改为唐甸村，隶属朱庄乡。1958年，唐甸村改名唐甸大队。1985年1月，随朱庄乡划归县级泰州市，1986年，建立村民委员会，改称唐甸村。1999年12月，经区划调整，唐甸村划归东郊乡管辖，2005年12月，东郊乡与城东街道合并组建新的城东街道，唐甸村隶属城

全国美丽宜居示范村庄——唐甸村

东街道管辖。

唐甸村的农业以水稻、油菜、大豆为主，蔬菜种植面广量大，在当地有“葱的世界，蒜的海洋”的美誉。村内外建造河闸4座和1座泵房，保证了农业的旱涝保收和村民的安居乐业。唐甸村的工业起步于20世纪70年代，先后办起钢质船厂、方向机厂、油脂厂、运输公司。2005年，有造船厂15家，其中有3家产值过亿元。2014年，唐甸村户籍人口2586人，耕地面积591亩，各类企业11家，年经济总收入34988万元，农民人均收入17343元。2021年末，全村拥有耕地面积592亩，农民专业合作社1个，营业面积超过50平方米的综合商店(超市)1个，各类企业23家。全年村集体收入266.6万元，其中，经营收入17万元。

唐甸村注重美丽乡村建设。新建660平方米的村卫生室，配齐配强医护人员，基本做到村民“小病不出村，大病有保障”。有中心文化广场1处、健身场3处、篮球场1座、老年活动中心2处。改建封闭式公厕217座，其中水冲式公厕23座。海陵唐甸庙会于2014年被列为泰州市非物质文化遗产。先后获全国美丽宜居示范村庄。全国乡村治理示范

村、国家森林乡村、江苏省传统村落、江苏省文明村、江苏省特色田园乡村、江苏省生态文明示范村、泰州市乡村振兴十佳示范村、海陵区五星级基层服务型党组织等称号。

孙金村 位于泰州市海陵区北郊，辖区范围：东与唐甸村接壤，南与丁冯毗邻，西跨卤汀河与海陵现代农业园区相连，北至泰渔路，卤汀河、泰港公路纵贯村南北，宁启铁路横穿村东西，水陆交通便捷。2021年，行政区域面积1.74平方千米，管辖16个村民小组，户籍户数712户，户籍人口2244人，常住户数814户，常住人口2252人。

村党组织为总支部建制，下设3个网格支部，在册党员58名。

孙金村历史悠久。1949年前，孙金村分为6个自然村，分别为李家垛、金家垛、北仓垛、陈家舍、孙家垛、袁家舍，隶属于港口区唐丁乡。1950年，李家垛和金家垛合并为金李村；北仓垛、陈家舍、孙家垛、袁家舍合并为孙垛村，两个行政村仍隶属唐丁乡。1952年金李村和孙垛村属唐甸乡管辖，1957年，唐甸乡并入朱庄乡，金李和孙垛两个行政村隶属朱庄乡管辖。1994年，因孙垛村交通便捷，

江苏省民主法治示范村——孙金村

成为朱庄乡政府驻地。1999年12月，朱庄乡撤销，孙垛村和金李村划归东郊乡管辖，2001年金李村和孙垛村合并为孙金村。合并后的孙金村利用自身优势和资源大力发展经济，不断改善村庄环境，2007年全村村民用上长江水；2009年村内道路全部实现硬质化，农户旱厕全部改造成水冲式，获评区级小康示范村；2010年，按照二星级环境整治要求，完成村庄环境整治并通过省、市验收，被评定为市级康居示范村；2011年，被表彰为市级全面小康建设示范村和区级文明村；2013年被表彰为江苏省民主法治示范村。2014年，孙金村户籍人口2219人，耕地面积745亩，各类企业4家，年经济总收入80344万元，农民人均所得16382元。

2021年末，全村拥有耕地面积745.2亩，营业面积超过50平方米的综合商店（超市）1个，各类企业18家。全年村集体收入98.1万元，其中，经营收入94.6万元。

魏徐村 位于泰州市海陵区东北部，辖区范围：东邻碧桂园住宅区和兴泰公路，西靠东风北路，南依盐运河，北接华港镇，宁启铁路、东风北路、泰渔路穿境而过，交通便捷。2021年，行政区域面积1.6平方千米，管辖12个村民小组，户籍户数498户，户籍人口1171人，常住户数498户，常住人口1411人。

村党组织为总支部建制，下设2个网格支部，在册党员62名。

魏徐村前身为魏垛村，隶属朱庄乡。1999年，朱庄乡撤销，魏垛村、徐垛村等划归东郊乡管辖。2001年，魏垛村和徐垛村合并组建魏徐村，有12个村民小组，其中，魏垛村8个村民小组，徐垛村4个村民小组。2006年，经区划调整，魏徐村隶属城东街道办事处管辖。2009年，经区划调整，将碧桂园南侧原海陵区水产养殖场农3组划入魏徐村，成为第13个村民小组。

魏徐村集体经济收入来源以造船厂、厂房出租及土地流转为主。其中造船企业有8家，村里超过30%的村民在船企打工，收入稳定。村集体自建厂房4间，年租金收入约10万元。土地流转500亩用于发展高效农业。2004年、2010年，宁启铁路一期、宁启铁路复线先后建成，铁路穿村而过，为村居环境改善带来机遇，先后在盐河路北侧、天兴路东侧及村部东侧兴建农民二层、三层别墅，涉及房屋征收拆迁的59户村民喜迁新居。2010年，占地面积7.27公顷的苏中农副产品批发交易市场落户魏徐村。2014年，魏徐村户籍人口1172人，耕地面积309亩，各类企业8家，年经济总收入146760万元，农民人均收入16395元。2016年，苏中农副产品批发交易市场二期（占地12.87公顷）开发建设，村民失地保障人数达193人。2018年后，村内农业经济蓬勃发展，广德农业发展公司、森德现代农业公司等大型特色农业项目先后落户，苏中农贸市场二期建成运营，拓宽了村民的就业渠道，为村民兴业创业提供了便利。

2021年末，全村拥有耕地面积406.9亩，营业面积超过50平方米的

江苏省“美丽家园示范点”——魏徐村

综合商店(超市)1个，各类企业60家，其中，农业企业2家。全年村集体收入128.7万元，其中，经营收入16.8万元。先后获得“江苏省美丽家园示范点”“江苏省卫生村”“泰州市最美乡村示范点”“泰州市休闲观光农业示范村”“海陵区文明村”“海陵区农村人居环境整治示范村”等称号。

窑头村　位于新通扬运河以北腹部地区，村庄依卤汀河畔而居，辖区范围：东至东风北，南至泰渔路，西至卤汀河，北至启扬高速公路，泰港路纵贯村南北、阳光大道(罡红路)横穿村东西，交通畅通便捷。2021年，行政区域面积1.83平方千米，管辖19个村民小组，户籍户数745户，户籍人口2368人，常住户数818户，常住人口2861人。

村党组织为总支部建制，下设4个网格支部，在册党员75名，在职党员33名。

窑头村大多数村民祖辈因“洪武赶散”事件，从苏州阊门移民而来，安家落户，形成自然村落。1912年属泰县。1958年隶属泰县港口人民公社。后经区划调整，1985年划归泰州市。1999年12月，朱庄乡撤销，窑头村划归东郊乡管辖。2001年，窑头村、东南村合并为新的窑头村。2006年，东郊乡与城东街道合并，窑头村隶属城东街道办事处管辖。

窑头村耕地大部分以垛田(垎岸)为主，河流纵横交错。1982年前，窑头村90%村民居住于卤汀河西侧，而村里90%以上的农田在卤汀河东侧，为解决

江苏省“最美水乡”——窑头村

村民生活、生产不便问题，窑头村统一规划、协调、管理，用5年时间将300多户村民由卤汀河西搬迁至卤汀河东。2000年，村集体向农户流转土地132亩发展水产养殖，为窑头村第一次土地面积集中流转发展规模养殖业。

伴随集体经济的发展壮大，窑头村人居环境持续改善提升。2003年，全村路道实现亮化；2005年，全村路道实现硬化，村民喝上长江水，农户旱厕改厕率达100%。2011年，卤汀河拓浚搬迁，启动东南农民小区建设。2012年，土地流转高峰期，先后流转面积600多亩，主要用于招引高效规模农业项目，其中包括国家AAA级麒麟湾生态园、万家园果蔬盆景园、润和特种水产养殖场、鹌鹑养殖基地等。2013—2016年，实施国家高标准和中低产田改造，新建田间道路近8千米，改造中低产田2.5公顷，新建硬质化渠道1.2千米、桥梁14座、节水灌溉泵站5座，疏浚村庄田间河道50000立方米。2014年，窑头村户籍人口2224人，耕地面积1723亩，各类企业11家，年经济总收入39424万元，农民人均所得16448元。2014年10月，阳光大道（2016年改名为麒麟大道）建成通车，结束卤汀河窑头村段无桥的历史。2016年，建成近8000平方米农民游园。2017年，兴建窑头村综合服务中心。

2021年末，全村拥有耕地面积1769亩，其中，规模经营的耕地面积493亩，专业大户1个，农民专业合作社2个，营业面积超过50平方米的综合商店（超市）3个，各类企业26家，其中，农业企业1家。全年村集体收入114万元，其中，经营收入93.6万元。

朱东村 位于海陵区北部，辖区范围：东与华港镇上溪村接壤，南与窑头村毗邻，西临卤汀河，北与华港镇桑湾村相连，泰朱路、启扬高速穿境而过，区内河网密布，是一个交通便利、水路发达的鱼米之村。2021年，行政区域面积2.0平方千米，管辖19个村民小组，户籍户数782户，户籍人口1964人，常住户数782户，常住人口2049人。

村党组织为总支部建制，下设3个网格支部，在册党员69名。

朱东村1912年属泰县。1958年隶属泰县港口人民公社。后经区划调整，1985年划归泰州市。至1994年，朱东村为朱庄乡政府驻地。1999年12月，朱庄乡撤销，朱东村划归东郊乡管辖。2006年，东郊乡与城东街道合并，朱东村隶属城东街道办事处管辖。

朱东村西、北为卤汀河流经，村内河网密布，耕地大部分以垛田（垎岸）为主。1970年，村民大面积进行平田治垎，将高田夷为平地增加土地面积。1981年实行家庭联产承包责任制，包产到户到组。2009年获泰州市康居示范村。2014年，朱东村户籍人口2026人，耕地面积951亩，各类企业7家，年经济总收入12666

泰州市康居示范村——朱东村

万元，农民人均收入15610元。截至2021年，村内有规模企业3家，即泰州市第二酱醋厂、泰州市鑫鼎运输有限公司、泰州市鑫美顿机械制造有限公司。村集体拥有8间门面房，出租收益稳定。第二轮土地承包后，80%以上土地集中流转，以种植水稻、小麦、大豆为主。村民收入以外出务工为主。2018年后，朱东村以“项目强村、资源活村、民营富村”为发展战略，充分发挥资源和区位优势，推进项目实施，盘活闲置资源，发展集体经济，促进村民就业，增加村集体经济收入。2021年末，全村拥有耕地面积950.6亩，其中，规模经营的耕地面积600亩，专业大户1个，营业面积超过50平方米的综合商店（超市）3个，各类企业15家。全年村集体收入101.6万元，其中，经营收入76.3万元。

老东河社区　以纵贯社区南北的老东河为名。辖区范围：东至五里河，南至南通路，西至老东河，北至新通扬运河，春晖路贯穿南北，运河路、森园路横跨东西，交通便利。2021年，行政区域面积1.5平方千米，管辖13个居民小组，以及宏基花园、东城家园、东河北村、东河花苑二期、东湖新村等住宅居民区，户籍户数895户，户籍人口1836人，常住户数2275户，常住人口7257人。

老东河社区原为老东河村，隶属原泰县泰东乡。1988年1月，泰东乡划归县级泰州市，隶属泰州市泰东乡（泰东镇）。2000年，老东河村与五里桥村合并为新的老东河村。2009年撤村建居，2010年成立集体经济组织居民股份合作社。2011年，经区划调整，老东河社区由京泰路街道划归城东街道管理，社区有12个居民小组，人口5930人，耕地面积632亩，土地流转625亩。

社区党组织为党委建制，下设8个网格支部，在册党员159名。

2011年，社区在森园路南侧投入200万元建立花卉苗木市场；在春晖北路建设厂房、门面房出租，年集体经济收入达340余万元，年底股份制分红每人300元。2011年后，改造建设文化广场1处、停车场3处，辖内3个住宅小区实施“绿改停”，添置健身器材，建有标准化医疗室1所、水冲式公厕2座。2021年末，社区拥有耕地面积632亩，营业面积超过50平方米的综合商店(超市) 5个，各类企业62家，全年社区集体收入367万元，其中，经营收入296万元。先后获得全面小康建设先行村、十佳特色村、全面小康建设示范村、村庄环境整治工作先进集体、服务重点工程项目先进单位等称号。

鲍坝社区 鲍坝，又名鲍家坝，因老东河与城河间修上、下河拦水坝，故名，是典型的城中村社区，辖区范围：东与京泰路街道响林村接壤，南与宫涵社区、城中街道高桥社区毗邻，西临凤城河，北至迎宾路，东风路、迎春路、迎宾路、引凤路、春晖路纵横交错，四通八达，梅兰芳公园、桃园、老街、泰州市第二中

泰州市全面小康先行村——老东河社区

学、二中附属初中等坐落境内，区位优势突出，素有“古海陵东大门”之称。2021年，社区行政区域面积1.0平方千米，管辖14个居民小组，以及东苑公寓、上东花园、世茂·璀璨泓苑3个居民小区和鲍坝居民集中居住区，户籍户数655户，户籍人口1592人，常住户数612户，常住人口1992人。

社区党组织为总支部建制，下设3个网格支部，在册党员120名。

鲍坝历史悠久，区划历经无数次调整。1934年，隶属智鲍乡。1949年6月，划苏陈区的智家堡、斜桥、鲍家坝成立智堡镇，直属市政府。1955年3月，市内区划调整，重新组建鲍坝、智堡等5个乡，隶属郊区管辖。1956年9月，调整乡的建制，鲍坝、泰山2个乡合并，定名玉带乡，鲍坝改为鲍坝村。1962年7月，鲍坝大队隶属泰东公社。1964年9月，重新组建智堡人民公社，下辖鲍坝等8个生产大队。1968年4月，智堡公社改名东郊公社，鲍坝大队隶属东郊公社。2006年，东郊乡与城东街道合并，设立新的城东街道办事处，鲍坝村隶属城东街道办事处管辖。2010年，鲍坝村撤村建居，更名为鲍坝社区。

鲍坝社区经济实力雄厚，社区、组集体资产达1.5亿元。2014年，鲍坝社区户籍人口1993人，有14个村民小组，集体经济组织成员1204人。耕地面积0.25公顷，各类企业5家，年经济总收入30533万元，农民人均收入19474元。

江苏省和谐社区建设示范社区——鲍坝社区

至2021年，社区有营业面积超过50平方米的综合商店（超市）3个，各类企业30家。全年社区集体收入1257万元，其中，经营收入1183万元。先后获评为江苏省卫生村、江苏省健康村、江苏省民主法治示范社区、江苏省和谐社区建设示范社区、泰州市文明社区、泰州市先进基层党组织、海陵区文明社区、海陵区示范涉农社区、海陵区“五星级”基层服务型党组织等。

斜桥社区　位于主城区东部区域，辖区范围：东至春晖路，南至迎宾路，西至老东河，北至南通路。2021年，行政区域面积0.52平方千米，管辖4个居民小组，户籍户数1660户，户籍人口2810人，常住户数1550户，常住人口4949人。

社区党组织为党委建制，下设8个网格支部，在册党员162名。

斜桥社区因境内的斜桥而得名。1948年，斜桥归鲍坝镇管辖，1951年，撤鲍坝镇，划归下坝区管辖，1958年，隶属智堡公社，1983年，隶属泰州市畜牧场管理，建立以场带村的斜桥村民委员会。2000年，斜桥村划归东郊乡，2006年，经区划调整，划归城东街道管理，2009年，撤村建居，成立斜桥社区居民委员会，辖区内有祥云花园、东河花苑等7个居民小区，红旗、红星、红丰3个居民小组，常住人口5577人。

重视集体经济增收发展，斜桥社区充分整合村组内闲置房屋等资源，通过公开招租，最大限度增加集体经济效益。

江苏省创建文明村工作先进村——斜桥社区

第一篇　城东概览

同时盘活、用活集体积累资金，加大投资力度，在海陵工业园区投资建设标准厂房“筑巢引凤”，以厂房出租方式增加集体收入。

重视社区人居环境建设。从2002年起，斜桥社区先后投入100多万元完成改水、改厕任务，居民自来水达标率达100%，改厕率达100%。建成混凝土主支干道近2万平方米，重新安装下水道3000余米。从集体积累中拿出430多万元，为所有村民办理社保或农保。先后获文明社区、文明村、小康村、海陵经济十强村、绿色社区等称号。2021年，社区有营业面积超过50平方米的综合商店（超市）1个，各类企业43家，全年社区集体收入470.5万元，其中，经营收入215.5万元。

智堡社区 位于海阳路北侧，辖区范围：东至老东河、西至智堡河、南至海阳路、北至新通扬运河，智堡河贯穿全境，南通路、海阳路、运河路、森园路、东风路纵横交错，交通便利，区位优势明显。2021年，行政区域面积2.5平方千米，管辖12个居民小组，户籍户数1146户，户籍人口3375人，常住户数2053户，常住人口5974人。

社区党组织为党总支部建制，下设7个网格支部，在册党员131人，社区办公、活动用房1000平方米。

智堡社区原叫茅家堡，因传说有一只聪明的豹子维护茅家堡人，而得名智堡（智豹）。1934年，智鲍乡隶属泰县第

全国综合减灾示范社区——智堡社区

一区(城厢)。1949年6月,划苏陈区的智家堡、斜桥、鲍家坝成立智堡镇,直属市政府。1951年9月,撤镇建区,原智堡、下坝(永清)、渔行3个镇组成下坝区。1955年3月22日,市内区划调整,重新组建智堡、鲍坝等5个乡。1956年9月,智堡、新城2个乡合并,定名新城乡。1958年改称人民公社分社。1962年5月,智堡改为大队,隶属泰东公社。1964年9月10日,重新组建成智堡(下辖8个生产大队:鲍坝、高桥、智堡、花园、西坝、丁冯、渔行、黄垛)、园林、头营3个人民公社。1968年4月,智堡公社改名东郊公社。1984年6月,东郊公社改名东郊乡,智堡村隶属东郊乡。2006年东郊乡与城东街道合并为城东街道办事处,智堡村隶属城东街道管辖。

智堡村由姜家窑、茅家堡、前庄、后庄、葫芦汪组成,原有13个组;1985年左右田亩征用变成12个生产组;2010年至2017年,随着旧城改造征收拆迁,智堡村12个村组先后被征收拆除。2011年,智堡村撤村建居,更名为智堡社区。

1979年农村经济体制改革,智堡村开始兴办食品、工艺、拉丝、金属、医疗等企业,1990年,工业产值首次超千万元。1993年,智堡村成为小康村。1996年,发展出租经济,收回东风路门面房出租;2007年,置换智堡小区门面房6500多平方米,社区增加收入约100万元。2011年,智堡社区成立集体经济股份合作社,固化社区集体经济组织成员834人,对股民进行配股,年底按股份分红。2013年,社区利用集体富余资金购买门面房2200多平方米,增加集体收入近80万元。

2021年,社区有营业面积超过50平方米的综合商店(超市)4个,各类企业51个,全年社区集体收入1087万元,其中,经营收入136.2万元。先后被评为计划生育工作国家示范社区、海陵区文明社区、示范村(涉农社区)。社区居民沈党兰多次被评为三八红旗手、劳动模范、创业能手等,2015年被授予"江苏省劳动模范"称号。

宫涵社区 位于通扬运河北侧,由宫涵村、纪庙村合并后撤村建居而成。辖区范围:东至知春路,南至通扬运河(古盐运河),西至凤城河,北至育才路。2021年,行政区域面积2.24平方千米,管辖16个居民小组,户籍户数1362户,户籍人口4160人,常住户数1459户,常住人口6132人。

社区党组织为总支部建制,下设5个网格支部,在册党员112名。

宫涵村,原名宫家涵。清代乾隆四年(1739),曾做过县官的乡绅宫治骏,决定独家出资在纪家庙处新建涵洞1座,用于保水和排水。乡人为了纪念涵洞的建成,取名为"宫涵"。纪庙,村庄名。东依俞家楼,南与塘湾的肖庄相连,西与宫涵

全国民主法制示范村——宫涵社区

接壤，北与响林毗邻。明初“洪武赶散”，苏州阊门部分纪姓人家迁徙定居于此并建家庙，村庄因庙得名。

1965年至2000年，宫涵村、纪庙村先后隶属泰县泰东人民公社、泰东乡，2000年，纪庙与宫涵两村合并为宫涵村，隶属泰州市泰东镇（京泰路街道办事处）。2011年3月，经区划调整，宫涵社区划归城东街道管辖。2012年6月宫涵村撤村建居，2021年，社区有营业面积超过50平方米的综合商店（超市）4个，各类企业28家，全年社区集体收入664.7万元，其中，经营收入581.4万元。先后获得全国综合减灾示范社区、全国民主法治示范村、江苏省文明社区、泰州市文明村标兵、泰州市文明社区、泰州市全面小康建设示范村等称号。

东城社区　成立于2010年，辖区范围：东至东风北路，南至南通路，西至华泰路，北至海阳路，区域面积0.6平方千米，管辖茂业·豪园、茂业·锦园2个居民小区。办公地址为南通路388号茂业天地豪园4号楼1楼，社区办公、活动用房面积为1050平方米。2021年，社区户籍人口4325人。辖区内企业71家。

社区党组织为总支部建制，下设8个网格支部，在册党员122名。

社区设立党群服务中心、居家养老服务中心、职工之家、妇女儿童之家，心理咨询室等便民服务中心。社区构建“社区—片区—楼栋—居民”的四级网格化管理体系，落实社区志愿者注册制度，

江苏省民主法治示范社区——东城社区

实施社区计生、职介、再就业便民市场、医疗服务站、法律咨询、文体服务、党群服务等服务项目，发挥社区居委会自我管理、自我教育、自我服务的功能。

“东城社区爱心帮帮团”为社区服务品牌，开展就业帮扶、邻里互助、志愿服务等系列服务，组成关爱互助网络，为社区居民特别是困难群体提供更多服务和帮助。先后获得江苏省民主法治示范社区、泰州市十佳社区服务品牌、泰州市文明社区、泰州市深化全国文明城市创建先进集体、泰州市社区人防工作先进集体、泰州市优秀妇女儿童“家”阵地等称号。

迎春社区　建于1992年，社区得名于迎春果林场及辖区内迎春小区。辖区范围：东至老东河，南至迎宾路，西至东风路，北至南通路，区域面积0.47平方千米。2021年，社区户籍人口3525人，辖区内企业106家。

社区党组织为党委建制，下设8个网格支部，在册党员171名。社区有工作人员7名，其中，中级社工师2名。

社区坚持以人为本，服务居民，创新体制机制，从实际出发、从群众的需求做起，实行民主建居、科学管居，和谐兴居、先后被评为全国防灾减灾示范社区、江苏省和谐示范社区、江苏省文明社区、江苏省民主法治示范社区、江苏省企业退休人员社会化管理服务示范社区、江苏省AAA级居家养老服务站、泰州市文明社区标兵、和谐社区、十佳社区等。社区

全国最美志愿服务社区——迎春社区

江苏省和谐社区建设示范社区——春兰社区

服务品牌“鲁班80365工作室”被评为泰州市首届十佳社区服务品牌、海陵区十佳志愿服务组织。

春兰社区 成立于1995年，位于东城河畔的迎宾路189-31号，辖区范围：东至宫涵河，南至迎春东路，西至凤城河，北至东风路口与口泰路交叉口，区域面积0.6平方千米，管辖梅苑公寓、梅苑小区、尊园花苑、玉城名郡、金通梅园一期、金通梅园二期、康泰苑、职大宿舍、口泰路226号9个小区。2021年，社区常住户数1925户，户籍人口5033人，辖区内企业95家。

社区党组织为党委建制，下设8个网格支部，在册党员141名。

春兰社区坚持从实际出发，从群众的需求做起，以社区为载体，以居民为主体，以提高居民文明素质和生活质量为目标，健全组织机构，完善运行机制，全力尽职服务辖区群众，先后获得江苏省地震安全示范社区、泰州市文明社区、泰州市人防优秀社区、海陵区文明社区等称号。

东安社区 成立于1996年12月。辖区范围：东至老东河，西至东风北路，南至南通路，北至海阳路，区域面积0.46平方千米，管辖阳光新城、东进小区1-28幢、渔网厂宿舍、试采18号大院、东进花园、碧桂园珑泊湾等6个小区和老东河九组、十组部分平房。社区办公地址为阳光新城内。2021年，社区常住居民3205户，户籍人口4380人，辖区内企业110家。

全国科普示范社区——东安社区

社区党组织为党委建制，下设7个网格支部，在册党员147名。

社区以“为民、便民、惠民”为宗旨，创建“东安社区七彩讲堂”服务品牌，红色讲堂链接廉政宣讲、爱心帮扶服务，橙色讲堂链接便民利民服务，金色讲堂链接法治平安服务，绿色讲堂链接健康卫生服务，青色讲堂链接青少年校外辅导服务，蓝色讲堂链接科普服务，紫色讲堂链接文体娱乐服务，传播公益文化，提升居民素质，获评海陵区十佳志愿服务品牌。

2003年，以居民名字命名的“段成林志愿服务站”创立，为社区居民提供水电安装、房屋整修、家电维修、疏通下水道、康复医疗、心理疏导、美容美发、日间照料、裁剪缝纫、晨练健身、治安民调和青少年课外辅导等十多个服务项目，站内志愿者超过50人，全年无偿服务800多人次。社区先后被评为全国科普示范社区、全国综合减灾示范社区、江苏省充分就业示范社区、江苏省和谐社区、江苏省第四届“敬老文明号”、泰州市文明社区、泰州市最美志愿服务社区、泰州市最美志愿服务站等称号。

东康社区 成立于1995年，位于海陵区东进小区北部，辖区范围东至老东河，西与东风小区隔河相望，南至海阳东路，北至运河路，区域面积0.6平方千米，管辖东进小区29—146幢居民楼、老东河农民公寓、老东河九组、十组、十一组、十二组，为开放式无物管老旧小区。截至2021

江苏省优秀社区志愿服务——东康社区

年，东康社区常住户数为3056户，户籍人口5619人，其中60岁以上老年人为2113人，占37.6%，有残疾人166人，办理尊老金328人。

社区党组织为党委建制，下设9个网格支部和1个离退休党员支部，在册党员199名。

从2006年起，社区先后被评江苏省居家养老示范社区、江苏省志愿服务先进社区、泰州市关心下一代“双创”先进社区、泰州市社会治安综合治理五星级社区、海陵区示范村（社区）、海陵区党风廉政四星级社区、海陵区巾帼文明岗、海陵区民主法治社区、海陵区十佳党员服务站、海陵区先进集体等。

东风社区 成立于1991年8月，辖区范围：东至智堡河，南至海阳路，西至东风北路，北至森园路，区域面积0.4平方千米，管辖东风小区、启鼎花园、依云湾小区等住宅小区。办公地址为依云湾32-101号，办公、活动用房面积约800平方米，截至2021年，社区常住户籍人口2577人，辖内企业63家。

社区党组织为党总支建制，下设6个网格支部，在册党员107名，其中女党员20名。

社区先后创建“东风之歌”“微扶1+1”等党建服务品牌。社区以“文明社区、安全港湾、温馨家园”为目标，构建环境整洁优美、社会治安良好、生活方便舒适、人际关系和谐的现代化文明社区，先后获得江苏省和谐社区建设示范社区、海陵区文明社区等称号。居民姚俊林被评为泰州市“十佳志愿服务者”。

春晖社区 成立于2000年。辖区范围：东至春兰路、西至春晖路、南至迎宾路、北至南通路，区域面积0.5平方千米，管辖教工三村、春晖苑、中江花苑、试采小区、斜桥红光组、春晖路200号和南通路209号，均为无物管小区。截至2021年，社区居民户数1420户，户籍人口2490人。其中，少数民族人口38人，占全区少数民族居民总数的4.5%。

社区党组织为党委建制，下设6个网格支部，在册党员153名。

社区以“党建引领、居民自治、多元参与、暖心服务”为理念，整合辖区资源，形成由党组织牵头，驻区单位与共建单位、业委会、党员及居民共同参与的社区服务格局，创新推行“三网”工作法，即“1+5+N”“交心联络网”，将离退休党员、在职党员、下岗失业党员、非公企业党员、流动党员等全部“网”进党组织，增进党组织与党员之间经常联系与交流；搭建“连心便民网”，运用电子显示屏、远程教育平台、QQ群、微信群等多媒体，构建“联系无遗漏，服务无盲点”智慧管理，精准服务社区居民；编织“暖心服务网”，整合驻区单位、商家、共建单位、业委会、社会组织和志愿者等资源，为居民提供家政保洁、结对帮扶、纠纷调解、医疗保健、维权保障、文体娱乐等暖心服务。培

江苏省和谐社区建设示范社区——东风社区

江苏省民族工作示范社区——春晖社区

育“阳光来吧”青少年心理健康服务品牌，为青少年身心健康成长保驾护航。打造“民族之家”服务品牌，构建和谐民族家园。先后获得江苏省民族工作示范社区、江苏省充分就业社区、江苏省“平安家庭”创建示范社区、江苏省优秀社区志愿服务项目、泰州市文明社区、泰州市民主法治示范社区、泰州市十佳社区服务品牌、泰州市关心下一代先进社区、泰州市优秀家长学校、优秀道德讲堂、海陵区统战工作先进集体等称号。

碧桂园社区 成立于2013年9月，辖区范围：东至东环快速路，南、西、北至自然河道，区域面积约2平方千米，管辖碧桂园小区、泰渔新村小区、原东郊乡分散于新通扬运河以北花园、丁冯、唐甸、窑头、孙金、朱东、魏徐7个村的城镇户口居民。2021年，社区户籍人口3044人，其中：低保户21户计38人，重残低保6人，其他残疾人员50多人。暂住人口3500人，辖内企业69家。社区办公地址为海陵区泰渔路887号（碧桂园凤凰商业广场）。

社区党组织为总支部建制，下设8个网格支部，在册党员78名。

社区成立伊始即构建“街道—社区—小区—楼栋—居民”五级网络组织体系，将社区范围划分为片区和网格，配备25名中心户长管理楼栋，按照“界线清晰、任务适当、责任明确、便于考核”原则，实行网格化管理。“青春乐助”志愿者服务队为社区服务品牌，每月固定

全国综合减灾示范社区——碧桂园社区

组织志愿者开展家电修理、修车补胎、磨刀磨剪、缝补衣服等便民服务活动，帮助社区居民解决生活难题。先后获得泰州市十佳文明小区、泰州市城市管理示范社区、泰州市绿色社区、海陵区文明社区、海陵区示范社区、海陵区十佳社区服务品牌等称号。

育才社区　成立于2010年11月。辖区范围：东至春兰北路，南至育才路，西至春晖路，北至迎春东路，区域面积约0.5平方千米，管辖鹏欣尚城、东方花园、东方名门、东方名邸4个居民小区。2021年，社区户籍人口7189人，常住户数3869户，常住人口9960人。其中60岁及以上2588人，占25.9%，58人办理尊老金，残疾人35人。辖区内企业89家。社区办公地点为东方名邸38栋一层，社区办公活动用房面积420平方米，配备设立社区警务室、社区卫生服务中心。

社区党组织为总支部建制，下设8个网格支部，在册党员209名。

社区构建“社区—片区—楼栋—居民”的四级网格化管理体系，创建“党员绿地认养”“错时工作制”“连心桥工作室”等党建服务品牌，为居民提供优生优育、职业介绍、再就业便民市场、卫生医疗、法律咨询、文化体育等服务，发挥社区自我管理、自我教育、自我服务功能。社区先后获得江苏省和谐社区、泰州市先进社区、泰州市勤廉社区、泰州市绿色社区、泰州市巾帼文明岗，海陵区党风廉政建设四星级

江苏省和谐社区——育才社区

社区、海陵区文明社区、海陵区示范社区等称号。

梧桐社区 成立于2018年6月，办公地址位于引凤路166号。辖区范围：东至宫涵河，南至通扬运河，西至凤城河，北至迎春东路，管辖阳光盛景、金通·玫瑰园、凤凰花园、金通·桃园、农民公寓等5个小区。截至2021年，梧桐社区常住户数1652户，户籍人口4475人，常住人口4756人，其中60岁及以上682人，占14.3%。37人享受尊老金。残疾人21人。

社区党组织为总支部建制，下设8个网格支部。在册党员87名，其中年老体弱党员37人。先后获得江苏省新领域最美妇女微家、海陵区深化文明城市创建先进集体、海陵区人防工作先进单位、海陵区“五好关工委”等称号。

江苏省新领域最美妇女微家——梧桐社区

自然环境

地形地貌

城东街道境域地形单一，均为平原，是苏北平原的一部分。以海阳路、南通路为界，南部为通南高沙土平原，地面高程多在4.0—6.0米，土质疏松，水土易于流失，如鲍坝的“凤凰墩”，主要有鲍坝社区、宫涵社区。北部属里下河平原，主要有智堡社区、老东河社区以及新通扬河北的花园、丁冯、孙金、窑头、朱东、唐甸、魏徐等7个村，该区地势低平，地面高程1.5—3.0米，为了围垦利用，除建成沤田与圩田外，选择高地逐年培土，成为四周环水、面积大小不一的垛岸（也称“垛田”），一般高出四周水面3—5米，为水乡特殊地貌。20世纪70年代大面积平垛并垛，新通扬运河以北的垛岸被平整为生产粮油蔬菜的农田。

境内土壤母质为长江冲积物，土壤类型为南沙北粘，即南部为高沙土，北部为淤泥土。

气候特征

街道境域属北亚热带季风性湿润气候区，四季分明，冬寒夏热，气候温和湿润，无霜期长，日照充足，雨量充沛。年平均气温14.4℃—16.9℃。平均年降水量1037.7毫米。年平均日照时数2189.6小时。

气候特征：春季，3月底至6月上旬，天气多变，低温阴雨，盛行东南风。夏季，6月中上旬至9月中旬，炎热多雨，最典型的两种天气是梅雨和伏旱天。秋季，9月中旬至11月中旬，天高气爽，晴朗少雨，但间或有“秋老虎”天气。冬季，11月中旬至次年3月下旬，寒冷少雨，寒潮袭击频繁。

附：

气象与物候谚语

鸡鸭进窝早，明天天气好。

鸡儿上架迟，明日雨淋漓。

蛤蟆叫，大雨到。

蛙声急，天放晴。

鱼跃花，有雨下。

田鸡乱叫，大雨就到。

池塘鱼跳，大雨要到。

螃蟹陆上行，几天雨不停

小鱼水面游，雨水淋破头

知了叫，晴天到。

知了叫叫停，阴雨要来临。

蚂蚁搬家，大雨哗哗。

蜻蜓高，晒得焦；蜻蜓低，雨淋漓。

自然灾害

境域自然灾害主要有台风、暴雨、雷电、寒潮、大风、干旱、连阴雨、高温、龙卷风、冰雹等。

台风 台风不仅会带来暴雨、大暴雨，而且雨量非常大。

1990年8月31日—9月1日，境内遭受15号台风袭击，最大风力10级，2天总降水量202.9毫米，为中华人民共和国成立以来台风过程降水量最大的一次，东郊乡3000多亩水稻70%倒伏、40%严重积水。

1997年8月18日—20日，受11号台风影响，境内出现暴雨和8—9级大风，给东郊乡农业生产带来较大灾害，造成水稻倒伏、棉花落铃和蔬菜损失等。

2001年7月31日18时—8月1日8时，受第8号强台风“桃芝”和北方冷气流的共同影响，境内暴雨持续10多个小时，降雨量175.3毫米，其中8月1日晨6时至7时降雨量73毫米，超过历史最高纪录。

2005年9月12日，受15号强台风“卡努”袭击，出现暴雨、大风等灾害天气，导致水稻、大豆等作物倒伏，叶菜受渍超过500亩，丁冯村蔬菜大棚大面积倒塌，损失较大。

暴雨 暴雨是境内的主要灾害之一，一般6月、7月、8月最多，10月后暴雨明显减少。

1991年5月21日—7月19日，境内遭遇百年未遇的特大洪涝灾害，出现7次暴雨，降水573.9毫米，上、下河水位分别超过警戒水位0.88米和1.33米，东郊乡全乡8个行政村，特别是新通扬运河两侧的智堡、花园、黄垛、西坝、渔行、丁冯6个村受灾严重，3408亩耕地全部被淹，625.05亩鱼池沉没，乡、村、组办工厂停产33家，半停产5家。倒塌民房17间，转移群众92户288人。猪舍淹没110间。全乡经济损失达1052.58万元。另外，受智堡河水上岸影响，境内的弹力衫厂、针织服装厂、产业用布总厂等企业厂区车间进水，陷入停产半停产状态。

2003年7月4日—5日，境内出现暴雨，造成农田受淹、部分房屋倒损。

2008年6月14日，境内出现入梅后的首场暴雨，降水量66.9毫米。7月19日，再次出现暴雨，降水量104.4毫米，部分农田严重积水。

雷电 雷暴有很强的季节性，一年中夏季最多，冬季最少。

1999年9月4日，智堡村一农户家遭雷击，屋面被击穿，家用电器损坏，经济损失约2万元。

寒潮 寒潮是影响境域的主要灾害性天气。寒潮来袭不仅有温度骤降，还常伴有雨雪和冻害，强寒潮往往伴有暴雪和冰冻等灾害。

1998年3月31日傍晚，朱庄乡遭受大风、冰雹袭击，三麦损伤，蔬菜被打烂，损失严重。

2003年2月10日夜间，境内普降大到暴雪，积雪厚度均在5厘米以上，路面积雪和冰冻给交通运输、农业生产造成很大影响。

大风 境内常见的灾害性天气之一。

2000年5月12日，境内出现不稳定天气，瞬时风速10级，并伴有直径6毫米的冰雹，麦子出现不同程度的倒伏，蔬菜大棚受到严重破坏。

2006年5月27日，境内出现风速21.8米/秒飓风，瞬间蔬菜大棚遭灾被掀，损毁严重。

干旱 境内季节性干旱经常发生，平均每年发生一次。

1994年5—9月，境内入夏后出现持续高温天气，受灾较为严重，受旱面积8670亩，其中受旱蔬菜3468亩，秋粮减产三成左右。持续高温造成翻塘死鱼、鱼草干枯。

1997年8月28日—11月11日，76天内境域仅降水13.2毫米，严重的秋旱直接影响秋播和播后的出苗及幼苗的生长。

高温 1988年7月4日—20日，境内连续出现17天高温，最高气温37.3℃，天气晴热少雨，旱情相当严重，造成农业减收，严重影响日常生产和生活。

2007年7月25日—8月2日，境内连续出现9天高温天气，每日最高温度均在37.0℃以上，为历年罕见。

龙卷风 1989年9月16日，境内受龙卷风袭击，水稻、棉花倒伏，平均减产一到二成，蔬菜大棚基本损毁。

冰雹 2001年7月23日，境内出现短时冰雹天气，最大冰雹直径11毫米，同时伴有7—8级大风，造成部分农作物及蔬菜大棚受损。

连阴雨 1999年8月上旬至9月上旬，连续阴雨23—45天，10月上中旬，连续阴雨8—15天，长时间阴雨天气对蔬菜生产以及水稻和棉花等秋熟作物生长影响较大。

2002年4月15日—5月10日，境内出现连阴雨天气，影响大棚蔬菜种植和市场供应，危害小麦扬花、油菜生长。

2003年，梅汛期的持续降水造成境内田间作物渍害严重，出现烂叶烂根，苗情普遍较差。

河流

境内河流大致以海阳路为界，分属长江、淮河两大水系。通扬运河、城河等属南部的长江水系（俗称上河），新通扬运河、卤汀河、朱杨河、泰东河、智堡河、老东河等属北部的淮河水系（俗称下河）。东西向省、市级骨干河道3条：通扬运河、新通扬运河、朱杨河。南北向国家、省、市级骨干河道4条：卤汀河、智堡河、泰东河、老东河，形成街道水系主动脉。另有中心河、生产河，还有许多沟塘河汪，方便生产和群众生活。

通扬运河 旧名吴王沟、盐运河、上官河等。为西汉初年吴王刘濞主持开凿茱萸沟，用以运盐，后经历代改建，延伸至南通。清宣统元年（1909），改称通扬运河，属长江水系。通扬运河由扬州市江都区东流入，境域长约2千米，河面平均宽15—25米，正常水位约2米。是泰州市上河地区主要航道。

城河 环绕主城区四周，与南官河、通扬运河相接，与智堡河、草河与稻河分别有涵洞相通。其中位于城区东部的称东城河。东城河环抱半个城体，宽100—150米，最宽处247.7米，水域面积51.8公顷。

新通扬运河 1958年11月开挖，1968年10月至1969年1月，水利部门为增加过水断面，完成新通扬河第二期工程，至此泰州段全线告成。西起扬州市江都区，东接南通市海安市，入通榆河，横贯泰州北部，城东街道境内长3千米，河宽60—100米。

东城河

新通扬运河

朱杨河　与西大河、朱庄社道河、宫左河等同为卤汀河支河。朱杨河原与西大河相连通。西大河原是通往江都樊川的航道，卤汀河取直后河首淤浅废弃，1970年由西坝大队打坝围垦106亩。1977年，大坝北旧河床由东郊乡围垦建渔场，朱杨河成为通往樊川的航道。1974—1976年，为配合平垎并垎，改善田间排灌与运输条件，朱庄公社开挖社道河与宫左河。朱庄社道河是十字形河道，西起窑头大队，东至采菱桥与泰东河相接。宫左河北起宫家庄，向西至王家舍，再向南与朱杨河相连，全长3.7千米。

卤汀河　旧名海陵溪、浦汀河。南起泰州船闸，经朱庄、港口至兴化市，长47千米，境内（泰州船闸至桑湾南）长7.64千米。河面宽40—60米。卤汀河为里下河地区通航、排涝与引江水入河的重要通道。

泰东河　旧名西溪运盐河、下官运盐河、北运河、下官河等。南起新通扬运河，经淤溪、溱潼至东台市西南入串场河。2000年12月，泰东河拓浚工程开工。拓浚后的泰东河南接泰州引江河，北连通榆河，为江苏省江水东引北调的组成部分，全长55.08千米，沿线经海陵、姜堰、兴化、东台等四市（区）。境内（泰州船闸至蒋家舍）长3.38千米。河面宽60—90米。

智堡河　位于智堡社区辖区内，是泰州城通向里下河的重要河流，呈南北

卤汀河

泰东河（唐甸段）

向，南至东城河，北至新通扬运河，按其所流经的区域分为智堡河前河、智堡河、智堡河后河。1957—1960年，泰州市在东城河原觉正寺与原豆食品厂附近建涵闸通智堡河，使数百年相隔的上下河水得以贯通，智堡河水质得到很大改善，沿河群众从此用上由城河流来的长江水。

老东河 位于老东河社区境内，由东北斜向西南，北接泰东河，融入里下河水系，南至鲍家坝，与上河水系相连，是连接海陵上河与下河水系的一条重要河流，也是泰州城通向里下河的重要河流。

清道光年间，老东河原为货运通道，由南向北，通往里下河盐场州县，由北向南，前往江南福山、上海等处。民国后，城北稻河货运功能直接取代了老东河，老东河作为货运的水上通道，渐渐地结束了历史使命。2000年后，新通扬运河以南的老东河段逐步建设成为景观河。

智堡河

老东河

自然资源

境内地热矿泉水资源丰富，地热水埋深650—1800米，水温38℃—70℃，含有对人体有益的碘、溴、锶等微量元素。

区位面积

街道地处海陵区中东部，位于北纬32° 28′ 26″～32° 33′ 54″，东经119° 57′ 14″～119° 53′ 18″，东至春兰路与京泰路街道毗邻，东北与红旗街道接壤；南至通扬运河与城南街道隔河相望；西南与城中街道、城北街道相连；西至卤汀河与城西街道相交；北、西北与华港镇相接，呈南北长、东西窄的扁平形状。境内城、郊区域分明，以新通扬运河为界，以南区域为城区，以北区域为郊区。

2021年，街道面积29.78平方千米，耕地面积6420.15亩。

人口民族

人口

2006年1月，东郊乡与城东街道合并组建新的城东街道办事处。2007年底，总计有29860户，总人口73134人，其中男性36416人、女性36718人，人口密度为每平方千米2456人。是年，出生人口585人，死亡人口500人，自然增长率为0.17‰。

2020年第七次全国人口普查数据数据：常住人口10.73万人，其中男性5.08万人，女性5.65万人。城镇人口10.61万人，乡村人口0.12万人。0—17岁17418人，占比16.2%；18—60岁69458人，占比64.7%；60岁以上20449人，占比19.1%。

2021年，街道常住人口10.80万人，其中城镇人口10.70万人，乡村人口0.11万人，城镇化率99.01%。街道总户数28574户，户籍总人口73062人，其中男35842人，女37220人，男女比例1∶1.04。出生人口365人，死亡454人，自然增长率-0.24‰。

民族

街道为汉族人口聚集区，有少数民族散居其中。2021年末，境内少数民族人口92人，其中，回族47人、维吾尔族5人、布依族1人、彝族3人、蒙古族5人、苗族7人、壮族8人、土家族8人、满族6人、藏族1人、瑶族1人。

职业

2021年末，街道从业人员数为38264人。其中，第一产业从业人员数1658人，第二产业从业人员数14521人，第三产业从业人员数22085人。

高龄群体

2021年末，街道90周岁以上的老人有177人。

2021年末城东街道90周岁以上老人名录

表3

序号	姓　名	性别	出生年月	村(社区)
1	沈王氏	女	1918.5	东安社区
2	蒋桂英	女	1922.5	宫涵社区
3	马骏骅	男	1922.9	东安社区
4	封押英	女	1923.4	宫涵社区
5	薛怀红	男	1923.9	迎春社区
6	张　忠	男	1923.9	东康社区
7	于素珍	女	1923.10	东安社区
8	马怀根	女	1924.3	老东河社区
9	吴怡寿	男	1924.5	春晖社区
10	张剑秋	女	1924.7	迎春社区
11	陈有才	男	1924.8	东康社区
12	李冬青	女	1924.8	迎春社区
13	曹秀珍	女	1924.11	春晖社区
14	朱松书	男	1924.12	窑头村
15	李吉甫	男	1925.1	东安社区
16	高凤英	女	1925.4	老东河社区
17	王桂英	女	1925.4	老东河社区
18	杨申氏	女	1925.5	鲍坝社区
19	季敦英	女	1925.7	东康社区
20	刘桂珠	女	1925.10	东康社区
21	刘兰小	女	1925.10	窑头村
22	王国栋	男	1925.12	春晖社区
23	戈厚隆	男	1926.2	东康社区
24	高香谷	女	1926.9	东康社区
25	李桂芬	女	1926.7	东康社区
26	姜秀英	女	1926.6	东安社区
27	鞠国文	男	1926.7	东安社区
28	卢玉兰	女	1926.10	东安社区
29	武　桂	女	1926.10	宫涵社区
30	鞠锦芳	女	1926.10	朱东村

续表

序号	姓　名	性别	出生年月	村(社区)
31	李荣太	女	1927.1	鲍坝社区
32	吕锦城	男	1927.2	碧桂园社区
33	高联英	女	1927.2	东康社区
34	张桂英	女	1927.2	东康社区
35	肖介眉	男	1927.3	东康社区
36	李兆兰	女	1927.5	东城社区
37	沈尔珠	女	1927.7	东安社区
38	陈雁秋	女	1927.8	东康社区
39	王中荣	男	1927.8	东安社区
40	张晓明	男	1927.9	梧桐社区
41	王南罗	女	1927.10	鲍坝社区
42	冯红小	女	1927.12	丁冯村
43	王巧桂	女	1927.12	朱东村
44	顾凤英	女	1928.2	东城社区
45	徐龙小	女	1928.2	春兰社区
46	凌厚深	女	1928.3	东安社区
47	王礼龙	男	1928.3	东康社区
48	郭　骥	男	1928.3	斜桥社区
49	时　芬	女	1928.4	东康社区
50	肖秀芳	女	1928.4	东安社区
51	赵桂珍	女	1928.6	春晖社区
52	吴敦喜	男	1928.7	东城社区
53	沐如筛	女	1928.8	东风社区
54	黄锦凤	女	1928.8	丁冯村
55	杨桂英	女	1928.8	鲍坝社区
56	戴伯宣	男	1928.8	宫涵社区
57	申　礼	男	1928.9	东安社区
58	李桂英	女	1928.9	宫涵社区
59	杨兰英	女	1928.11	宫涵社区
60	滕月蝉	女	1928.11	迎春社区
61	沈履贵	男	1928.11	斜桥社区
62	周兰英	女	1928.11	东风社区

续表

序号	姓　名	性别	出生年月	村(社区)
63	朱有田	男	1928.11	鲍坝社区
64	魏怀珍	女	1928.11	鲍坝社区
65	陈凤翌	男	1928.12	老东河社区
66	芦惠芬	女	1928.12	东康社区
67	贾灯桂	女	1929.1	老东河社区
68	黄巧女	女	1929.2	老东河社区
69	曹巧珍	女	1929.2	东安社区
70	戴庆英	女	1929.2	东城社区
71	李大芒	女	1929.4	东风社区
72	李桂明	女	1929.5	东城社区
73	黄巧兰	女	1929.5	东安社区
74	潘玉林	男	1929.6	斜桥社区
75	储文兰	女	1929.6	东康社区
76	单秀琴	女	1929.7	东康社区
77	俞桂芳	女	1929.7	东康社区
78	朱有德	男	1929.7	鲍坝社区
79	吴玉珠	女	1929.7	梧桐社区
80	周玉书	男	1929.9	东风社区
81	郭兰英	女	1929.10	迎春社区
82	钱红珍	女	1929.10	东康社区
83	金鸭珍	女	1929.10	花园村
84	吴宝栾	女	1929.11	魏徐村
85	孙兰英	女	1929.11	老东河社区
86	李国霞	女	1929.11	东康社区
87	吴德华	女	1929.11	东康社区
88	秦红珍	女	1929.12	花园村
89	朱蛇女	女	1929.12	窑头村
90	曹大后	男	1929.12	窑头村
91	朱松如	男	1929.12	窑头村
92	徐长根	男	1930.1	东康社区
93	朱马扣	女	1930.1	宫涵社区
94	朱宏山	男	1930.1	朱东村

续表

序号	姓　名	性别	出生年月	村(社区)
95	王雨生	男	1930.2	春兰社区
96	丁小宝	女	1930.3	朱东村
97	张　英	女	1930.3	春晖社区
98	周锡珍	女	1930.3	东安社区
99	张　平	男	1930.4	碧桂园社区
100	曹后根	男	1930.4	窑头村
101	汪桂英	女	1930.5	鲍坝社区
102	姜桂红	女	1930.6	东康社区
103	叶小平	女	1930.6	东康社区
104	戴素兰	女	1930.6	春晖社区
105	袁吉余	男	1930.6	魏徐村
106	段桂英	女	1930.6	斜桥社区
107	宋马红	女	1930.6	东安社区
108	郑七三	女	1930.7	魏徐村
109	王粉宝	女	1930.7	老东河社区
110	卢世珍	男	1930.8	育才社区
111	沈清庭	男	1930.8	斜桥社区
112	全小马	女	1930.8	花园村
113	王扣居	女	1930.8	鲍坝社区
114	林玉森	男	1930.9	鲍坝社区
115	陈素兰	女	1930.9	东安社区
116	殷志来	男	1930.9	唐甸村
117	魏如宏	男	1930.10	魏徐村
118	陈文德	男	1930.10	唐甸村
119	张兰玲	女	1930.10	碧桂园社区
120	戒怀娣	女	1930.10	丁冯村
121	姜凤英	女	1930.11	宫涵社区
122	陈庚於	男	1930.11	唐甸村
123	刘崇德	男	1930.11	鲍坝社区
124	毛秀英	女	1930.11	东康社区
125	华德荣	男	1930.12	东康社区
126	曹丙珍	女	1930.12	碧桂园社区

续表

序号	姓　名	性别	出生年月	村(社区)
127	沈秀芳	女	1930.12	东安社区
128	萧玉琴	女	1930.12	东安社区
129	陈其英	女	1930.12	窑头村
130	罗锦根	男	1931.1	东康社区
131	徐恒寿	男	1931.1	东康社区
132	智怀义	男	1931.1	东康社区
133	高粉涛	女	1931.1	老东河社区
134	胡小粉	女	1931.1	鲍坝社区
135	王植槐	男	1931.2	育才社区
136	姚如喜	男	1931.2	育才社区
137	杭本桂	男	1931.2	迎春社区
138	徐桂兰	女	1931.2	东康社区
139	孙友宝	男	1931.2	宫涵社区
140	周维全	男	1931.2	丁冯村
141	马兰珍	女	1931.2	丁冯村
142	王羊女	女	1931.3	丁冯村
143	王志来	男	1931.3	宫涵社区
144	全思基	男	1931.3	东安社区
145	马　秋	女	1931.5	丁冯村
146	王桂凤	女	1931.6	东安社区
147	朱效东	女	1931.6	东康社区
148	周红女	女	1931.6	宫涵社区
149	杨如粉	女	1931.6	花园村
150	涂松平	男	1931.7	东康社区
151	蔡金林	男	1931.7	东城社区
152	夏文悌	男	1931.8	育才社区
153	张映福	男	1931.8	东康社区
154	洪粉扣	女	1931.8	唐甸村
155	陈宝顺	女	1931.8	宫涵社区
156	黄　琪	男	1931.8	东安社区
157	李　明	男	1931.9	东康社区
158	钱怀小	女	1931.9	朱东村

续表

序号	姓　名	性别	出生年月	村(社区)
159	殷贵余	男	1931.9	鲍坝社区
160	严粉英	女	1931.9	老东河社区
161	冯文淦	男	1931.9	丁冯村
162	周云珍	女	1931.10	东康社区
163	李雨宝	女	1931.10	东康社区
164	刘洋喜	女	1931.10	鲍坝社区
165	王大英	女	1931.10	鲍坝社区
166	孙庆梅	女	1931.11	魏徐村
167	胡月霞	女	1931.11	春晖社区
168	彭　飞	男	1931.11	东安社区
169	孙冬女	女	1931.11	宫涵社区
170	王南小	女	1931.11	朱东村
171	沈桂英	女	1931.11	东城社区
172	彭永年	男	1931.11	东城社区
173	张福祥	男	1931.12	迎春社区
174	于桂英	女	1931.12	东康社区
175	洪　林	女	1931.12	唐甸村
176	王桂祥	男	1931.12	朱东村
177	高小宝	女	1931.12	鲍坝社区

经济发展

经济总量与结构

2006年，城东街道地区生产总值5.95亿元，财政收入6530万元。2021年，街道地区生产总值55.34亿元。其中，第一产业增加值1.25亿元，占地区生产总值的2.26%，第二产业增加值13.92亿元，占地区生产总值的25.15%，第三产业增加值40.17亿元，占地区生产总值的72.59%。

农业

改革开放前，东郊乡耕地面积6971亩。农业生产以麦、稻种植为主，粮食种植面积原约占耕地面积半数。随着产业的结构变化，粮田逐渐改种蔬菜。至1987年，常年蔬菜地4324亩，占耕地面积63.9%，占全市计划菜地80%，成为泰州市的副食品生产基地。有81个村民小组常年种植蔬菜，年产量18810.9吨，上交国家蔬菜14528.6吨，约占全市蔬菜收购量的80%。1988年，东郊乡耕地以种植蔬菜为主，兼种稻、麦、油菜。养殖水面691亩，其中池塘381.8亩、河沟309.2亩，以养殖青、草、鲢、鳙、鲤、鲫、鳊等鱼类为主。1988—1992年，国家蔬菜收购量占全乡蔬菜总产量的56%，其余在城区零售。1999年12月和2000年4月，朱庄乡10个村及斜桥村并入后，东郊乡水面养殖增至3673亩，其中池塘969.6亩、河沟2703.4亩。2000年，实现农业总产值7462万元，其中种植业产值5250万元。2006年，农业结构调整加速，以无公害蔬菜生产基地、生态农业示范园等为载体，提升农产品市场竞争力。2008年，城东街道耕地面积8615.76亩，农业总产值6163万元，其中种植业产值4152万元，农民人均收入8470元。建有泰州千亩无公害蔬菜基地、区级蔬菜示范区、百亩南美白对虾养殖基地、澳洲龙虾示范养殖基地。特色蔬菜有海陵四季白萝卜、尖叶香莴苣、海陵香丝瓜，特色水产品有南美白对虾、澳

机械化收割秸秆

洲龙虾。2010年，实施品种、技术、知识三大更新工程，调整种植养殖结构，优化农业产业结构，推进高效农业规模化。2019年，开发都市智能农业、水肥一体化现代农业，促进乡村振兴。2021年，街道拥有农业生产耕地面积6420.15亩，其中，高标准农田面积4515亩。农业保险面积3628.5亩。农业机械总动力4802千瓦。有实际经营的农民专业合作社12个，成员2932户。农业企业3家，家庭农场8个。种植业食用“二品”基地面积3540亩。农作物播种面积12561.75亩，其中，粮食作物播种面积3724.5亩，蔬菜作物播种面积6578.4亩。粮食总量1400.3吨，油料总量398.7吨，蔬菜总量19925.6吨。肉类总量35吨，禽蛋产量26.3吨，水产品质量887.6吨。实现第一产业增加值1.25亿元。

农民专业合作经济组织

2007年12月6日，街道斜桥村红丰股份经济合作社成立，成为泰州市首个登记注册的农民专业合作经济组织。2010年10月29日，街道鲍坝社区集体经济股份合作社完成工商登记注册。是年，街道全面完成新通扬运河以南行政村股份制改革。2011年，完成新通扬运河以北区域行政村土地股份合作社改革。

种植业

城东街道种植业以粮食、油菜，以及各类蔬菜种植为主。

粮食种植　粮食品种主要为水稻、小麦、蚕豆、土豆、玉米、山芋等。水稻品种更换频繁：2000年，东郊乡水稻以“992”为主，辅以“武育梗3号”，粳稻面积占水稻面积的98%；小麦以“扬麦87-158”为主。栽培技术不断更新。育苗方法：催芽由传统的室外改室内，热催凉长，防烧芽损种；水秧改为半旱秧、泥塌头，窄秧地，开水槽；发展塑盘育秧；密播改为稀播。栽插方法：由传统的人工栽插逐步改为塑盘抛秧，2000年，塑盘抛秧已达3100亩。水浆管理：由传统的秧池深水护苗改为浅水勤灌；栽插深水改浅水，浅水栽插，深水活棵；软搁扎根，薄水分蘖，重搁促根，寸水抽穗，干湿到老。除草方法：由传统的人力除草改为化学除草。肥料运筹：施足基肥，亩施氮磷钾复合肥50千克，适量加施硼锌等微量元素肥料；补施拔节肥，亩施尿素10千克；巧施抽穗肥和叶面喷肥。2000年后，河泥、草渣等自然肥料几乎不施，影响了土壤结构和肥力，成为农业生产的潜在危机。由于推广新品种、新技术，尽管田间墒沟不畅，土地肥力下降，粮食亩产量仍然呈上升趋势。2021年，街道农作物播种面积总计18641亩，粮食作物播种面积2777亩，总产1066004千克。其中，夏收粮食播种面积460亩，产量172807千克，秋

2007年12月6日，斜桥村红丰股份经济合作社成立

丰收在望的稻谷

收粮食播种面积2317亩，产量893197千克。

油菜种植 东郊乡原先油菜种植面积不大，区划调整后，油菜种植面积激增。20世纪70年代前，主要种植品种为本地白菜，亩产量低下，之后推广甘蓝型油菜，20世纪90年代推广“秦油2号”，亩产量陡增。主要栽培技术为：稀播育壮苗，东西开槽多栽防冻害，开春平槽稳根。肥料运筹：苗床亩施复合肥50千克，早施苗肥（三叶一心时补施尿素每亩20千克），大田施复合肥50千克，重施腊肥（亩深施碳铵50千克或面施尿素20千克），巧施抽薹肥（亩施尿素15千克）。此外，移栽时灌水活棵，越冬遇有寒流前灌水防冻，“雨水”前后清墒防渍，化学除草、防病治虫。2021年，街道油料播种面积2058亩，总产量400363千克。其中，油菜籽播种面积1897亩，产量381963千克，花生播种面积17亩，产量3400千克，芝麻播种面积144亩，产量15000千克。

蔬菜种植 东郊乡地处城郊接合部，以种植蔬菜为主，尤以丁冯村为最。鲍坝村种植的“坝瓜”具有脆、酥、甜、香的特点，1956年曾选送至中南海（《泰州志》）。20世纪80年代，黄垛村冬季韭菜生产迅速发展，成为韭菜专业村。20世纪80年代，蔬菜栽培粗放，浇水肩担瓢舀，肥料以家积肥为主。20世纪90年

油菜花香

代，逐步采用地膜，浇水有硬质渠道（原朱庄乡10个村除外），肥料以化肥为主，地力下降。此外，逐步拓展反季节性蔬菜生产，蔬菜80%被国家收购，1988—1992年，国家收购量占全乡蔬菜总产量的56%，其余在本地零售或自用。过渡到市场经济后，蔬菜多为在本地零售，新通扬运河以北的村，主销北郊蔬菜批发市场的菜贩子。1996年，东郊乡常年蔬菜地2572亩，占耕地面积的45%，全乡61个村民小组有47个组（菜农组）常年种植蔬菜，年产量21000吨。2000年，区划调整后，原朱庄乡的10个村划入，蔬菜种植面积激增，且划入的10个村多数村民历史上就有种植蔬菜的习惯。2006年，街道蔬菜种植面积14619亩，其中常年种植面积12982亩，季节性种植面积1637亩，总产量29232000千克。建有泰州千亩无公害蔬菜基地、区级蔬菜示范区。特色蔬菜有海陵四季白萝卜、尖叶香莴苣、海陵香丝瓜。

2021年，蔬菜种植面积13761亩，其中，蔬菜（包括菜瓜）常年种植面积3603亩，总产11755110千克，季节性夏季种植面积1613亩、秋季种植面积1416亩，总产8074380千克；瓜类（果用瓜）：西瓜种植面积20亩，产量16001千克，甜瓜种植面积148亩，产量311900千克，草莓种植面积60亩，产量155400千克。

大棚蔬菜喜获高产

养殖业

20世纪80年代前，东郊乡养殖业以养鱼、养禽、养猪为主。城郊群众饲养的鸡、鸭、鹅苗禽，均由东郊乡提供，并有大量鸡、鸭嘌蛋空运山东、广东、上海等8省、直辖市销售。1981年，市政府确定东郊乡为泰州商品禽蛋基地，重点发展家禽生产，并规定智堡村为养鸡专业村。1990年前，东郊乡有乡村办渔场7个，养鱼水面637亩，每年为市场供应商品鱼20万公斤左右。1988年初，养殖水面691亩，其中池塘381.8亩、河沟309.2亩，以养殖青、草、鲢、鲤、鲫、鳊等鱼类为主，尤以鲢鱼为最。2000年，行政区划调整，东郊乡养殖水面增至3673亩，其中池塘969.6亩、河沟2703.4亩。2008年，街道建有百亩南美白对虾养殖基地、澳洲龙虾示范养殖基地。

家禽炕孵　东郊乡姜家窑的炕坊历史悠久，闻名省内外。民国时期泰州有私人炕坊28家，95%在姜家窑。以土缸（木炭加温）炕孵，有土缸300多只，年炕孵30多万只。1956年合作化期间，私人炕坊合并成立智堡炕坊。1963年更名为智堡家禽养殖场，隶属市农水局，1965年改为乡办。1978年，下炕种蛋110.5万只，出苗禽65.35万只。1982年智堡家禽养殖场改采用电孵箱，结束土缸炕孵。1985年前，清明开炕，生产2—3个月。1985年后，春、夏、秋三季炕孵，炕孵量逐年增加。1988年，泰州市有炕坊17家、电孵箱200多只，年炕孵鸡、鸭、鹅禽苗规模超过500万羽，智堡家禽养殖场的鸡、鸭、鹅禽苗80%销往广州、上海、江西、四川等地。1996年，因外销禽苗困难，炕坊锐减。1996年，因城市建设需要，智堡家禽养殖场拆迁歇业。此后，家禽炕孵多为智堡家庭炕坊。2012年后，老东站周边街区改造，智堡村整体拆迁，智堡家庭炕坊基本灭失。

生猪养殖 20世纪70年代中期以前，在上级“一人一猪、一亩一猪”的号召下，大量养殖生猪。之后，仍有不少农户保留了养猪习惯，称之为“零钱聚整钱”。在水产养殖不断发展的同时，养殖大户在池塘边搭舍养猪，猪粪放入池塘肥水养鱼。家禽，农户亦有饲养习惯。禽畜养殖多集中在新通扬运河以北的村，新通扬运河以南的村由于创建卫生城市只能选择在市区外创办养殖场，而不准农杂居（农民、居民混居）地区的农户家庭饲养（创建前准养）。20世纪90年代，养殖大户逐步出现，成为养殖业的排头兵和示范户。2015年后，为建设美丽乡村，构建良好的生态环境，境内养猪大户大部分歇业改行，少数外迁养殖。2021年，街道肉类总量为35吨。

水产养殖 1985年之前，水产养殖一般由村、组集体经营，之后承包给个人，承包期一般3—5年，每年在年底前上交承包款。1992年，朱庄乡麒麟村试点河沟养鱼招标承包，后在全市推广。1995年后改为公开招标，先交钱后承包或风险抵押承包。承包人投入足够的鱼种，分层搭配，加强饲养管理、防治鱼病。池塘养鱼喂草、喂螺丝、喂精饲（大麦粉、玉米粉、豆饼、麸皮等）。河沟养鱼一般不投饵料，少数投放青草，承包人对承包的鱼池、鱼塘，白天巡逻，夜间看守，防人偷钓偷捕。开拓钓鱼业务，依据钓者所钓数量（当场用秤或估计），按高于市场近1倍的价格收取钓鱼费，钓到的鱼归钓者所有。2000年区划调整前，东郊乡有养殖水面46.06公顷，其中池塘25.45公顷，河沟20.61公顷。区划调整后，城东街道养殖水面增加到244.87公顷，其中池塘64.64公顷，河沟180.23公顷。养殖品种以青、草、鲢、鳙、鲤、鲫、鳊为主，尤以鲢鱼为最。2021年，街道水产品质量887.6吨。

特种养殖 1988—1994年，境域纪庙村一农户养殖黑刺蚂蚁。1994年，东郊乡养殖户在发展常规品种养殖的同时，开始拓展特种品种的养殖。1994年，东郊乡试养罗氏沼虾，养殖面积8亩，年产罗氏虾475千克。东郊乡黄垛村建养鳖场，养殖面积13亩，年产鳖760千克。1996年，东郊乡高桥村3户农民联合饲养蓝狐50对，貉10对，后因缺乏饲养管理技术，蓝狐、貉死亡80%。2001年，全区实施“依托中心城市，发展都市渔业”战略，发展名特优水产品养殖，开拓垂钓都市休闲渔业市场，逐步建立“绿色、清静、自然、垂钓、高效”的休闲型渔业。

现代农业

2010年起，街道坚持做优一产，实施品种、技术、知识三大更新工程，调整种植、养殖结构，优化农业产业结构，推进城东城郊型特色农业，推进高效农业规模化。新增高效农业面积750亩，新增现代高效农业规模项目3个，农民人均纯收入11200元，实现第一产业增加值4023万元。2011年，新增高效农业面积900亩，完成高效农业项目4个。2012年，新增现代高效农业规模项目3个，新增农村造林面积648亩。2014年，城东街道农、林、牧、渔总产值完成1.05亿元，新增高效农业面积619.5亩，新增现代高效农业规模项目2个。争取国家农业综合开发现代农业园区试点项目和2014年高标准农田建设项目，总投资915.48万元，新增农村绿化造林面积246亩。2015年，新建城东蔬菜产业园1个，新增“三品一标”品牌产品11个，新增现代高效农业规模项目2个，新增林业绿化面积244.05亩，新增1个绿化示范村，建成高标准绿色通道——阳光大道（后改名为麒麟大道，现更名为罡红线），投资1000万元实施北片村高标准农田项目。2016年，新增现代高效农业规模项目2个，完成高效农业保险47.39万元。2017年，新增江苏森德现代农业、万家园果蔬盆景和蘑菇部落3个现代高效农业项目。2018年，依托毗邻农业产业园和地处北部生态走廊优势，在麒麟大道周边地块引进种植加工、物流销售、观光体验、旅游休闲等现代高效农业项目，打造中心城区北部生产、生态、生活农业新坐标。2019年，重点以“一片八点”为中心（“一片”即以毗邻农业园区的孙金村、窑头村的500亩为一片；“八点”即以街道果蔬园艺产业园、魏徐村蘑菇部落、苏中农贸市场、丁冯村省级无公害蔬菜生产基地、孙金村现代农业、麒麟电子商务、窑头村万家园等特色养殖以及唐甸美丽乡村等），实施乡村振兴战略。依托蘑菇部落、万家园、电子商务、麒麟园艺（多肉微景观），开辟都市农业、智能装备、水肥一体化现代农业发展路径。2020年，引进试种圣女果、藏红花、白术等项目。2021年，依托苏中农副产品批发市场，加快核心技术开发，协同推进苏中农副产品批发市场与线上平台合作，完善特色农产品生产、购销体系，开拓省内外市场，打造有机生态农业基地。

魏徐蘑菇部落 由江苏森德现代农业开发有限公司（简称“森德公司”）开发建设，位于海陵北郊“生态走廊”之上、城东街道果蔬园艺产业园内。一期流转土地380多亩，投资2800多万元，2016年初建设“蘑菇部落有机庄园”，2017年3月正式开园，5月蘑菇部落系列产品陆续进入市民餐桌、超市和网上商

江苏森德有机农场

城专卖店。

森德公司秉承“用科技还原自然，用品质呵护健康”的理念，按照国际流行的“CSA农业（社区订单农业）”模式经营，遵循自然农法和生态循环经济原则，率先在国内创建“餐桌全覆盖的系列有机食材”基地。采取自主生产、自主销售、自主配送，以中国有机标准和欧盟标准为准则，从土壤维护到育苗、防虫、微滴灌、采摘包装到冷链配送，采用净菜宅配会员制，“都市农夫认养园”及线上线下生鲜电商多种方式选送到家。

蘑菇部落环境优美，将休闲农业的科普、观光元素与有机农业完美结合，分为菌（菌中皇后——羊肚菌）稻轮作种植区、菌菇芽苗菜工厂化区、有机菜智能温室采摘区、林下种养殖区和有机体验中心等，结合农耕体验，科普教育，园艺DIY亲子制作，“百菇宴”养生餐饮及“公司+合作社+园区+农户+电商”商业模式的现代农业推广、孵化，基本建成国内首创融合“一二三产业”的现代都市农业4.0生态示范园、健康产业特色园。

丁冯无公害蔬菜生产基地 位于海陵区万亩无公害蔬菜核心区内，是省科普示范基地。

丁冯村水陆交通便捷，区域优势明显，素有种植蔬菜的传统习惯，是远近闻名的蔬菜种植特色村。海陵四季白萝卜、空心菜、木耳菜是该村三大优势品种。2001年后，该村先后推广了无公害海陵四季白萝卜、尖叶香莴苣、紫茄嫁接等生产技术规程，并向国家申报了“绿梅”牌海陵四季白萝卜、尖叶香莴苣2个国家级无公害农产品。2007年全村高效设施蔬菜种植面积达到619.4亩，占蔬菜种植面积的95%，亩均产值超过8900元。

2010年起，丁冯村着力推广无公害蔬菜生产技术，每年举办技术培训班3—5次，境内绝大多数菜农都掌握了无公害设施蔬菜生产技术。加强农业投入品的监管，实行农药“直补”，以推广生物农药为重点，大力推广腐熟有机肥、生物肥等，促进优质高产。实行产销结合，按照“基地+市场”的模式，与市区农民经纪人建立了合作关系，产品主要销往市区农贸市场、超市等。该村还先后筹集资金267多万元，实施路、梁、大棚及配套设施改造，建成了排灌配套的高标准菜田，形成了以早春海陵四季白萝卜和高效速生叶菜生产为主的区域特色基地。

窑头万家园农场 位于泰州市海陵区麒麟湾现代农业示范园内，占地200余亩，是江浙沪地区首家以果树盆景为主题的盆艺园，由泰州万家园农业科技有限公司于2015年6月投资创立。

泰州万家园农场80多个大棚里，错落有致地摆放着苹果、梨、海棠、葡萄、石榴、樱桃、桃等10余个品种40万盆盆栽，盆栽有大有小，价格从几十元到数千元不等，除了直供花鸟批发市场，更多果树盆栽在网络销售，年销售成品1万余盆，且形成了以果树盆栽为专业，集产、销及优良售后服务于一体的绿色生态产业。公司在淘宝、微信分别注册店铺，开通公众平台，采取会员消费模式，为客户量身定制个性服务，可根据客户要求，在一个盆栽里嫁接2—3种水果，满足多元化需求。

工业

街道工业是在民间手工业的基础上逐步发展壮大起来的，经历了从无到有、从小到大、从少到多、从低到高的发展过程，并在市场经济的竞争中经历优胜劣汰的考验。“八五”期间，东郊乡在医用敷料、化纤绳网、食品加工方面享有盛誉。朱庄乡造船业优势明显。1988年，朱庄乡有工业企业11家、职工672人，工业总产值974.4万元；东郊乡有工业企业9家、职工1679人，主要从事船舶修造、棉布制造、化工合成、印刷加工、小型机械电器及食品调料等生产，工业总产值1653万元。1991年，东郊乡高桥村永泰医用敷料有限公司等3家合资企业开业，成为泰州市第一个年创办3家合资企业和全乡第一个兴办合资企业的村。1994年，东郊乡通用机电设备厂船用柴油发电机组在第六届全国新技术新产品博览会上获金奖。1995年，东郊乡有私营（个体）工业企业49家、从业人员

567人，工业总产值2269.43万元。1996年初，东郊乡有乡镇工业企业41家，其中乡办7家、村办34家，从业人员2919人；工业门类涉及轻纺、化工、电器、机械、食品加工、建材建筑、船舶运输设备制造等。2000年，东郊乡主要经济指标营业收入30057万元（在泰州市各乡镇中列第35位）、产值33358万元、利税总额651万元、利润总额96万元，技改投入1500万元。1997—2002年，对乡办企业、街办企业、村办企业实施全面的体制改革。2001—2006年，海陵区12个规模产业中，东郊乡占据3个规模产业，即以永泰大唐医用敷料有限公司等5家企业为主体的纺织服装业；以第二食品加工厂等2家企业为主体的食品业；以振兴造船厂、苏北造船厂为主体的造船业。至2008年，街道有企业252家、从业人员5800人，完成工业总产值21.49亿元，其中22家规模以上国有企业，完成工业总产值16亿元、销售收入15.79亿元。2017年，全年规模以上工业产值32亿元，利税总额3.4亿元，工业固定资产投资1.5亿元，一般纳税人开票销售收入5.3亿元。2018年后，按照属地管理原则，海陵区调整工业统计口径，街道工业企业数减少。2021年，街道规模以上工业企业2个，工业总产值6113万元，工业销售产值6113万元，营业收入6113万元，资产总计11511万元，负债合计9811万元。

规模企业

1990年前，境内乡镇工业发展迅速，特色明显。东郊乡在医用敷料、化纤绳网、食品加工方面享有盛誉。朱庄乡造船优势明显。2002年，东郊乡工业初步形成3个具有一定规模的产业，以永泰大唐医用敷料有限公司等5家企业为主体的纺织服装业；以第二食品加工厂等2家企业为主体的食品业；以振兴造船厂、苏北造船厂为主体的造船业。2000—2005年，东郊乡列统企业工业产值增长2.83倍。2007年末，街道年销售收入500万元以上企业26家，其中包括江苏永泰大唐医用材料有限公司、泰州宏达绳网有限公司、泰州市第二食品加工厂等。规模企业集中分布在城郊接合部、新通扬运河两侧及原朱庄乡政府附近。2007年，营业收入94988万元，利税总额2994万元，利润总额1691万元，固定资产原值年末数12608万元，流动资产年末数27966万元，年末职工人数2607人，出口产品交货值22336万元。2018年，街道年销售收入亿元以上的骨干企业9家。2021年，街道规模以上工业企业仅剩2家，即泰州市海陵区鑫慧金属制品厂、江苏顺通混凝土制品有限公司。

食品加工

1988年，海陵区生产酱油、食醋的企业有一美调味品厂和泰州市第二酱醋厂。1998年一美调味品厂因拆迁而停产，全区仅第二酱醋厂生产酱醋产品。2000年后，食品加工企业不断扩大传统产品市场份额，提高深加工层次，实现休闲食品、方便食品、保健食品领域新突破。泰州市梅香食品有限公司为海陵区蛋禽深加工龙头企业，以“梅香”牌红心咸蛋、无铅无泥松花皮蛋为代表的产品色、香、形、味俱佳，在全国40多家超市及连锁店上柜销售，深受消费者喜爱。

企业选介

泰州市梅香食品有限公司　专业从事食品生产，占地面积4.7万平方米，有职工500余名，其中有专业技术人员50余人。生产的“梅香牌”食品有蛋制品、休闲制品、肉制品、糕点制品等四大系列共100多种单品。在江苏、湖北、安徽等地建立多个原料基地，以麻鸭、蛋鸡、鹌鹑、仔鸽、草鹅、兔等为主，养殖量达到60万只，既保障企业产品质量需求，又带动农民致富。2002年，泰州市梅香食品有限公司从城东搬迁至海陵区工业园区泰安路8号。2014年，成立“梅香食品研发中心”，并通过ISO9001、ISO22000体系认证。产品皮蛋、咸蛋获评“江苏名牌”“绿色食品”，先后获得全国农产品加工示范企业、江苏省农业产业化重点龙头企业等荣誉称号。

泰州东方糕点有限公司　1999年11月30日创建，位于泰州市泰朱路119号。公司前身为泰州东方食品厂，1999年破产，改制为东方糕点有限公司。2008年，泰州东方糕点有限公司在老街恢复老字号五云斋茶食作坊，专业生产以上等芝麻、糯米、白糖、核桃仁等为主要原料的嵌桃麻糕，在传统甜口麻糕的基础上，推出咸口的椒盐芝麻麻糕，以及抹茶、海苔、肉松等多种新口味的麻糕，广受游客的青睐。“弘梅”牌嵌桃麻糕以其色泽金黄，厚薄均匀，质地细腻，酥香甜脆，营养丰富，深受消费者青睐，畅销海内外。该公司嵌桃麻糕制作技艺先后被列为泰州市非物质文化遗产、江苏省非物质文化遗产。

船舶修造

境内船舶修造历史悠久，20世纪40年代，境域渔行村、丁冯村一带便有上百名造船工人为渡江作战打造船只。1958年新通扬运河开通后，沿河至泰东河一带在几十年间形成具有一定特色的内河船舶制造集聚区。20世纪70年代，朱庄公社建泰州市钢质船厂、第二钢质船厂，生产50艘150吨级的钢质货驳、拖轮、冷藏船等。2000年，第四钢质船厂生产民用钢质船舶38艘4950吨。2001年，第四钢质船厂生产民用钢质船舶50艘。2006—2008年，境域船企在盐河、卤汀河两岸，主要生产万吨以下各类钢质散装船、集装箱船、拖船、散化船、油船等，年产船只600—800艘，100多万载重吨，年产值20多亿元，成为泰州市重点发展的十大产业集群之一。2008年，内河船舶制造产业集群钢质散装船、集装箱船、拖船、散货船、油船等产品国内市场占有率达5.6%，实现工业总产值26亿元。主要龙头企业有泰州曙光造船厂、泰州市兴达造船厂、泰州市申泰造船厂。

内河船舶工业集聚区 2006年，内河船舶工业集聚区海陵园成立，园区位于街道花园村，地处泰州火车站客运与货运站之间的中心地段，占地面积6平方千米。园区水陆交通便捷，陆上交通“三纵三横”：“三纵”为海陵北路、东风北路、兴泰公路，“三横”为站前路、宁启铁路、泰渔路。园区三面环水，东有泰东河、西有卤汀河，南有新通扬运河，三条河道经引江河黄金水道直达长江。2006年，园区内有内河船舶生产企业46家，分布于境域盐河、卤汀河两岸，主要制造5000吨以下在近海、长江和内河航行的驳船、拖船、散装货船、集装箱船。为船舶制造配套的企业70余家，主要产品为甲板机械、各类舾装件、轴系和螺旋桨、轮机和管系设备、船用电气和通导设备，以及各种焊接材料和焊接设备、船用机械加工设备等。市场覆盖鲁、苏、皖、沪等省（市）和新加坡、马来西亚等国家。2007年，内河船舶工业园建成“两路、两桥、三线”等基础设施，完

昔日“船厂集聚区”，今日水生态廊道、沿河风光带

成船舶和船舶配套两大产业规划修订，组建船务公司，实施造船企业合并组建规范化管理。

2018年，内河船舶园区启动生态环境建设，造船企业兼并外迁。

2020年，内河船舶园区一期400亩土地复垦改造为百舸生态园，栽植乔木约16000株、灌木约2500株、播种花草约20万平方米，昔日的"船厂集聚区"被打造成独特的水生态廊道、沿河风光带。

个体企业

2000年前，街道民营（个体）企业有99家，从业人员3144人。2008年，街道所在的东部城区城市建设全面推进，街道民营（个体）企业较快发展，新增登记注册民营（个体）企业540户，新增民营企业注册资本1.58亿元。2009年，街道新注册登记民营（个体）企业580户，新增民营注册资本1.65亿元。2010年，新增民营（个体）企业610家，新增民营企业注册资本1.65亿元。街道引进民间资金4亿元。2012年，新增民营（个体）企业460户，新增民营企业注册资本1.8亿元。2013年，利用银企对接，帮助民营企业搭建融资平台，全年为10多个民营企业和项目融资、担保6000多万元。2018年后，民营（个体）企业发展趋缓。2021年，全年新增民营（个体）企业140多户。

建筑业

城东建筑业历史悠久，受"荒年景饿不死手艺人"的传统思想影响，从事木瓦匠行业的人员比较多，主要在里下河一带从事庙宇修缮、民居兴建、船台建造等。1964年11月，智堡公社建筑管理站成立（后更名为东郊乡建筑管理站），将分散经营的瓦、木匠组织起来，形成初具规模的建筑企业。1988年，泰州市柏全建设实业有限公司率先进军国外市场，先后与新加坡福东南发展公司、胜宝旺公司、金福公司、海峡公司等企业合作，在新加坡承接工程。1995年，城东街道建筑业推行项目施工管理改革，以施工项目为对象，以单位工程为目标，组建项目经理部，实行项目经理负责制。1996年，泰州柏全建设实业有限公司和原中江（新）国际私人有限公司共同出资成立江苏原野建筑安装工程有限公司（简称"原野公司"）。2000年后，泰州市远东建设工程有限公司、江苏祥云建设集团有限公司、泰州市亚龙建设工程有限公司、泰州市华林建筑工程有限公司等10多家建筑企业相继成立，街道建筑业不断发展壮大。2003年，原野公司申报晋升国家建筑总承包一级资质企业。2004年，建设部批准原野公司晋升为房屋建筑总承包一级资质企业。是年，原野公司在北京成功注册分公司，成为海陵区首家进入北京建筑市场的区属建筑企业。

2005年4月，经商务部批准，原野公司获得境外承包工程经营权，实现海陵区建筑业境外承包工程经营权零的突破。2006年，街道实现建筑业增加值2.1亿元。2014年，实现建筑业总产值53.30亿元，创街道建筑业历史最高纪录。2015年后，受房地产市场萎靡影响，街道建筑业产值逐年下滑。2021年，街道具有资质以上建筑业企业17家，其中，建筑总承包一级资质企业1家，原野公司；总承包二级资质企业2家，泰州市亚龙建设安装工程有限公司、泰州市华林建筑工程有限公司；总承包三级资质企业14家，实现建筑业总产值18.14亿元。

2014—2021年城东街道建筑业总产值一览表

表4　　单位：亿元

年份	2014	2015	2016	2017	2018	2019	2020	2021
产值	53.30	33.37	32.77	33.35	26.58	28	20.27	18.14

2021年城东街道资质以上建筑业企业名录

表5

单位名称	法人代表
江苏万城建设工程有限公司	杨爱军
江苏原野建筑安装工程有限公司	袁文柏
泰州市嘉欣建筑安装工程有限公司	卓益民
泰州市苏中建筑工程有限公司	刘免章
泰州市华林建筑工程有限公司	崔恒江
泰州市远东建设工程有限公司	燕　翔
泰州市恒基地基与基础工程有限公司	吕月伟
江苏源泉建设工程有限公司	袁文柏
江苏海驰建设有限公司	杨　净
泰州巨华建设工程有限公司	殷晓华
泰州市亚龙建设工程有限公司	于志龙
江苏海为建设工程有限公司	孙兆胜

续表

单位名称	法人代表
泰州市恒通市政工程有限公司	毛恒波
泰州市鸿达电力工程有限公司	姚志成
泰州市鹏程建筑装饰工程有限公司	卓秋明
江苏室友建筑装饰有限公司	李实友
江苏大有信息系统有限公司	张小亮

2014—2021年城东街道建筑业企业工程创优一览表

表6

年份	工程名称	承建单位	创优情况	
			获奖名称	创优等级
2014	香河湾2号楼	泰州市华林建筑工程有限公司	梅兰杯	泰州市优质工程
	香河湾3号楼	泰州市华林建筑工程有限公司	梅兰杯	泰州市优质工程
2015	金东花园二期5号、6号楼	泰州市远东建筑工程有限公司	梅兰杯	泰州市优质工程
	金东花园二期7号、8号楼	泰州市远东建筑工程有限公司	梅兰杯	泰州市优质工程
2016	金通牡丹园8号楼	泰州市华林建筑工程有限公司	梅兰杯	泰州市优质工程
	江苏一开电气2号厂房	泰州市华林建筑工程有限公司	梅兰杯	泰州市优质工程
	江苏一开电气3号厂房	泰州市华林建筑工程有限公司	梅兰杯	泰州市优质工程
2017	腾龙御园二期9号楼	江苏原野建筑安装工程有限公司	梅兰杯	泰州市优质工程
	新城领域二标段28—37号楼	江苏祥云建设集团有限公司	梅兰杯	泰州市优质工程
2018	苏中市场二期1万吨冷链物流辅助用房一、二	泰州市华林建筑工程有限公司	梅兰杯	泰州市优质工程
2021	溪源花园三期工程二标段4号、17号楼	江苏原野建筑安装工程有限公司	梅兰杯	泰州市优质工程
	斜桥安置区11号、12号住宅楼	泰州市亚龙建设工程有限公司	梅兰杯	泰州市优质工程

企业选介

江苏原野建筑安装工程有限公司 简称“原野公司”，是1996年由泰州市柏全建设实业有限公司和中江（新）国际私人有限公司共同出资成立的中外合资经营公司，2021年，注册资本金751.3万美元，员工1380人，其中，有职称的专业人员324人，一级建造师20人，二级建造师26人。

原野公司具有国家建设部核准的专业资质：房屋建筑施工总承包一级、钢结构专业承包二级、建筑装饰装修专业承包贰级，质量管理、环境管理、职业健康安全管理体系经北京世标认证中心认证。原野公司在国内承建的代表性工程有24层的原野大厦工程、建筑面积11.2万平方米的姜堰杭州路商业街工程、泰州市高档居住区金通梅园二期工程、江苏新时代造船有限公司以及苏州传化物流基地等。在国外承建的代表性工程有：新加坡士拉亚电厂工程、女皇镇金禧路共管式公寓工程、新加坡国立大学工程、榕林别墅工程等标志性工程。2015—2020年，原野公司连续六年被评为“海陵区建筑业十强企业”。

泰州市亚龙建设工程有限公司 成立于1999年11月，位于春晖路春晖桥北面。2012年通过股东增资，注册资本达2100万元人民币，净资产总额达3258万元。公司持有固定资产2856万元，各种大、中型施工机械设备齐全，技术力量雄厚，各类工程技术人员和经济管理人员共160余人，其中高级工程师4人，工程师28人。公司具有房屋建筑工程施工总承包二级、市政公用工程施工总承包二级、装饰装修工程专业承包二级资质及特种专业工程、地基与基础，幕墙、钢结构工程等施工资质。2016—2020年，连续五年被评为“海陵区建筑业明星企业”。

泰州市远东建设工程有限公司 成立于2000年9月21日，位于泰州市海陵区

原野大酒店

迎春东路80号海鹏商厦888号，注册资本为5000万元人民币，具有房屋建筑工程施工总承包二级资质，拥有各类专业管理人才200多名，各类机械设备150台（套）。主要从事建筑施工工程，包含施工专业作业、建筑劳务分包、住宅室内装饰装修、建设工程施工、电气安装服务一般项目、园林绿化工程施工、城市绿化管理、金属门窗工程施工、体育场地设施工程施工、土石方工程施工等。公司实行扁平化管理、制度完善、岗位晋升通畅、福利保障体系健全，以贴近用户需求为基础，以“为客户创造价值”为发展目标。

江苏嘉欣建设工程有限公司（泰州市嘉欣建筑安装工程有限公司） 成立于2007年5月，位于泰州市海陵区盛和东方名邸38幢3-1室，注册资本为15008万元人民币。拥有房屋建筑工程施工总承包二级资质。主要从事房屋建筑工程施工、房屋屋面防水工程施工、建筑装修装饰工程施工、金属门窗工程施工、市政工程施工、钢结构工程施工等。2017—2018年，连续两年被评为“海陵区建筑业明星企业”，2021年被评为“泰州市级AAA级守合同重信用企业”。

居民生活

收入

20世纪80年代，境域老百姓经济收入主要来源为企业工资和农业生产收入。1984—2000年，城市居民主要经济收入来源于企业工资收入、个体私营经济收入，农村村民主要经济收入来源于农副产品销售和乡办、村办工业企业工资收入。改革开放后，农村实行家庭联产承包责任制，发展乡镇工业，允许农民经商办企业，生活明显改善，进入20世纪90年代，经济迅速发展，人民生活水平大幅度提高。

1994—2000年，境域居民主要经济收入来源于个体经营和镇办工业企业。 2000年到2006年，境域居民主要经济收入来源于工商企业、个体经营、土地出租、集体经济组织经济利益分配等。2006年，境内居民人均纯收入6403元。2014年，街道第一产业从业人员数为1757人；第二产业从业人员数为7063人；第三产业从业人员数5724人，农村居民人均纯收入为16405元。

2021年，街道第一产业从业人员数为1658人；第二产业从业人员数为14521人；第三产业从业人员数22085人，农村人均可支配收入为25730元，城镇住户人均可支配收入为55980元。

支出

家用品及服务支出　20世纪80年代，改革开放，搞活经济，城乡居民收入增加，消费水平逐年提高，生活上不再满足于温饱，而注重质量，讲究营养；穿着上追求质量款式和品牌。至2006年，冰箱、洗衣机、彩电、空调、太阳能热水器纷纷进入寻常百姓家庭。2007年，境域城市住户人均家庭设备用品及服务支出为516.23元，农村住户人均家庭设备用品及服务支出为180.60元。2021年，家用空气净化器、地暖、扫地机器人、电烤箱、中央空调等已经成为普通家庭新式家用电器，城镇住户人均家庭生活用品及服务支出2335元。

饮食支出 随着经济收入增加，居民饮食结构出现明显变化：由单一主食大米向米、面、奶、杂粮转变。副食由以素食为主向禽、蛋、鱼、肉为主转变。2000年后，开始注重膳食保健，讲究食品营养多元、健康卫生，重新“回归自然”，逐渐又转以素食为主并增加各种水果、奶类摄入；关注食品添加剂、保质期、农药含量等情况，讲究低盐、低糖、低脂，追求吃得科学、吃得健康。2007年，境域城市住户人均食品烟酒消费支出3885.99元，农村住户人均食品烟酒消费支出1541.63元。2021年，境域城镇居民人均食品烟酒消费支出8810元。

衣着支出 20世纪80年代后期，城乡居民的服装逐渐发生转变。20世纪90年代，各式T恤、超短裙、皮衣、皮裙、羽绒服流行；服装面料质地与品种层出不穷，由的确良、涤卡、涤棉转换成涤纶、涤麻、涤绸等。2000年以后，服装式样更是丰富多彩，品牌新潮、换代加快。2007年，境域城市住户人均衣着消费支出1205.06元，农村住户人均衣着消费支出394.52元。2021年，境域城镇居民人均衣着消费支出2655元。

居住支出 随着人民生活水平的提高，居住环境也有很大的改善，农村过去的低矮草房不见了，住房相对集中，户型基本一致，房屋抗震级别提高；城市居民讲求生活配套设施，居住舒适度大幅

宫涵农民住进高档小区

提高。2007年，城市住户人均居住消费支出644.90元，农村住户人均居住消费支出793.92元。2014年，境域人均住房面积46平方米。2021年，境域人均住房面积54平方米。境域城镇住户人均居住消费支出8673元。

交通通信支出 1990年前，交通工具以自行车为主，自备通信工具极少。2000年后，电动车、摩托车、家用汽车逐渐作为居民代步工具，固定电话和移动电话也逐渐进入城乡居民家中。2007年，境域城市住户人均交通和通信消费支出765.20元，农村住户人均交通和通信消费支出466.46元。2021年，城镇住户人均交通和通信费用支出为3387元。

文化生活支出 2000年前，境域居民的文化生活支出比较单一，主要用于看电影、戏剧。2000年以后，随着歌舞厅、夜总会、影视厅、卡拉OK、保龄球馆、台球馆、电竞游戏厅等娱乐活动场所的普及，居民文化生活支出呈现多元化。2007年，境域城市住户人均文化娱乐教育服务消费支出1168.93元，农村住户人均文化娱乐教育服务消费支出477.25元。2021年，境域城镇住户人均教育文化娱乐消费支出3704元。

医疗保健及其他支出 2007年，境域城市住户人均医疗保健消费支出416.37元，农村住户人均医疗保健支出436.42元。2021年，城镇住户人均医疗保健消费支出2444元，其他用品和服务消费支出人均1108元。

社会事业

文化教育

1964年9月，智堡人民公社设立文化站（1968年更名为东郊人民公社文化站）。文化站是街道文化管理的专门机构，负责组织和指导全街道的文化活动。20世纪80年代，东郊乡在智堡路修建了一座可容纳千人的东郊影剧院，1996年因城市建设需要拆除。2002年，街道建设斜桥、滨河2处文化健身广场。2006年，东郊乡与城东街道合并后，原东郊乡文化站更名为城东街道文化站，文化站有文化信息共享工程服务点、歌舞厅、棋牌室、乒乓房、健身房、少儿活动室、图书

迎春社区文艺宣传队排练扇子舞

斜桥村废水沟上建起的农民文化广场

百姓大舞台演出

读万卷书

室。图书室有藏书6000多册，常年对外开放。至2021年，街道拥有腰鼓队、舞蹈队、艺术队、合唱队等文化队伍13支，建有文化广场14处，百姓大舞台9座，图书馆（室）17所。

街道民间文化有春节期间的“舞狮”“唱凤凰”，唐甸村、魏徐村农历三月三庙会，朱东村农历三月十五庙会。每年庙会时节，唐甸、魏徐、朱东村村民自发组织上百人，夜里迎“菩萨”，白天舞龙、打莲湘、打腰鼓、玩龙灯、撑花船，搭台表演舞蹈、快板，演唱淮剧、扬剧折子戏等，宣传党的路线、方针、政策以及农村新人新事新气象等，观者多时数千人。每逢庙会，街道机关干部和派出所民警都会到现场维持秩序，保障群众生命安全。

附：

2021 年城东街道村（社区）文化队伍建设一览表

表 7

村(社区)	文化队伍名称	人数	成立时间	品牌节目
丁冯村	丁冯村腰鼓队	20	2009.10	—
孙金村	孙金村舞蹈队	15	2009.10	—
朱东村	朱东青春艺术队	12	2009	莲湘舞
斜桥社区	斜桥社区舞蹈队	20	2011.10	—
智堡社区	英姿美舞蹈队	20	2011	—
迎春社区	红枫舞蹈队	20	2020.8	舞蹈《人间烟火》
东城社区	东城靓舞队	16	2016	—
东康社区	夕阳红合唱队	15	2020	—
春兰社区	春兰合唱团	25	2020	—
东安社区	东安社区舞蹈队	30	2006.1	东安腰鼓
东安社区	葫芦丝队	15	2021.10	《草原上升起不落的太阳》
东风社区	银河舞蹈队	15	2018.5	伞舞
育才社区	育才老年艺术团	12	2012.12	—

2021 年城东街道村（社区）文化广场建设一览表

表 8

村(社区)	文化广场名称	面积（平方米）	修建时间	所在位置	投入资金（万元）	备注
花园村	花园村文化广场	240	2012	解楼片	1.8	—
丁冯村	丁冯村苍垛广场	1800	2005	苍垛闸口	15	—
	丁冯村梅家垛广场	600	2018	梅家垛	35	—
唐甸村	唐甸村民俗文化广场	18480	2020	唐甸村内	300	上争资金
孙金村	孙金村多功能广场	1000	2016	村部后侧	50	—
	金李广场	600	2018	金李小区南侧	20	—
窑头村	窑头村农民广场	990	2019	窑头村内	25	—
鲍坝社区	东苑公寓美德善行广场	200	2015	东苑公寓	15	—

续表

村(社区)	文化广场名称	面积（平方米）	修建时间	所在位置	投入资金（万元）	备注
斜桥社区	星旗广场	500	2006	斜桥红星组16号南侧	20	—
智堡社区	国防法治游园	2000	2012	智堡小区	100	政府投资建设
	廉政游园	1200	2015	海阳路与东风路交界北侧	100	区纪监委投资建设
东康社区	东康社区活动广场	300	2019	东进小区东大门	9	—
春晖社区	春晖社区活动广场	180	2018	教工三村7号楼北侧	8	—
碧桂园社区	桂花广场	300	2009	碧桂园小区南门对面	20	—

2021年城东街道村（社区）文化舞台建设一览表

表9

村(社区)	文化舞台名称	面积（平方米）	修建时间	所在位置	投入资金（万元）
花园村	百姓大舞台	60	2012	黄垛片	1.2
丁冯村	丁冯村陈家垛大舞台	500	2018	陈家垛	15
唐甸村	唐甸村古戏台	150	2020	唐甸村内	80
窑头村	窑头村百姓大舞台	185	2019	窑头村内	12
魏徐村	魏徐村百姓大舞台	185	2011	魏徐村内	15
朱东村	百姓大舞台	70	2012	朱东村老村部	1.2
宫涵社区	宫涵社区百姓大舞台	50	2017	宫涵花园南区	5.4
智堡社区	智堡社区百姓大舞台	800	2019	智堡小区	60
东城社区	茂业锦园百姓大舞台	120	2018	茂业锦园	3

2021年城东街道村（社区）图书馆建设一览表

表10

村(社区)	图书馆名称	面积(平方米)	藏书量(册)	开放时间
唐甸村	唐甸村图书室	30	2350	工作日
唐甸村	泉书屋	20	800	不定期

续表

村(社区)	图书馆名称	面积(平方米)	藏书量(册)	开放时间
窑头村	窑头村图书室	30	1000	工作日
魏徐村	魏徐村图书室	30	1546	工作日
宫涵社区	宫涵社区农家书屋	80	1500	工作日
鲍坝社区	鲍坝红粟书房	40	1200	工作日
智堡社区	智堡社区图书室	60	2400	工作日
老东河社区	老东河社区图书室	10	900	工作日
迎春社区	泰州图书馆迎春分馆	200	20000	全天
东城社区	东城社区图书馆	30	1000	全天
东康社区	东康社区图书室	40	2000	工作日
东安社区	东安社区图书馆	20	3103	工作日
东风社区	红色书屋	40	2000	工作日
春晖社区	春晖社区图书室	45	3000	工作日
育才社区	育才社区图书室	40	1000	工作日
碧桂园社区	碧桂园社区图书室	20	1200	工作日
梧桐社区	社区书屋	50	520	工作日

社区教育 1987年，泰州市东郊乡成人教育中心校成立。2006年3月，泰州市东郊乡成人教育中心校更名为泰州市城东街道社区教育学校，有专职教师2人。2006年6月，街道成立社区教育领导小组，构建形成“街道有社区教育学校、村有文化技术学校、社区有市民学校”的教育网络。社区教育工作由街道社区教育学校统一管理、统一计划、统一实施、统一考核。教育教学内容：对党员干部主要进行党的基础知识，党的基本路线、方针、政策，马克思列宁主义、毛泽东思想、邓小平理论、“三个代表”重要思想、科学发展观、习近平新时代中国特色社会主义思想等教育培训；对农民主要开展农副业实用技术培训；对居民主要开展创业致富培训；对职工主要开展岗位技能培训。从2018年起，社区教育、成人教育着力为“三农”工作服务，大力实施教育富民工程，突出劳动力转移培训，先后举办了农业科技班、电脑操作班、服装裁剪班、家政服务班、插画艺术班、摩托车修理班。2021年，社区教育学校举办各类技能培训班8期，累计培训学员280多人。

社区学校组织魏徐村农民进行创业富民培训

体育

1988年，东郊乡以争创全国、省、市体育先进乡镇为契机，开展农民健身活动和各类体育竞赛活动。1996年，东郊乡相继建立乒乓球队、篮球队、象棋队，添置体育健身器材，组织农民开展体育竞赛活动。1997年7月，泰州市举办首次“双岐天宝杯”农民乒乓球比赛，海陵区东郊乡获男子团体第四名。2002年5月，东郊乡举办第十二届“东进杯”乒乓球赛，来自市、区、乡的11支代表队参加比赛，最终，东郊乡斜桥村代表队、市技术监督局代表队分别获男子团体冠、亚军。2006年6月1日，海陵区老年体协成立，城东街道设立分会，每年组织老年体育爱好者参加区老年协会举办的钓鱼、棋类、乒乓球、门球等比赛。2008年，各行政村、社区均设立老年体育领导小组。老年人体育项目主要有打拳、舞剑、慢跑、竞走、游泳、打球、钓鱼、放风筝、打腰鼓等20多项。至2021年，街道建有6处篮球场、乒乓球室、舞蹈室。境域茂业豪园、中海九樾、依云湾等大型住宅小区内及街道旁游园内均安装群众健身器材设施。

街道组织拔河比赛

2021 年城东街道村（社区）体育场所建设一览表

表 11

村(社区)	体育场所名称	面积（平方米）	修建时间	所在位置	投入资金（万元）	备注
智堡社区	天韵景园篮球场	200	2019	天韵景园	30	体育局投资
东康社区	东进小区北游园健身路道	500	2015	运河路智堡中学对面	50	政府投资
东安社区	舞蹈室	100	2015.7	南通路 300 号东进小区 17 号楼居家养老服务中心	8	—
	乒乓球室	50	2015.7	南通路 300 号东进小区 17 号楼居家养老服务中心	5	—
	复健室	50	2015.7	南通路 300 号东进小区 17 号楼居家养老服务中心	10	—
碧桂园社区	碧桂园小区篮球场	200	2009	碧桂园小区	20	—

医疗卫生

1965年，东郊乡建立卫生院，院址位于南通路66号老汽车东站北，为集体所有制。同年，泰州人民公社卫生院城南门诊部改为园林公社卫生院。1969年4月起，东郊乡所辖8个生产大队先后办起合作医疗站，培训赤脚医生18名。1975年，东郊公社合作医疗改为社队联办。1986年改名东郊乡卫生院园林门诊部。1987年，东郊乡卫生院有职工21人，其中卫生技术人员18人，设床位15张，服务对象主要是境内村民为主。1997年，泰州市第四人民医院在城区建立城东社区卫生服务中心，以及东进、花园、东风等3个社区卫生服务站。1999年3月，东郊卫生院被泰州市第四人民医院兼并，成为第四人民医院分院。2000年2月，原朱庄乡卫生院划属第四人民医院，成为第四人民医院北郊分院。2006年，东郊乡与城东街道合并组建新的城东街道，第四人民医院分院更名为城东街道社区卫生服务中心，仍归属泰州市第四人民医院。

城东街道社区卫生服务中心　位于森园路266号，建筑面积5034平方米，设置有全科医疗部、预防保健部、后勤保障部、行政办公室、儿童规划免疫门诊、国医馆、康复病区等。2021年，社区卫生服务中心在岗人员40人，其中，具有副主

城东街道社区卫生服务中心

任医师以上高级职称的7人，中级职称7人。中心配备彩色B超、心电图、DR、血球分析仪、尿液分析仪、心电监护仪、脉氧仪、呼吸机等医疗设备。

城东街道社区卫生服务中心是集健康教育、预防、保健、计划生育技术指导、康复、基本医疗“六位一体”的非营利性社区卫生服务机构，是泰州市城镇职工医保、城乡居民医保定点单位。其服务范围覆盖7个行政村、15个社区，下设10个村卫生室（站），实行乡村医疗机构一体化管理。2008年，街道所辖行政村全部建有合作医疗站，合作医疗覆盖率和参保率达100%。城东街道社区卫生服务中心是江苏省第一批全科医师规范化培训基地、江苏省社区中医培训基地。2015年，社区卫生服务中心与泰州市人民医院合作，建成南通大学、扬州大学社区实习基地，泰州市人民医院规培生、全科转岗基层实践基地。2020年，成为泰州市第四人民医院全科医生实践基地。城东街道社区卫生服务中心先后获得江苏省示范城市社区卫生服务中心、江苏省中医药特色社区卫生服务中心、泰州市社区卫生服务示范中心、泰州市中医药特色社区卫生服务中心等称号，连续多年被街道办事处评为优质服务单位、服务地方发展先进集体。

2021年城东街道卫生室分布一览表

表12

序号	名　　称	人　数
1	城东街道朱东村卫生室	1
2	城东街道窑头村卫生室	2
3	城东街道唐甸村卫生室	4
4	城东街道花园村卫生室	2
5	城东街道智堡村卫生室	1
6	城东街道鲍坝卫生室	2
7	城东街道宫涵社区卫生服务站	2
8	城东街道老东河社区卫生服务站	2
9	城东街道斜桥村卫生室	1
10	城东街道东康社区卫生服务站	4

医疗保险　城乡居民基本医疗保险。2010年，新增医疗保险参保人员604人，2012年，新增医疗保险参保人员770人。2014年，净增医疗保险826人。2021年，街道城乡居民基本医疗保险参保人数12560人。

麻疹接种

新型农村医疗保险。2007年，完善新型农村医疗保险，参保人数15046人，参保率达98.4%。2009年，新型农村合作医疗保险实现全覆盖，参保率达100%。2010年，为重病家庭提供大病医疗救助35万元，全年新型农村合作医疗投入资金136万元，新型农村合作医疗保险参合率持续保持100%。2014—2021年，累计向重病家庭、残疾家庭医疗救助金343万元。

爱国卫生 20世纪50年代初，开展以“除四害”为主要内容的爱国卫生运动。20世纪六七十年代，爱国卫生运动做到“三管二灭”（管水、管粪、管饮食、灭蚊、灭蝇），农村“两管、五改”（管水、管粪、改厕所、改畜圈、改水、改灶、改环境卫生）。20世纪80年代后，清除垃圾，疏通阴沟，填平洼地，消除积水，铲除杂草。20世纪90年代后，把爱国卫生列入文明村镇建设的重要内容，村镇主要道路铺设混凝土路面，达到道路硬化。进入21世纪，突出卫生环境整治。2002年，街道以创建文明城市为契机，大力推进农村改厕工作，所辖村、涉农社区改水率100%，建无害化厕所，建化粪池，设垃圾箱，加强健康教育和社区卫生管理，境域环境达到绿化、净化、美化的目标。2005年，大力推进农村改水和卫生综合环境整治。2007年，街道7个行政村接引长江水，农村生活垃圾集中处理覆盖率100%。2012年，5个涉农社区全部改为街道社

查螺灭螺工作

区管理，境域城乡环境面貌大为改观。

传染病防治 中华人民共和国成立后，特别是改革开放后，东郊乡政府十分重视疫病防治，广泛开展爱国卫生运动，做好预防接种和计划免疫。2003年春，国内部分地区出现传染性非典型肺炎病例，城东街道成立防治“非典”领导小组办公室，在境域设立“防非”关卡，保证过境旅客不逗留、不接触、不传染。在人群密集的学校、工厂、医院等公共场所，做到每天消毒，定时消杀。2004年春，禽流感疾病流行，东郊乡进行全面防疫消毒。对全乡各类家禽及禽舍进行全面防疫消毒，做到乡不漏村、村不漏户、户不漏禽、禽不漏针。在交通要道组织专职人员消毒、检查。

社会保障

社会救助 2007年，城东街道为182名下岗职工申领社保补贴；向279名城乡居民保障对象发放保障金86万元；投入20万元开办残疾人庇护安养所。2010年，为290户城乡居民保障对象发放低保金101万元；为221名重残无业人员发放生活保障金63万元；为边缘重病家庭提供大病医疗救助35万元，发放临时救助金8万元；为住房特困家庭申请办理廉租房150套。城乡低保提标扩面，城镇居民保障对象338人，发放保障金61.8万元，农村居民保障对象137人，发放保障金41万元。2014年，城乡低保由原来的人均480元提高到530元；向271户低保户395

人发放低保金185万元；向重病家庭、残疾家庭和受灾家庭发放救助金28万元；向80周岁以上老人发放“尊老金”121万元。2015年，4个社区建成AAA级居家养老服务站，1个行政村建成省级农村家庭幸福院；提高城乡低保地方发放标准，由原来的人均530元提高到570元；发放城乡低保金230万元，各类救济助残资金近315万元。2021年，新增城乡低保11户15人。实施临时救助5人，发放救助金2.19万元。街道提供住宿的社会工作机构有4个，床位数696张，收养人数326人。

养老失业保险　2007年，街道新增基本养老保险参保人员408人，失业保险参保人员327人。2010年，新增养老保险参保人员602人，新增城乡居民养老保险参保人员1450人。2011年，新增城乡居民养老参保人数1000人。2012年，新增养老保险参保人员681人，新增失业保险人员405人。2014年，净增企业职工养老保险1011人，失业保险1339人，城乡居民养老保险参保率达96.5%。2015年，城乡居民养老保险参保续缴率达95.1%。2018年，城乡居民养老保险参保人数3591人，参保人员续缴率达96.3%。2021年，街道城乡居民基本养老保险参保人数为9561人，城乡居民最低生活保障人数249人。

就业帮扶　2000年前，境内所有制结构和产业结构调整过程中，停产、半停产企业增多，职工纷纷失业、下岗。同时，随着农村改革的深入推进、农业机械化的广泛应用、农业劳动生产率的

天慈安养庇护所成立

提高，农村劳动力得到解放，境域农村劳动力开始向城区流动和转移。街道十分关心城乡居民就业创业，把促进再就业列为年度“一号工程”和“一把手工程”，多措并举开展就业帮扶。2007年，街道、社区将“4050”人员、零就业家庭人员、夫妻双下岗失业人员、单亲家庭下岗人员作为就业帮扶重点，新开发就业岗位1182个，新增就业人数465人，转移农村劳动力563人。2008年，新增农村劳动力转移669人，培训农村劳动力770人。2009年，转移农村劳动力571人，开发就业岗位693个，新增就业人数612人。全年新增就业指标2215人，新增创业人员994人，无零就业家庭及农村零转移就业户。2011年，新增就业3158人，新增创业1168人。2012年，新增就业人数1376人；新增创业培训人数206人；新增创业人数指标701人。2014年，新增就业人数1544人，培训人数806人。2015年，新增创业培训160人，新增就业1610人。2018年，为16名下岗失业人员办理160万元创业小额担保贷款，创业带动86人就业。2021年，街道就业总人数38264人，其中第一产业就业人员数1658人，第二产业就业人员数14521人，第三产业就业人员数22085人。

敬老院里闹元宵

组织机构

党组织

1956年3月，泰州市设立城东街道办事处，由于境域区划调整，未成立党委（党工委）。翌年，城东街道办事处撤销。2000年11月14日，海陵区调整街道办事处：撤销城北街道办事处和西仓街道办事处，将其原辖区域合并，新设海陵区政府城东街道办事处。设立中共泰州市海陵区委城东街道办事处工作委员会，街道党工委由5人组成。2006年1月，经行政区划调整，东郊乡与城东街道合并，设立新的城东街道办事处。新成立中共泰州市海陵区委城东街道办事

街道召开党员代表大会

处工作委员会，街道党工委由8人组成。2021年，街道党工委由7人组成。

人大组织

2000年11月，设立城东街道人大工作委员会。2006年1月，经行政区划调整，东郊乡与城东街道合并，设立新的城东街道办事处。成立城东街道人大工作委员会。

派出机构

1956年3月，泰州市设立城东街道办事处，1957年11月办事处撤销。2000年11月，海陵区调整街道办事处：

街道人大工委成立举行挂牌仪式

新的城东街道办事处成立

撤销城北街道办事处和西仓街道办事处，将其原辖区域合并，新设海陵区政府城东街道办事处。街道办事处主任1人、副主任3人。2006年1月，经行政区划调整，东郊乡与城东街道合并，成立新的城东街道办事处，街道办事处设主任1人、副主任7人。2021年，街道办事处有主任1人、副主任7人。

政协组织

2016年1月，设立政协泰州市海陵区城东街道工作委员会。

2013年7月28日，街道政协成立举行挂牌仪式

附：

2006—2021年城东街道主要领导一览表

表13

组织机构名称	姓　名	职　务
街道党工委	姚龙章	书记（2006.1—2006.7）
	王　建	书记（2006.7—2008.1）
	钱增红	书记（2008.1—2011.8）

续表

组织机构名称	姓　名	职　务
街道党工委	陈冬生	书记（2011.8—2013.9）
	汤荣祥	书记（2013.9—2017.3）
	曹锦明	书记（2017.3—2019.9）
	梅宏俊	书记（2019.9—2021.8）
	刘新民	书记（2021.8—）
人大工委	王震宇	主任（2006.1—2006.7）
	王　建	主任（2006.7—2008.1）
	钱增红	主任（2008.1—2011.8）
	陈冬生	主任（2011.8—2013.9）
	汤荣祥	主任（2013.9—2016.1）
	孙万金	主任（2016.1—2017.3）
	仇云齐	主任（2017.3—2019.3）
	王爱兵	主任（2019.3—）
街道办事处	袁振新	主任（2006.1—2007.5）
	王加兴	主任（2007.5—2008.9）
	张永平	主任（2008.9—2010.1）
	陈冬生	主任（2010.1—2011.8）
	汤荣祥	主任（2011.8—2013.9）
	李春荣	主任（2013.9—2016.5）
	王　桂	主任（2016.5—2017.9）
	梅宏俊	主任（2017.9—2019.9）
	刘新民	主任（2019.9—2021.8）
	王雪华	主任（2021.8—）
政协工委	马龙定	主任（2013.7—2020.11）

來鳳樓
鐘聲清聽夷山月
飛來鐘
相傳五代十國時期從杭州飛來兩口鐘，一口落在城裏，一口落入城河，據說誰能抬起，全家都會幸福。但要抬起它，祇有一家十子才行。秦州有一個女婿半個兒之說。有戶人家九子一婿，去抬。抬時一子喊姐夫用點力哉。天機洩露，鐘又掉入城河。從此再無人能抬起。

第二篇　街道建设

历史上，城东街道地处城郊接合部，建筑大多沿路而建、聚商而兴。撤市设区后，境域迎来新一轮城市建设高潮，旧城改造如火如荼，道路、桥梁等基础设施建设突飞猛进，金通·梅园、阳光新城、康桥水岸、中远·依云湾等商品楼拔地而起，梅园、桃园等体现古城风貌和历史文化积淀的重要历史建筑相继落成。街道建设日新月异，村容村貌焕然一新，人居环境不断改善，对外形象大幅跃升。

发展规划

2003年,《泰州市城市总体规划(2002—2020)》确定主城区建设六个功能区,城东街道辖区集中在三个功能区。科教区:包括位于街道的高教区和迎春东路、东风南路一带的文教体育区;居民住宅区:街道所辖老城区原有住宅区群及整片拆迁后新建的住宅区群、主城区内主次干道两侧新建的住宅区;风景旅游区"一河一街一楼二园",即凤城河景区,老街、望海楼和梅园、桃园景点。2006年4月,市、区城建体制调整,划定海陵区责任区为东至新328国道和兴泰公路,北至扬州路、南通路,西至江州路,南至城市总体规划明确的用地边界,海陵责任区基本涵盖城东街道辖区。

规划目标

到2025年,初步形成城乡融合、多维联动发展格局;"工业强区、商贸兴区、城建靓区"取得突破性进展;"幸福海陵、幸福城东"建设取得初步成就。到2035年,形成节约资源、保护环境的国土空间格局及生产生活方式;建设"更有影响力的都市经济核心、更有吸引力的文旅休闲中心、更有竞争力的绿色智造高地、更有亲和力的宜居幸福水城"获得显著成效;"幸福海陵""幸福城东"基本建成,展现"魅力文化古邑、活力宜居水城"的荣光和风采。到2050年,形成山水林田湖草有机融合的全域国土空间格局;"魅力文化古邑、活力宜居水城"全面彰显,体现社会主义现代化强国风范和生态文明时代特色的城市典范,综合竞争力和经济创新力大幅跃升,全面实现国土空间治理体系和治理能力现代化。

发展战略

按照全域"一核两轴、四片多廊"总体格局,城东街道一半处于老城综合服务核,一半处于"三条生态廊道"(新通

海陵工业园区鲍坝社区厂房

扬运河生态保护廊道、卤汀河生态保护廊道和泰东河生态保护廊道)。老城综合服务核的发展战略:提升商贸文旅服务质量,优化公共服务设施布局,打造综合服务中心。“三条生态廊道”的发展战略:构建复合生态保护廊道(新通扬运河、泰东河等重要生态水系),打造城北生态经济带。

旧城改造

2006—2008年，以鲍坝村周边街区改造为标志的城东地区旧城改造全面展开，街道成立城市建设分指挥部，建立行政推动、多方参与的工作机制。

征收拆迁

2006年，位于东风路与迎春东路交叉区域的鲍坝街区启动拆迁改造，标志着城东街道进入旧城改造大规模征收拆迁阶段。共完成拆迁安置250多户，拆迁面积4万多平方米。2007年，配合中心城区建设，街道参与森园路、东风路北延工程、东风路街区、环城河二期等拆迁安置工作，推进旧城改造。2009年起，组织实施森园路及森园安置区、东风街区、高桥、花园、智堡、东风路北延工程以及鲍坝村余坎地段的拆迁。2010年，组织实施米厂周边街区、老东站周边街区、莲花二号区西侧、莲花四号区周边、柳园周边、产业纺织总厂及周边、斜桥街区、柳园藤坝街区、泰州科技学院、宁启铁路复线改造、卤汀河疏浚等地块的征地拆迁，拆除面积70多万平方米，为历史之最。2016年，街道组织实施宫涵村纪庙地块征收拆迁，仅用12天时间，征收拆迁地块范围内309户全部签约、交房，创海陵搬迁新纪录，获市委、市政府肯定，是唯一获区委、区政府贺信表彰的镇街。2019年，征收搬迁再创新纪录，21分钟完成五里河西侧24户非住宅签约、交房“双清零”，创造全区新纪录；5个小时完成泰康食品厂周边地块25户签约、交房“双清零”；6天完成迎宾路南侧地块175户签约、交房“双清零”。街道五里河西侧工程分指挥部获区骏马奖。完成森园路北侧滞留户签约交房，街道成为全区第一个全面完成拆迁扫尾清零任务的镇街。阳光新城北侧、春晖路东侧等6块净地先后上市。2020年，街道3天完成迎江桥北侧12户违建拆除，获区骏马奖。2021年，征收搬迁再创新纪录，6天完成海阳路周边地块拆迁，现场192户住宅签约、交房“双清零”。

米厂周边改造工程拆迁动员大会

拆迁区域居民排队签字

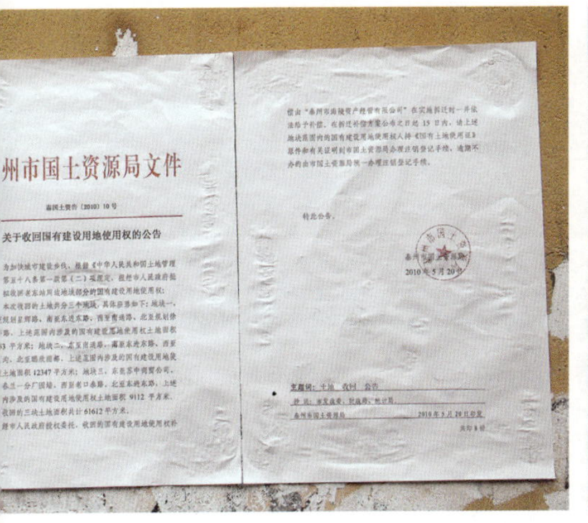
州市国土资源局文件

关于收回国有建设用地使用权的公告

国土资源局文件

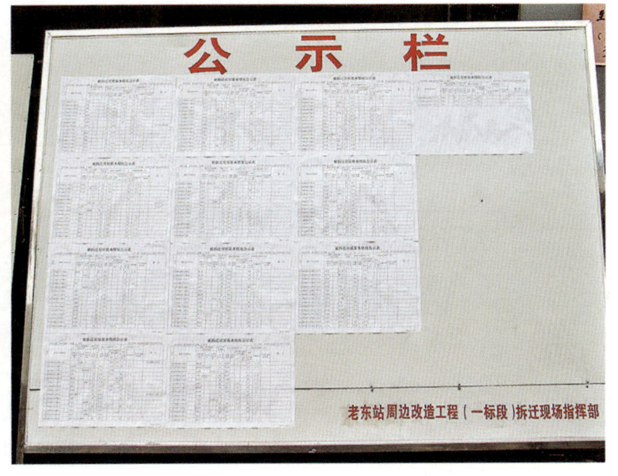

拆迁补偿公示栏

项目简介

老东站周边地块 该项目改造面积约213亩，东至智堡路，南、西至通扬路，北至智堡桥南，拆迁面积约10万平方米（不包括智堡两幢危楼、聚浪潮、海阳东路以及规划红线增加拆迁部分），拆迁户数1300余户。

斜桥街区地块 该项目为泰州市海陵区建设社会主义新农村样板工程，对斜桥村以东到红星组南北路，从南通路向南至迎宾路牧院后墙范围内的村庄进行拆迁改造，改造土地面积127亩，拆迁户数180户，新建建筑面积12.9万平方米商住楼。

斜桥街区改造安置区建设工程开工典礼

2021 年城东街道因征收拆迁消失的道路街巷一览表

表 14

路街巷名	说明	路街巷名	说明
东升路	—	斜桥东里	曾称搬运宿舍
纺新路	纺织厂宿舍与内衣厂宿舍之间的南北路	斜桥西里	曾称搬运宿舍
建新路	—	智堡西河边	曾名王家垛、西河边、西庄
智堡街	—	智堡北河边	—
智堡河北街	曾名河西街、智堡河北	南通路 160 弄	—
东后街	曾名冷香路	南通路 172 弄	—
智堡路	东西向	南通路 176 弄	—
鲍坝路	—	大阔巷	—
常春巷	—	小阔巷	—
葫芦汪	亦称东庄	东草场	—

违法建设整治

2006年，街道配合中心城区建设和“五城同创”（创建全国文明城市、国家卫生城市、全国环境保护模范城市、国家园林城市和全国“双拥”模范城市），集中开展26次违法建设专项整治活动，共拆除违建14815平方米。

违法建筑拆除

2007年，配合旧城改造，集中开展违法建设专项整治活动16次，拆除违法建设4249平方米。2008年，集中开展“拆除违法建筑百日行动”，共拆除214户违法建设40638.67平方米。2010年，以“零违建”村居为目标，防控违法建设，全年拆除各类违法建设3937.37平方米。2017年，拆除历史违建123处，拆除面积11917.1平方米。

2021年，开展防违控违重点攻坚，围绕“新生违建零增量、历史违建减存量”的工作目标，对主次干道（重点区域）的违法搭建开展整治行动，拆除违法建设4577平方米，共办结区长信箱和上级交办违法建设案件353起、区效能办（海陵区机关效能建设领导小组办公室）交办案件10件，受理电话投诉74起，拆除新生违建56处，面积1020平方米，拆除历史违建25处，面积11817平方米。

非规范码头整治 2021年，针对辖区内河从事货物装卸作业的非规范码头及设施，严格执行环保、水利等规范措施，开展内河非规范码头专项整治行动，规范提升7处、拆除取缔2处，规范集体权属下的码头租赁使用。

船厂地块环境生态修复

2019—2020年底，上争资金投入1.8亿元，对关停搬迁的船厂地块进行生态修复：种植各类植物约2万株，建成300多亩百舸生态园，新增绿化面积20万平方米；建成300多米彩虹光伏长廊，光伏发电设计容量为167.61千瓦，年发电量可达18万度，每年可节约碳排放量7.2吨标准煤，被指定为省环保现场会观摩现场。复垦原船厂地块403亩通过验收。

安置小区建设

坚持安置区建设先于旧房拆迁的原则，2000—2005年，街道辖区内相继建成友谊花园、原野小区等安置小区。

生态修复后的船厂环境

2005年起，市、区政府从提高居民生活品位和城市整体形象的目标出发，将住宅区改造列为历年为民办实事项目之一，辖区内住宅区改造力度进一步加大，先后建成智堡安置区(一至三期)、鲍坝安置区(东苑公寓一至二期)、斜桥安置区(一至二期)、海曙颐园、朝晖景苑、天韵景园等安置区。

安置小区简介

智堡安置区一期、二期　位于海陵区东风北路西侧、森园路北侧，一、二期项目总投资15924.6万元，用地面积44328.4平方米，建筑面积74012平方米，共建16幢516套，用于安置拆迁户516套。

智堡安置区三期　位于海陵区智堡河北侧、东风北路西侧，项目总投资约7.5亿元，用地面积50990平方米，建筑面积201132平方米，共建12幢1300套，用于安置拆迁户1171套。

东苑公寓　位于海陵区迎春东路北侧、海陵区人民法院东侧，项目总投资10870.11万元，用地面积30377平方米，建筑面积55864.98平方米，共建14幢370套，用于安置拆迁户370套。

梅苑公寓　位于海陵区迎春东路北侧、东风路东侧，项目总投资15082.93万元，用地面积26190.4平方米，建筑面积41835.6平方米，共建11幢272套，安置拆迁户272套。

海曙颐园　位于海陵区迎春东路南

智堡安置区

侧、春兰路东侧，项目总投资94867.11万元，用地面积116126平方米，建筑面积248112.4平方米，共建39幢1412套，用于安置拆迁户1412套。

朝晖景苑 位于海陵区春兰路东侧、森园路南侧，项目总投资77269.32万元，用地面积119576平方米，建筑面积250319平方米，共建30幢1490套，用于安置拆迁户1490套。

天韵景园 位于海陵区海阳东路北侧、智堡路西侧，项目总投资约14亿元，用地面积85989平方米，建筑面积约276100平方米。2016年9月开工建设，2021年竣工，共建15幢2720套，用于安置拆迁户2720套。

商品房开发

20世纪90年代前，境内居民解决住房困难的主要途径是依靠单位福利分房，一些有经济实力的企事业单位或独立或联合出资兴建住宅，分配给本单位的职工。1996年，街道境内建成东进小区（一期）、迎春小区、东湖新村等居民住宅区。1997年始，市、区政府实施国家安居工程、惠民工程，大力推进居民住宅建设，街道房地产开发企业应运而生，商品房开发市场日趋繁荣，陆续建成了东进小区（二期）、教工三村、祥云花园等住宅小区。由于房地产开发企业所建住宅主要用于拆迁安置和解困，面向市场销售的商品房所占比例不大。随着居民改善居住条件的需求日益增长以及住房改革政策的深入实施，房地产开发公司所建住宅面向市场销售的份额不断扩大，境域住宅商品房市场逐步形成。2001—2006年，街道房地产开发企业参与新建凤凰花园、启鼎花园、原野住宅区、东河阳光等住宅小区。2006年4月，市、区城建体制调整，城市建设力度加大，商品房开发市场日趋繁荣。街道房地产开发企业参与旧城改造，境内陆续建成众多住宅小区。2007—2021年，街道辖区新建金通·梅园、智堡小区、鲍坝小区、阳光新城、碧桂园、花园半岛、中远·依云湾、天韵景园、玉堂花园、茂业·锦园、茂业·豪园、茂业·观园、中海·九樾等住宅区。2021年，街道具有资质以上房地产开发企业14家。

宫涵花园

2021 年城东街道各小区基本情况一览表

表 15

小区名称	所属社区	地址	小区住户数	物管单位
康泰苑	春兰社区	口泰路 49 号	190	广夏物业
金通梅园一期	春兰社区	东风北路 10 号	204	广夏物业
金通梅园二期	春兰社区	东风北路 21 号	870	高远物业
玉城名郡	春兰社区	迎宾路 188 号	474	香江物业
尊园花苑	春兰社区	迎宾路 189 号	664	奕通物业
梅苑公寓	春兰社区	东风南路 33 号	440	—
梅苑小区	春兰社区	东风北路 32 号	160	—
东湖南村	斜桥社区	南通路 15 号	48	—
东城家园	斜桥社区	南通路 14 号	397	—
宏基花园	斜桥社区	春晖路 51 号	698	—
东河花苑二期	斜桥社区	南通路 28 号	70	凯凯物业
祥云花园	斜桥社区	春晖路 99 号	684	—
鹏欣尚城	育才社区	迎春东路 101 号	1651	凤城物业
东方名门	育才社区	春晖路 92 号	649	银泰物业
东方名邸	育才社区	育才路 8 号	1107	成名物业
东方花园	育才社区	迎春东路 105 号	480	凯凯物业
宫涵花园	宫涵社区	育才路与春兰路交叉口 128 号	624	凯凯物业
康桥水岸	宫涵社区	济川东路 80 号	400	兴安物业
东苑公寓	鲍坝社区	迎春东路 104 号	550	吉弘物业
上东花园	鲍坝社区	迎宾路 99 号	674	美苏物业
世茂璀璨·泓苑	鲍坝社区	育才路 58 号	1027	世悦酒店物业
碧桂园小区	碧桂园社区	泰渔路 888 号	5436	碧桂园物业
泰渔新村	碧桂园社区	泰渔路 123 号	220	—
春晖苑	春晖社区	春晖路 188 号	120	—
教工三村	春晖社区	春晖路 51 号	735	—
试采小区	春晖社区	红光 168 号	429	—
依云湾	东风社区	东风北路 76 号	1500	银泰物业
东风小区	东风社区	东风路 33 号	378	锦顺物业

续表

小区名称	所属社区	地址	小区住户数	物管单位
启鼎花园	东风社区	东风北路 68 号	278	—
迎春小区	迎春社区	东风北路 14 号	535	—
春兰小区		东风南路 2 号	248	—
友谊花园		口泰路 50 号	254	广厦物业
茂业·观园		东风北路 9 号	517	崇德物业
紫宸花苑		南通路 313 号	108	欧堡利亚物业
东进小区 29-146	东康社区	南通路 300 号	3403	—
老东河农民公寓		老东河村十二组 1297 号	84	—
天韵景园	智堡社区	海阳东路 252 号	2733	广厦物业
宝龙尚水湾小区		智堡路	1564	宝龙物业
阳光新城	东安社区	东风路 36 号	838	润华物业
东进小区		东风北路 40 号	1026	锦顺物业
试采宿舍		南通路 18 号	192	锦顺物业
渔网厂宿舍		南通路 14 号	180	广厦物业
东进花园		东风北路 40 号	169	锦顺物业
茂业·豪园	东城社区	南通路 388 号	918	崇德物业
茂业·锦园		海阳东路 298 号	1378	崇德物业
东城家园	老东河社区	南通路 274 号	459	无物管
宏基花园		南通路 284 号	692	滨洲物业
东河花苑		南通路 262 号	67	无物管
东湖新村		南通路 266 号	210	无物管
东湖北村		南通路 264 号	98	无物管
邮电宿舍		老东河村二组 1001 号	77	无物管
管委会宿舍		南通路 272 号	55	无物管
云水居		通进路 1 号、2 号	666	广厦
农民公寓	梧桐社区	迎春东路 17 号	112	—
金通·桃园		东风南路 569 号	58	嘉泰物业
凤凰花园		东风南路 558 号—559 号	162	嘉泰物业
阳光盛景		育才路 77 号	807	瑞盛物业
金通·玫瑰园		引凤路 166 号	1049	高远物业

2021 年城东街道资质以上房地产开发企业名录

表 16

单位名称	法人代表
荣耀置业泰州有限公司	赵　琪
江苏三水湾置业有限公司	陈　鹏
泰州茂业置业有限公司	张　静
泰州市鹏宇房地产开发有限公司	陈　萍
泰州市碧桂园房地产开发有限公司	上官鹏程
泰州市玉城置业有限公司	刘　浩
泰州凯尔置业有限公司	张　娟
泰州世茂新纪元房地产开发有限公司	曹　立
泰州宝龙房地产有限公司	林峰利
泰州市领翔房地产开发有限公司	谢金雄
泰州市乾行房地产开发有限公司	莫　也
泰州市中海润泰置业有限公司	杨　林
泰州国欧置业有限公司	贾卫东
泰州市领东房地产开发有限公司	上官鹏程

基础设施

道路

20世纪90年代，横贯境域的泰州老城区道路主要有南通路、东进东路、迎春东路、济川东路，纵贯境域的主要道路青年北路、海陵北路、鼓楼路、东风北路，道路总长38.6千米。进入21世纪后，为适应区域经济社会发展，市、区按照现代城市道路硬化、绿化、亮化、净化、美化的要求，加快道路建设步伐。境内迎春东路、东进东路、鼓楼路、济川路等道路实施延伸拓宽工程。至2021年，横贯境域的主要道路有罡红线、站前路、森园东路、运河东路、海阳东路、南通路、迎宾

罡红线

东路、迎春东路、育才路、济川东路；纵贯境域的主要道路有海陵北路、鼓楼北路、东风北路、春晖北路、春兰北路，道路总长53.5千米。

主要干道

站前路 站前路快速化工程起于规划中的泰红路，终于长江大道，道路全长10.6千米，2021年1月17日建成通车。项目采用全程高架式方案，主线和辅路均为双向六车道，主线设计时速80千米，辅道设计时速40千米，街道境内长3千米。

运河路 西起青年北路（卤汀河），东至规划中的泰红路，为城市主干道。道路宽度45米，设计速度50千米/小时，双向六车道，街道境内长1.8千米。

迎春路 西起祥泰路，东至姜堰区，全长20千米，为横贯老城区的主干道之一。古为唐宋时期形成的城区东、西门大街。20世纪80年代拓宽改造后，将海陵路以东至口泰路路段定名为迎春路（因路东段有古迎春桥而得名），将海陵路以西至西门桥路段定名为陵园路（因桥西侧有烈士陵园而得名）。20世纪90年代初中期，将海陵路以西的陵园路及其西延的路段并入，称迎春西路，原迎春路段称迎春东路。1999年，对迎春东路路段实施改造，分段实施东延工程，为宽41米混凝土路面，路幅宽度40米，双向六车道，设计时速为40千米。2008年，迎春西路西延至祥泰路，迎春东路东延与

运河路

姜堰区相接。街道境域内（工农路至春兰路）长3.8千米。

南通路 西起华泰路，东至东环路快速路，全长4千米，境内（华泰路至春兰路）长2.2千米。南通路原为328国道的一部分，328国道改线后，成为泰州城北地区的主要城市干道及泰州老城区的出城通道。2009年，实施南通路拓宽改造，道路红线宽40米，双向六车道。2014年，实施南通路（老东站—东风路）段雨污水管道改造及“白改黑”工程。

鼓楼路 北起森园路、南至海军大道，全长15千米。南宋年间形成，初为北起邑庙街、南至税东街路段，因街西侧建有鼓楼而称鼓楼街。1998年，拓宽改造为45米宽混凝土路面，且南延至永兴路。迎春路以北路段称鼓楼北路，以南路段称鼓楼南路。2002年，鼓楼大桥建成后，北延至南通路（海阳路），2015年北延至森园路。境域内长1.1千米。

东风路 东风路为纵贯老城区南北的交通干道，街道境内北起罡红线，南至济川路，全长8.6千米。境内东风路快速化北起站前路，南至迎宾路，线路总长3.7千米，全线设置站前路互通、新通扬运河桥、两对上下匝道，相交于境域迎宾路、口泰路、南通路、海阳东路、运河路、森园路等多条城市道路。

东风路

2021 年城东街道新通扬运河以南交通道路一览表

表 17

道路名称	道路概况		境域长度（千米）	备注
	起点	终点		
迎春路	迎春桥	春兰路	3.8	—
海阳路	华泰路	东进小区	1.1	—
南通路	华泰路	春兰路	2.2	—
运河路	伟光路	春兰路	1.8	—
森园路	海陵路	春兰路	1.8	—
海陵路	运河路	迎江桥	1.0	—
鼓楼路	海阳路	森园路	1.1	—
东风路	济川路	森园路	4.8	—
智堡路	东进路	森园路	1.6	—
春晖路	迎春东路	森园路	3.8	—
春兰路	迎春东路	森园路	3.8	—

2021 年城东街道新通扬运河以北道路一览表

表 18

序号	名称	起点	终点	长×宽（米）	建成年份
1	泰朱路	花园村	朱东村	5202×9	2002
2	泰渔路	窑头村	碧桂园	3792×5	1998
3	东花线	新城社区	花园村解楼组	3137×4	1998
4	东魏线	丁冯村	魏徐村	3624×4	1998
5	环圩东路	朱东村	窑头村	2165×3.5	2002
6	徐垛路	魏徐村	魏徐村	1099×3.5	2003
7	孙金路	孙金村	唐甸村	1388×5	2004
8	大棚路	丁冯村	花园村	687×3.5	2002
9	花园路	花园村	花园村	1077×5	2005
10	解楼东路	花园村	花园村	2182×3.5	2002
11	斜桥路	斜桥村	斜桥村	927×5	2003
12	团结路	唐甸村	唐甸村	496×7	2011
13	刘北路	丁冯村	丁冯村	660×5	2010
14	阳光大道东延	窑头村	魏徐村	2438×9	2013

桥梁

20世纪90年代末，街道辖区内有桥梁6座(青年桥、杨桥、破桥、东升桥、通仓桥、清化桥)，多为小型钢筋混凝土结构的桥梁。

2006年，新的城东街道成立后，境域新通扬运河以南区域内的主要桥梁有：迎江桥、东风大桥、草河桥、东升桥、智堡河桥、五里河桥、老东河桥、斜桥、七里河桥、迎春桥、百凤桥等。境域新通扬运河以北区域内的主要桥梁有：泰朱路上的一号桥、三号桥、陵南桥、朱麟桥，泰渔路上的泰渔桥，东魏线上的金唐桥、致富桥、港汊河桥，东花线上的团结大桥。

桥梁选介

迎江桥 曾名赵公桥，位于海陵北路北首。清乾隆十八年(1753)建，时为3孔石拱桥，长约40米，为当时境内最长的桥。因系知州赵天爵倡建，故名赵公桥；又因桥处凤凰城北端，故又名凤尾桥，与凤首桥(老高桥)相呼应。1958年，开挖建设新通扬运河时，桥被拆除。1960年重建，为9孔人行木桥，长65米、宽4米，中孔净跨30米。1964年12月至1966年1月，改建为5孔钢筋混凝土梁桥，长79米、宽4米，墩台4排，20米大跨3孔，6米小跨2孔，浆砌块石重力式桥台，设钢筋混凝土桥栏，更名迎江桥。20世纪70年代至80年代，中孔桥墩多次被

迎江桥

迎春大桥

行船撞裂，1987年加固，两侧增架T型大梁，拓建为人行道，桥宽增至7米，复名赵公桥。至2000年已成危桥。2001年，赵公桥拆除，耗资3500万元，建成主干道中型拱桥，并再次更名迎江桥，桥长400米、宽25米，为钻孔灌注桩基，重力式桥台，柱式桥墩，粉煤灰路堤，沥青混凝土路面，设花岗岩栏杆。

迎春大桥　原名迎春桥。据明万历年间的泰州地方文献记载，迎春桥位于泰州东门外，又称东门桥，至2021年已有400余年历史。因每年立春前后州府官员率众经此桥至东郊举行迎春仪式，共祈国泰民安，故名迎春桥。清咸丰年间，在东门外城河上筑坝为路，原桥废后改在凤凰墩向北跨鲍坝河建砖拱桥。1987年，移址改建为西北、东南向水泥桥，长9米、宽4米，桥面中心标高7.06米，中孔净跨6米，荷载8吨，迎春路因古桥而得名。2005年，打通土坝，拆除旧桥，新建横跨东城河的迎春大桥。新桥为5孔钢筋混凝土梁景观桥，长190米、宽35米。

百凤桥　横跨凤凰河北段的百凤桥为景观人行桥，2003年建造，位于原口泰路，为大理石仿古3孔曲拱桥，长57米、宽15米，因桥饰百凤，且位于凤凰河北端，谐“北”音而名百凤桥。全桥雕饰凤凰999只，取百数之最，喻“凤栖此桥而不迁（千），长留吉祥于泰邑”。桥边设桥名牌，上刻《百凤桥赋》。桥南建天凤亭，为方基六柱圆顶石亭，寓古人“天圆地方”之天体自然观。亭顶栖凤1只，似飞似栖，又似刚从百凤桥飞来。石亭的穹、檐、栏等部位刻有飞禽100只，寓百鸟朝凤。亭南置金山石雕琢汉阙1座，与石亭、百凤桥构成泰州古城“百凤晴云”新的文化景观。

百凤桥

2021 年城东街道新通扬运河以南主要桥梁一览表

表 19

桥名	地点	主桥结构	长×宽(米)
迎江桥	海陵北路	梁桥	400×25
东风大桥	东风北路	梁桥	73.5×45
草河桥	森园路	梁桥	40×25
东升桥	海阳东路	梁桥	40×45
智堡河桥	运河路	梁桥	30×45
五里河桥	迎春东路	梁桥	33×40
老东河桥	运河路	梁桥	70×45
斜　桥	南通路	梁桥	25×45
七里河桥	迎宾路	梁桥	33×25
迎春桥	迎春路	梁桥	190×35
百凤桥	静安路	拱桥	57×15

2021年城东街道新通扬运河以北主要桥梁一览表

表20

名称	所在路河	长×宽(米)	建设(改修)年份
一号桥	泰朱路	33×10	2002
三号桥	泰朱路	20×10	2002
陵南桥	泰朱路	33×10	2002
朱麟桥	泰朱路	33×10	2002
泰渔桥	泰渔路	33×7	2016
金唐桥	东魏线	33×7	1998
致富桥	东魏线	33×7	1998
港汊河桥	东魏线	39×7	1998
团结大桥	东花线	33×7	2002

水利

20世纪60—80年代初，境内兴修农田水利、发展机电排灌事业，农业生产蓬勃发展。20世纪80年代末期，东郊乡不断培修圩堤、联圩并圩，培修标准随着里下河地区圩情、水情的变化逐步提高，1991年特大洪灾发生后，培修标准提高到“四五·四”式(顶高4.5米、顶宽4米)。东郊乡、朱庄乡先后组织近万名干部群众奋战20天，加固圩口10个，加修圩堤总长25.2千米，完成加修土方约14万立方米。2000年，街道加大投入力度，加强农村河道治理，旱涝保收能力有所增强。2005年，实施拆坝(鲍坝)建桥(迎春桥)工程，贯通东西城河、北城河与南城河。2008年，境域基本构成能挡、能排、能灌、能降等功能的农田水利体系。

支河治理

新通扬运河支河　新通扬运河开挖后，造成沿途支河淤浅，影响农田灌溉与运输。1964—1965年，境内实施渔行东河、智堡河、老东河等新通扬运河支河清淤疏浚。

卤汀河支河　20世纪70年代，境域实施西大河、朱杨河、朱庄社道河、官左河等卤汀河支河治理。西大河原是通往樊川的航道，卤汀河取直后河首淤浅废弃，1970年，由西坝大队打坝围垦。1977年，大坝北旧河床由东郊乡围垦建渔场，朱杨河成为通往樊川的航道。1974—1976年，朱庄公社开挖社道河与官左河。朱庄社道河是十字形河道，西起窑头大队，东至采菱桥与泰东河相接，南起刘垛大队北至朱庄，于1974—1975年挖新河填老河而成，共动员民工1万人，历经150天，开挖土石25万立方米。河床底宽4米。官左河北起官家庄，向西至王家舍，再向南与朱杨河相连，全长3700米，于1976年挖新河填老河而成，共动员民工1万人，历经60天，开挖土石12万立方米。河床底宽6米。

涵闸

境内有鲍家坝、觉正寺涵闸。

鲍家坝 位于鲍坝庄老东河首。1923年鲍家坝崩，钉桩堵闭。1954年抢险加固，在坝北加筑土坝。该坝长39.5米，高6.1米，顶宽7米。2005年，投资6000多万元实施拆坝（鲍坝）建桥（迎春桥）工程，贯通东西城河、北城河与南城河，全面畅通城区水系。

觉正寺涵闸 又称玻璃厂涵闸，后更名为智堡涵闸。1966年建于玻璃厂东侧，铺设直径60厘米的钢筋混凝土管道69米，连接东城河与智堡河。涵闸上建有3.6平方米的启闭机房1间，设手动式螺杆启闭机1台。进水口有八字形浆砌块石挡墙，出水口有块石护坡。

圩区

境域北部地面高程在3米以下的耕地，需筑圩御水，称圩田。20世纪50年代初期，圩堤每年需要岁修，并逐步提高堤身标准。1954年，圩堤顶高3.3米，顶宽1米。20世纪80年代，圩堤顶高4米，顶宽3米，称为“四三式”。1991年，境内遭遇百年未遇的特大洪涝灾害后，培修标准提高到“四五·四”式（顶高4.5米、顶宽4米）。1996年，东郊乡有朝阳、东风、胜利3个圩区。2000年，经区划调整，东郊乡增加唐魏、徐垛、北大荒、卤东、孙垛、解楼东等7个圩区。此外，窑头村部分耕地在西郊乡卤西圩区内。2003—2007年，在里下河次高地（地面高程在2.5米左右）的地区规划建圩。城东、城西街道的联合东圩、胜利北圩、魏唐圩、唐甸北圩陆续建成。2015年，上争各级资金870多万元，新建改建排涝站16座，更新保养圩口闸22座，以及唐甸北大荒等17座排涝站。至2021年，境内有单圩和联圩区10个，圩堤全长36.14千米，圩区内耕地面积11137.4亩，圩区内居住人口17896人。

2021年城东街道圩区一览表

表21

名　称	圩堤全长（千米）	圩内耕地面积（亩）	圩内居住人口（人）
胜利圩区	2.10	1357.40	2552
朝阳圩区	1.10	880.00	1637

续表

名 称	圩堤全长(千米)	圩内耕地面积(亩)	圩内居住人口(人)
东风圩区	0.67	815.00	3086
唐魏圩区	6.15	1422.00	3172
徐垛圩区	4.64	499.00	438
北大荒圩区	1.97	979.00	0
卤东圩区	8.21	2854.00	4694
孙垛圩区	4.74	1268.00	1486
解楼圩区	5.04	851.00	831
解楼东圩区	1.52	212.00	0

防汛抗灾

1991年6月下旬，百年罕见特大暴雨引发的洪涝灾害袭击境域。连日暴雨和不断上涨的洪水给境内带来严重威胁。东郊乡全乡8个行政村，特别是新通扬运河两侧的智堡、花园、黄垛、西坝、渔行、丁冯6个村受灾严重，3408亩耕地全部被淹，625.05亩鱼塘沉没，乡、村、组办工厂停产33家，半停产5家，倒塌民房17间，转移群众92户288人，猪舍淹没110间，全乡经济损失达1052.58万元。另外，受智堡河水上岸影响，境内的泰州弹力衫厂、泰州市针织服装厂、泰州产业用布总厂等企业厂区或车间进水，陷入停产半停产状态。在特大洪涝灾害面前，全乡人民奋起抗灾，共投入抗灾劳动力1.19万人次，取土3300立方米，打坝加圩灌土包1.8万只，鱼池拦网6.5千米，插竹(木桩) 1.45万根，开动抽水泵99台，最终保住了智堡坝、鲍坝，保住了村庄，抢排出大部分农田积水。灾后迅速组织生产自救，抢管、补种、增养。在生产自救的同时，兴修水利，修固圩堤6条，长21.6千米，完成土方10.1万立方米。特大洪涝灾害过后，东郊乡高度重视防汛抗灾物资储备，建立防汛物资计划、供应、调运、储备、保管工作责任制，乡防汛抗旱指挥部常年储编织袋、木棍以及一定数量的土工布、铁丝、柴油等。

1997年5月，东郊乡成立防汛抗旱指挥部，领导防汛、抗旱、救灾工作。2006年，东郊乡防汛抗旱指挥部更名为城东街道防汛抗旱指挥部。2006—2021年，城东街道防汛抗旱指挥部坚持“以防为主、防重于抢”的原则，制订或修订防洪、防台、防汛防旱工作预案和应急预案；立足防大汛、抗大洪、抢大险，每年组织汛前安全大检查，对发现的问

防洪圩口闸、排涝站

题，及时采取有效措施，除险加固，清除行洪障碍；筹集必备的防汛抢险物资、设备；开展各种专业抢险队伍培训演练。对出现的险情，及时组织力量全力抢救，以减少灾害损失，确保安全度汛。指挥部办公室在汛期有专人24小时值班，及时掌握用情、水情、工情，保证上下信息畅达。组织巡逻、抢险专业队伍，建立圩区防汛责任制，分段防守圩口，跨街的圩口实行联防联管。圩口闸的启用、河口的堵闭和排涝站的开机排涝落实责任到人。

防汛物资由街道、村各自储备供应，街道防汛抗旱指挥部定期组织检查。防汛经费与器材，专款专用，专材专用，汛前储备，注册登记，汛期统一调度使用，汛后补足。

其他公共服务设施

2006年，街道把解决社区“两房”等公共设施问题列为优先事项，多方努力、多管齐下，推进社区办公、活动“两房”等公共设施建设，街道所辖13个社区各自拥有100平方米的固定办公用房和200平方米居民活动用房。4个社区创成三星级文明社区。2010年，街道推进特色社区（星级社区、和谐社区、文明社区等）建设，投资30多万元，对辖区内无物管小区全面实现长效保洁管理，清除各类垃圾100余吨、修剪绿化7000多平方米。2014年，街道进一步加大投入，促进社区创建上台阶上水平。是年，东安社区创成“全国防灾减灾综合示范社区”，宫涵社区创建为“江苏省档案工作三星级单位”和“泰州市绿色社区”；碧桂园社区创成泰州市“城市管理示范社区”。2015年，鲍坝、春兰等4个社区建成AAA级居家养老服务站。2019年，智堡、斜桥、春兰3个社区建成AAA级居家养老服务中心。2020年，配合开展老旧小区改造，在7个小区实施“绿改停”、雨污分流、道路维修、绿化补植等公共设施项目，添置体育器材，全面提升居民群众的安全感、舒适感和幸福感。2021年，街道组织实施东苑公寓智慧小区改造项目，增加车位80余个，更换空调外机围栏1620个，道路“白改黑”1.1万平方米。增设应用智能平台、车辆管理系统和二维码访客系统，将东苑公寓打造成样板小区。

园林绿化

绿化

20世纪90年代初，街道居住区只有零星绿化。此后，绿化列入居住区绿化建设的重要考核指标，境域开展园林式居住区创建。1997年，新建的东进小区等住宅小区的绿化按照规划，实行绿化与小区建设同时设计、同时施工、同时验收、同时投入使用的管理机制。坚持大绿量、高品质绿化，合理配植乔木、灌木、花、草等植物，适当点缀造景小品及休闲、锻炼设施，建设园林式居住区。2007年之前，街道绿化覆盖率不足10%。2008年，结合旧城改造，采取拆违建绿、拆房增绿、破墙透绿、立体添绿等措施，开展居住区绿化建设，碧桂园、碧桂园·林湖郡小区、中海稻河九里、中海·九樾等园林式小区数量和质量不断提高，居民生活环境明显改善。至2021年，街道绿化覆盖率达28%。

公园

20世纪70—80年代初，东郊公园是境内的唯一游园。1984年，境内启动建设东城河风景区和梅兰芳纪念亭、梅兰芳公园（简称梅园）。2002年，东郊公园及玻璃厂（原觉正寺）周边地块拆除，新建黄金家园住宅区。2006年，境内新建桃园。至2021年，境内有大型游园3处：梅园、桃园、智堡公园。

东郊公园旧址

东郊公园　位于老东汽车站西侧，面积2.47公顷，其中，水域0.23公顷。园内碧水环抱，沿河桃柳相间，以潮石假山为主景，有香樟林、桂花林、双头红枫林。园北为花卉区，以月季为主，旁及菊花等花卉。1985年，在园西土山建上圆下六角形重檐亭，山下隔河又建一亭，土山周围有儿童游乐设施。2002年，因城市建设需要，东郊公园拆除。

梅兰芳公园　又称梅园，位于梅兰芳祖居地东城河畔鲍坝村附近的凤凰墩。1984年，为纪念京剧艺术大师梅兰芳先生而建，初以竹篱围址1.22万平方米，建有梅亭，时任全国政协副主席赵朴初题写匾额。1987年，又征地2700平方米，建梅兰芳史料陈列馆，时任国家主席李先念题署馆匾。1988年，建成牌坊、长廊等系列景点，塑梅兰芳坐像，完善园内绿化。1992年，拓展梅史馆正南部分，建兰圃。至此，梅亭、梅史馆合二为一，称梅兰芳公园。2006年，在公园东南建新大门，增建部分景点。梅园已成为泰州的一张城市名片和重点旅游景区。

桃园　位于城河外侧东岸，因戏曲家孔尚任在泰州创作戏剧《桃花扇》得名。2006年5月始建，2007年元旦试开放，2008年4月30日正式落成，占地12万平方米，栽植有紫叶桃、菊花桃、五色桃、寿星桃、碧桃等共116个品种近6000株观赏桃。景区内有陈庵、藕花洲、飞来钟、来凤楼、浮香亭、萧汤桥、清风阁等景点。

梅兰芳公园

桃园

智堡公园　位于泰州市主城区北部（智堡社区）。周围水网纵横，由鼓楼路东、智堡路西、运河路南、运辉路北四条路围合，占地面积6万多平方米。整体设计理念是创建“活力+引力+生命力”，即创造欢乐动感的活力场所、舒适宜人的休闲环境、生机盎然的原生态环境。智堡公园是以运动场地景观、滨河景观和植被景观为主要景观特色，集观赏、运动、游览、娱乐、休闲、生态示范等多项功能于一体的开放式综合性体育公园。

智堡公园

绿地游园

2003年之前，老汽车东站转盘广场是境内仅有的一块广场绿地。至2021年，辖区有广场绿地及小游园6处、绿化面积3.71万平方米，绿地率60%，绿化覆盖率80%以上，各广场绿地和游园建筑体现泰州主城区特色和历史文化内涵。

滨河绿地广场 位于东进东路南侧、东城河北岸，东临鼓楼大桥，西靠坡子街。2003年1月开工建设，2004年4月主体竣工，总面积1.9万平方米。广场以3400平方米的中心文化广场为核心，设有大型音乐喷泉、舞台，可容纳5000人集会或观演，周围建有滨河景观区、山林区和商业服务区，是城东市民休闲、观光、健身的理想场所。

红粟园 位于运河路南北两侧和智堡路东西两侧，共约7200平方米，结合“红粟诗社”建设主题绿地公园。

滨河绿地广场

红粟园

海陵e园　位于运河路北侧、东风路西侧、城东派出所南侧，面积约9500平方米，是意识形态主题绿地公园。

廉政游园　位于海阳东路与东风北路交叉口，横跨海阳东路南北两侧，占地面积5000平方米。游园将廉洁元素与海陵历史文化相结合，通过景石、景墙、石鼓、印章等形式，生动阐述三国吕岱、明代储巏等人廉洁奉公的事迹，实现廉素与美景共融，是地标式廉政主题文化绿地游园。

海陵e园

廉政游园

随宜园 位于东风北路与海阳路交叉口东北侧，体量不大，设计精巧、古色古香，园中陈列已故古建园林艺术专家陈从周的手迹字碑及经典诗词。

梓园 位于东风北路东侧、海阳东路北侧，东至东进小区西门、西至东风北路、南至海阳东路、北至老东河，总面积约9000平方米。陈从周指导并重建泰州“乔园”，为泰州增加了一座具有历史文化价值、艺术欣赏价值、文物保护价值、旅游观光价值等多功能的历史名园。陈从周自称梓翁，为纪念陈从周，故将该园取名梓园。

随宜园

梓园

村庄建设

村庄规划

20世纪80至90年代中期，境内村庄基础设施建设主要是因地制宜，根据自身实际和财力状况进行规划和实施。1998年后，区村镇建设办公室负责村镇建设的规划和统一管理。2006年，街道全面启动新农村建设，按照宜人宜居新农村建设要求，完成所辖村庄及集中居住点的建设和整治规划。2021年为加强乡村地区规划管理，街道组织编制丁冯村、唐甸村、窑头村、孙金村、魏徐村村庄规划（2021—2035）。

基础建设

2007年，街道实施沟渠改造计划，完成高桥、鲍坝、智堡三个城中村改造工作。疏浚城中村河道18千米，护坡绿化4千米，新建农桥5座，完成窑头村、孙金村改水工程。2008年，街道投资280万元用于新农村基础设施建设，重点帮扶朱东村、窑头村、魏徐村、孙金村完善村庄基础设施，基本实现道路硬化、主干道亮化、岸边植树绿化。2009年，加大投入推进农村环境整治，疏浚河道44.76千米，新建农桥6座，完成村道路硬化改造8000平方米。

2010年，新建农村道路1.2万平方米，新建农桥6座。2011年，推进农村“四位一体”综合管护，新建农村公路3千米，新建农桥5座，维修桥梁3座。2014年，投入资金约2.85亿元，完成1.44万平方米道路改建，以及危桥重建、河道疏浚整治、护坡绿化等项目。人均公共绿地增长1平方米，绿化覆盖增长率达1%，村庄环境整治顺利通过省、市、区三级验收。2015年，全年累计建设投入2.93亿元，农村道路（含小区道路）等累计修建5892千米，人均公共绿地增加1平方米，绿化覆盖增长率达1%。上争资金955万元，完成中央财政小型农田水利项目重点县工程项目涉及的两个标段15条河道的疏浚、驳岸建设和绿化环

丁冯村接引长江水管网改造

境工程等。花园、丁冯两个村完成农桥建设，投资170万元对老东河支河等河道进行治理。2018年，窑头村综合办公用房落成。

改水改厕

2007年，完成窑头村、孙金村改水工程。2008年，街道推进实施改水改厕工程，完成省改厕项目村改厕任务并通过省级验收，改厕从项目村向非项目村铺开，共完成改厕2352户。投资280万元用于新农村基础设施建设，重点帮扶朱东村、窑头村、魏徐村、孙金村完善村基础设施，基本实现农户厕所三格化、垃圾袋装化目标。2009年，以新农村建设为抓手，加大投入推进农村环境整治，加快推进农村改厕工程。2010年，推进“5+1”工程，街道投资186万元用于农村改水改厕和环境整治。是年，街道全面完成农村改厕任务，所辖7个行政村村民全部改用长江水。

农房改造

20世纪七八十年代，境内农户建房以砖木结构的平房为主，少部分农户翻建砖木、斗子空心墙楼房。人均住房面积16平方米左右。1988年，农村改革促进农民逐步走向富裕，农村住房建设步伐加快。但由于缺乏科学规划，村民住宅由近至远分布在城区四周，形成与城区相连的“城中村”、与城区相近的近郊村、远离城区的远郊村，普遍存在管理无序、土地利用率低、基础设施落后、违法建设严重等问题。2006年，海陵区推进“撤村建居”工作，加快村民集中居住区建设，使村民居住区逐步从自然形态向规划形态转变。2008年，农村人均住房（钢筋、砖木结构）面积40.8平方米。

2006—2007年，街道依据“城中村”整治改造规划，将“城中村”改造与城区建设同步规划、同步设计、同步推进，兴建智堡、鲍坝等拆迁安置区。城东的鲍坝、智堡安置区建筑面积14.9万平方米，建设住宅1158套。

2007年，近郊农民集中居住区以农民公寓楼和低层联排别墅为主，既节约利用土地，又能满足农民生产生活实际需要。2008年，城东街道划定并建设的安置区有解楼安置区、唐甸村安置区、丁冯安置区、官涵安置区，共43.67万平方米。

按照因地制宜、切实可行的原则进行规划和建设，实行集中居住。2008年，城东街道朱东村规划农民集中居住区2.33万平方米，同时启动实施道路基础设施工程。

康居示范村创建

1998年起，东郊乡开展康居示范村创建工作。2006年，街道按照“生产发展、生活宽裕、乡风文明、村容整洁、管理民主”的康居示范村要求，全面启动实施农村道路通达工程、农村教育培训工程、农民健康工程、农村环境整治工程、农村文化工程建设。2007年，街道斜桥村获评市级康居示范村。2008年，街道唐甸村获评市级康居示范村；高桥村、斜桥村获评区级十佳小康示范村；鲍坝村、丁冯村获评区级十佳特色村。2010年，街道唐甸村获江苏省康居示范村称号，丁冯村获评泰州市康居示范村。2016年，街道唐甸村获评全国第四批美丽宜居村庄示范单位，丁冯村、唐甸村获评江苏省水美乡村。

第三篇 服 务 业

得益于城东特殊的区位优势，街道服务业发展较快。1998年，境内高24层的三星级原野大酒店落成，标志城东街道服务业开始转型升级。2008年，伴随东部城区大规模旧城拆迁改造，街道抢抓发展机遇，打造现代服务产业集聚区，即南通路商业区和城东地区现代农业物流中心。2020年，街道实施“优质公共服务资源采集区、现代服务业总部经济引领区、时尚体育文旅融合发展区、生态经济特色田园乡村示范区”四大功能区建设，服务业发展迎来新的发展空间，街区形象大幅提升。

商贸发展

20世纪70—90年代初，位于老汽车东站东侧的东进百货商场是境内最大的实体店。1994—1998年，境内私营、个体等民营经济快速发展。1996年，东郊乡有餐饮店和旅馆300多家、浴室5家、农贸市场2家、商业企业（含门市部、小卖部）60家，第三产业产值4620万元。1998年，三星级原野大酒店建成运营，成为城东街道商贸发展的新地标。2000年，东郊乡有餐饮店和旅馆624家、浴室16家、农贸市场7家、商业企业（含门市部、小卖部）601家，第三产业产值1.28亿元。2001年，朱庄商业总店实施整体出售，产权转让给原经营者。2005年，东郊乡第三产业产值为2.58亿元。2006年，城东街道第三产业服务业实现增加值2.65亿元。2007—2009年，累计实现服务业增加值11.72亿元。2010年，街道先后引进大润发超市、泰茂商业、世纪年华等知名企业和新兴行业项目，华钜活力城、内河船用物资市场、金凤凰大酒店等建成运营，实现第三产业服务业增加值7亿元，服务业税收1.1亿元，同比分别增长34.6%、50.1%。2011年，街道服务业持续快速发展，服务业增加值7.4亿元，同比增长21%，服务业城镇固定资产投资6.4亿元，同比增长33%。2014年，街道实现第三产业服务业增加值11.03亿元，重点服务业企业增加值增幅达56.6%，净增重点服务企业数4家，新增注册资本500万元以上服务企业10家。2018年，境内形成2个现代服务业集聚区，街道限额以上批发和零售业、住宿和餐饮业企业19家。其中东进路商业区：以商贸业为主，形成以茂业百货、茂业天地、世纪联华（南通路店）为中心，集商贸、商务、休闲、娱乐等功能于一体。农副产品物流区：依托北部苏中农副产品批发市场、中加花卉苗木展销中心、丁冯省级蔬菜基地等重点农业项目和周边丰富的农产品生产资源，构建形成城东地区现代农业物流中心。2019年，茂业时代广场、泰州宾馆五星级改造项目、全季酒店、世贸商业街、老东河商业综合体、会宾楼宴会中心等项目建成运行，宝龙综合商业体、南通路商业综合体开工建设。2020年，街道启动建设"优质公共服务资源采集区、现代服务业总部经济引领区、时尚体育文旅融合发展区、生态经济特色田园乡村示范区"四大功能区。2021年，实现第三产业增加值40.17亿元，第三产业从业人员数22085人。街道有限额以上批发和零售业、住宿和餐饮业企业28家，限上批、零、餐营业额（销售额）分别增长30%、183%、30.8%。

2021年城东街道限额以上批零住餐业企业一览表

表22

序号	单位名称	法人代表
1	泰州市百味仓餐饮管理有限公司	孟凡宝
2	泰州宾馆有限公司	唐宝华
3	泰州市如美之家酒店管理有限公司	徐留贯
4	泰州凯源酒店有限公司	翟元富
5	泰州市宏祺物资有限公司	倪太水
6	江苏原野大酒店有限公司	袁文柏
7	泰州市海陵区鑫生源废旧物资回收有限公司	沈继兰
8	泰州市碧桂园凤凰酒店有限公司	梁裕尤
9	泰州市强盛进出口贸易有限公司	周圣群
10	泰州春兰国宾馆有限公司	唐宝华
11	泰州新源石化有限公司	唐建信
12	江苏天明电梯有限公司	朱亮亮
13	泰州海天机械销售有限公司	孙绍峰
14	泰州市易莲超市有限公司	Soopakij Chearavanont
15	北京同仁堂泰州药店有限责任公司	张　楠
16	江苏古月楼餐饮有限公司	胡艳阳
17	泰州延顺服饰有限公司	胡延顺
18	泰州徽泰郎餐饮管理有限公司	马龙飞
19	泰州美捷电器有限公司	费　城
20	泰州绿色园电子商务有限公司	肖卫林
21	泰州市海翎特钢有限公司	凌海军
22	江苏荣安石化有限公司	王永华

续表

序号	单位名称	法人代表
23	江苏正佳化工科技有限公司	翟林红
24	泰州市海名荟商贸有限公司	夏　伟
25	泰州康庄商务管理有限公司	杨　净
26	江苏常佳石化有限公司	王　亚
27	泰州文旅古月楼饮食文化发展有限公司	胡蔚阳
28	江苏老泰州味道餐饮管理有限公司	马龙飞

企业选介

茂业百货泰州东进店　茂业百货是茂业集团旗下在泰州的第二家门店。拥有500个停车位、9万平方米经营面积、接近40%的餐饮业面积，6000平方米的儿童品类，华中地区最大的家电数码馆，时尚而且潮流的品牌组合，让顾客有充足的逛购空间。茂业百货依托“地产+百货”的发展模式，定位为以“一站式时尚生活化”概念为主题的大型商业体，坚持年轻、时尚、国际化的路线，领跑时尚先锋，形成核心竞争力，选择和优化竞争力强、抗风险能力强、运营能力强的品牌共同构筑时尚购物空间，引导消费者获得更加多彩的生活，享受购物与休闲。

泰州碧桂园凤凰酒店　坐落于海陵

茂业百货

区泰东河大桥北侧泰渔路888号，是泰州市唯一纯欧式五星级标准的温泉度假型酒店。总占地面积达2.3万平方米，建筑面积8万平方米，集客房、温泉、餐饮、会务、娱乐、休闲等项目于一体，是泰州地区面积最大、楼层最低的山水式主题温泉酒店。泰州碧桂园凤凰酒店拥有331间宽敞舒适、高贵典雅、风格各异、带有独立阳台、超大面积的豪华客房（55—286平方米），并有豪华套房、行政客房、温泉客房、家庭套房等多种房型可供选择，设施先进齐备，均配备可独立调控的中央空调、国际直拨长途电话、卫星电视、宽频互联网接口等设施。酒店另设有咖啡厅、健身房、台球、桑拿按摩、SPA、棋牌麻将、露天温泉，一站式满足宾客的各项需求。

泰州宾馆 是泰州春兰集团投资建设的园林式宾馆，“全国百家优秀星级饭店”之一，位于泰州市迎宾路88号，坐落在风景优美的东城湖畔，毗邻梅兰芳公园，环境优美，交通便利。宾馆设计新颖、建筑华丽、装潢典雅、设施先进、环境优美。拥有各类豪华客房，并设有商务行政楼层。房内陈设豪华、洁净典雅、宽敞舒适。设有各类餐厅20余个，西餐厅、日餐厅、酒吧等各具特色，是举办不同规模会议、宴请、酒会、冷餐会的理想场所。

碧桂园凤凰大酒店

旅游服务

1984年，建设东城河风景区。1998年，高24层的原野大酒店建成运营。2001—2002年，泰州宾馆、泰州原野大酒店分别被评为旅游五星级饭店和旅游三星级饭店。2002年，启动建设以观光游览、城市休闲为主的环城河风景区。2004年，东城河筑坝清淤。2006年建设桃园、老街等沿河景观，修建迎春桥。2007年2月，东城河风景区开园，桃园、老街、梅兰芳纪念馆成为核心景观，街道第一家旅行社——海陵区江南旅行社成立。同时，街道鼓励辖区居民群众依托核心景观，集聚社会资源，兴办家庭旅馆、私房菜馆、手工工艺品店等，发展旅游经济，用本地特色美食、特色产品吸引游人，留住游客，夯实旅游经济发展基础。以“唐甸三月三”庙会、朱庄庙会、窑头村万家园采摘节等为平台，开发集生态观光、采摘垂钓、农家餐饮、民宿服务于一体的现代乡村文化旅游点，最大限度发挥以“都市隐唐甸·非遗文化村”为代表的乡村旅游品牌效应。至2021年，境内有旅游星级饭店5家，为海陵区星级饭店聚集区，其中，旅游五星级饭店3家，即泰州春兰国宾馆、泰州宾馆、泰州碧桂园凤凰大酒店，旅游四星级饭店1家，即泰州会宾楼丽呈酒店，旅游三星级饭店1家，即泰州原野大酒店。

旅游打卡地选介

桃园 地处凤城河东岸，为纪念清代戏曲家孔尚任在泰州写作《桃花扇》的主题公园。取孔尚任寄寓泰州陈庵完稿《桃花扇》之景，与泰州梅园戏剧、柳园评话相连，三园一线，为“戏曲文化三家村”。桃园的核心景点为复建明清风格的陈庵。景区有观赏桃3600多株、116个品种，其花期可从3月中旬持续到4月下旬，每年桃花盛开期间举办桃花节，热闹非凡。景区南端为水榭码头，主要停靠河中游览船只。水榭北上至桃花岛，隐龙、十胜二桥将岛岸相连。

桃园

陈庵西侧为石舫，舫上置古戏台，供戏曲展示或票友活动。陈庵向北为清风阁，史载为北宋初期泰州知州曾致尧所建。凤凰墩下、清风阁边，即为藕花洲。凤凰墩上，建有来凤楼，与望海楼隔河相望。

陈庵　桃园的核心景点。位于桃花岛北，为明清时泰州建筑风格，前后三进，恢复原有部分两层楼架构，西侧建有一小花园。以文字、图片展示孔尚任、仲振奎以及泰州戏曲历史，作为戏曲文化三家村之一，与南北柳园、梅园遥相呼应。庵堂前后三进，局部两层架构，以文字、图片、古明清家具再现孔尚任出仕泰州治水期间寓居陈庵创作《桃花扇》的场景。清代戏曲家孔尚任出仕泰州治水，始荣后衰，落魄中寓居陈氏家庵（景中景），在此完成《桃花扇》稿。《桃花扇》剧借侯方域、李香君的儿女之情，表现了南明王朝的兴亡之根，构思和戏文均达到新的艺术高度，饮誉梨园。陈庵西侧岸边，建有水中画舫，舫上构置古戏台，以合孔尚任在泰州观戏的遗图。水陆相连，剧坛遗事，成为中国戏曲史的凝重板块。

附录：

陈庵记

清·孔尚任

陈庵者，在泰州之南城，州人陈氏侫

陈庵（孔尚任旧居）

佛所筑也。正楼五楹，左右折而为厢楼，又各二楹，如宫门之有双阙、城门之有两观。游者曰："嘻！壮矣！"予曰，噫！此已不壮矣。不见夫楼之额乎？门之榜乎？魏国公中山徐公之所题，而大宗伯华亭董公之所书也。一则勋贵盖当朝，一则翰墨擅海内。此两公者，皆不惜为之题且书，岂当日之陈庵即如今日之仅有此楼，而更无环堵以限内外，无扃枢以防盗宄，无别院、房寮、仓厨以妥淄众，无钟鼓以警昏晓，无松、桧、竹、卉之属以助清景、以供游客，而两公者即漫然为之题且书耶？岂陈氏之致礼于佛者，诸事可以不备，而但两公之题与书为亟亟耶？吾知必不然矣。

当日之规模虽不可见，每周行于楼旁之隙地，时得所为故井、遗灶及瓴甓、朽柱与夫破碎之什器，故知当日者必极其宏丽、极其周至。计无复加，然后计及于楼额、门榜。又计及此楼额、门榜者，非勋贵盖当朝、翰墨擅海内如徐、董公者，不足以题且书也。于是奔走数百里，托知交以达其意，赉金币以结其阍人，然后求之。既首肯矣，或待旬月，或往来数四，然后得之。既得矣，是斫是饰，又费不赀，然后悬之。悬之日，州人士咸集，啧啧赞羡，谓非此规模奚以当两公之题与书？非两公之题与书，又奚以称此规模也？嘻！陈庵之在当日，岂仅一楼之壮也哉！

今予来寓此楼，楼之上经与佛在焉，经、佛之外无有也。楼之下僧在焉，僧之外无有也。予虽不识所谓佛者，而时对其画像；不解所谓经者，而时披其文字；不习所谓僧者，而时资其茗果蔬粥。三者之外无所有，而亦无所感也。无端而有两公之题与书，见其题与书而俨然见环堵之崇峻，扃枢之严密，别院、房寮、仓厨之整洁，钟鼓之镗鞳，松、桧、卉、竹之森郁而茂美；又俨然见崇峻者渐以圮，严密者渐以败，整洁者渐以摧、渐以秽，镗鞳者渐以寂，森郁而茂美者渐以枯萎，蒸为菌，化为萤，而遂至于为丘，为墟，为道路，为菜圃、粪圊。噫！虽陈庵之楼仅存也，岂复有当日之壮哉！

予始至泰邑，尚不闻所谓陈庵者。有司为予安公廨，供张衾裯、饮食、盥漱之具无不全。旬日之间数易以新者。渐而怠焉，于其敝也，始易之。渐而厌焉，虽敝亦不复易矣。渐而恶焉，凡所安之公廨及供张之具，新者、敝者悉夺以去。予茫茫无所之，乃僦居于此庵。嗟哉！何予所遭之盛衰，与此庵之兴废若有相同者？闻释氏能空一切幻缘，其于身世盛衰兴废之故，皆冥然不问，宜也。独是两公之题与书，历数十年而徒存。其不学为释氏者，见两公之题与书而忽有感于身世盛衰兴废之故，亦能冥然居于此，付之不问也耶？

老街　位于桃园东侧，街长约600米。汇聚老泰州文化、民俗元素。北侧立牌坊，中设“皮包水、水包皮”落地铜雕，两侧分布着明清式建筑。漫步在青石板铺就的老街上、随处可见商铺门前的砖雕、砖饰、门枕石、门楼、透空花脊。青砖黛瓦、骑楼走廊、古式店铺，集饮食、民俗、历史等诸多文化于一身

泰州老街

的老街，再现了明清时期泰州的商贾文化，成为风城河风景区的重要组成部分。

梅兰芳纪念馆 位于泰州主城区凤凰墩上，三面环水，绿树成荫，风景雅致。景区分为入口区、梅兰芳坐像广场、史料陈列区、京剧知识长廊、仿古戏台、梅兰芳纪念亭及梅园区、滨河水榭、出口区等景点。入口区位于迎春路上。梅兰芳汉白玉雕像邻近入口区，以此为中心建成阶梯式广场。出口区由园林小筑、出口、梅苑牌坊、停车场等构成。史料陈列区重新布展，以史料陈列为主，运用现代声、光、电、影等多媒体手段进行资料展示。景区建有仿古戏台。京剧知识长廊展示京剧表演艺术方面的文字和图片。纪念馆西侧东城河畔建有滨河水榭，与望海楼、桃园、东河游园、滨河广场等景区组成风城河景观链。

碑苑 位于风城河畔，沿河边绵延百米的苍翠竹海之中，数十块迥异奇特的碑石上，分别镌刻着五代沿至当代的名人咏泰州的诗句精选，由本籍书法名家泼墨而就。放眼望去，竹海翠绿，碑嵌廊中，廊隐林中，漫步青石板上，畅游其中，品味诗词经典，感悟历史厚重，令人沉醉。

“都市隐唐甸 非遗文化村” 唐甸村，位于东风北路西侧，与苏中农副产品批发市场隔路相望，进村牌楼两侧建

梅兰芳纪念馆

碑苑

有微型景观，视野范围内，重点打造的综合游园、民俗文化展示馆、田园体验区、盐河风光带等空间尽收眼底，废弃的宁启铁路贯穿村庄，形成以积庆庵、老菜场、商业街、古戏台、名人故居等老庄台保护景点为主的游览线路，漫步村庄，既可探寻“非遗文化村”的历史渊源和人文积淀，又可尽情饱览“都市隐唐甸”的大美田园风光。

窑头万家园农场　位于泰州市海陵区阳光大道（麒麟大道、彩虹路、罡红线）北侧，占地200余亩，是江浙沪地区首家以果树盆景为主题的盆艺园。园内80多个大棚里错落有致地摆放着苹果、梨、海棠、葡萄、石榴、樱桃、桃等十余个品种40万盆盆栽，盆栽有大有小，价格从几十元到数千元不等。园内开通公众平台，采取会员消费模式，可根据客户要求，在一个盆栽里嫁接2至3种水果，满足需求多元化。

“都市隐唐甸　非遗文化村”唐甸村

农民正在培育草莓秧苗

孙金采摘园 位于海陵区北郊AAA级旅游景区麒麟湾景区内。麒麟湾景区占地面积2500亩，其中水面500亩。景区以绿为主题，以水为灵魂，融合卤汀河盐税文化、麒麟湾水乡风情、农家生活情趣等旅游元素，自然环境恬静、优美，是集现代高效农业与自然景观于一体的农业休闲观光景区，建有休闲垂钓中心、市民假日菜地、花卉苗木区、鲜切花基地、植物科普馆、农耕文化园等。孙金采摘园在占地5000多平方米的植物科普馆内，智能温室由玻璃组成，借助太阳能提高室内温度。园内的山芋、番茄、太空椒、火龙果、巨峰葡萄等植物大多形体巨大，水上和空中也栽培植物和无污染果蔬，可供游人观赏、采摘、现场品尝或选购。

其他业态

2010年，随着东部城区新一轮城市建设的兴起，街道现代服务业迎来了全新的发展机遇，先后引进汇成置业、鑫隆置业（世纪联华）、依云湾置业等知名企业和一批新兴行业项目落户城东。是年，占地面积7.27公顷的苏中农副产品批发交易市场开工建设。2016年，苏中农副产品批发交易市场二期（占地面积12.87公顷）开工建设。2019年，高新企业泰州油恒油气工程服务有限公司成立运营。2020年，街道启动现代服务业总部经济引领区、时尚体育文旅融合发展区两大功能区建设，新签约中漆文旅风景区、奥山冰雪世界等亿元以上项目14个；城东小学春晖校区、区公共卫生服务中心、全民健身大厦开工建设。2021年，北京盈科（泰州）律师事务所等企业总部落户城东；南通路商业综合体、珑泊湾群商名邸等2个亿元以上项目开工建设。2021年，街道规模以上服务业单位9个，用工

2021年城东街道规模以上其他服务业单位名录

表23

序号	单位名称	法人代表
1	江苏华威项目管理有限公司	马海兰
2	泰州市海陵区大开发房产经纪有限公司	庞建红
3	泰州市园艺场有限公司	刘永山
4	泰州苏中农副产品批发交易市场有限公司	肖卫林
5	江苏立信慧源房地产土地资产评估有限公司	钱德才
6	泰州油恒油气工程服务有限公司	张正林
7	泰州妇产医院有限公司	黄福藕
8	泰州丽祥商务信息服务有限公司	李　祥
9	泰州爱君商务信息服务有限公司	王爱军

人数1832人，营业收入53197.8万元，营业利润5366.7万元。

企业选介

泰州苏中农副产品批发交易市场有限公司 位于境内东风北路366号。南临古盐河，北依宁启铁路，占地面积100公顷，于2011年12月成立，经营范围包括农副产品批发、零售，蔬菜、水果初加工，仓储服务等，是集批发、零售、购物于一体的现代化集成化多功能商贸综合体。

泰州妇产医院（泰州妇女儿童医院） 集“医疗、保健、科研、教学”为一体，是二级甲等妇产医院，泰州市医保、新型农村合作医疗定点单位。医院占地面积30682平方米，医疗用房面积35000多平方米，规划建设新大楼5万余平方米。2021年有员工约500人，开设八个病区，开放床位300张。包括妇科、产科、儿科、不孕不育科、宫颈专科、内科、外科、产后康复科、新生儿重症监护室以及检验、病理、超声、放射等20余个医疗医技科室。

医院以“关爱妇幼，惟精惟专”为宗旨，坚持诚信立院、人才强院、科技兴院的发展战略，不断提升综合服务能力。“无痛分娩”“导乐分娩”“会阴无创接生”等技术，深受孕产妇青睐，“女性盆底功能障碍性疾病手术治疗研究项目”获得泰州市医学新技术引进三等奖。儿科和麻醉科联合开展的妇幼健康新技术项目获得泰州市第一周期妇幼健康新技术引进项目二等奖。

东风农贸批发市场（现苏中农贸市场）开工建设

第四篇　教　　育

城东自古兴学重教。1928年，泰县私立时敏中学诞生在境内。1952年成立的苏北泰州师范学校落户境域。1998年3月，泰州第一所高等教育学院泰州职业技术学院诞生于迎春东路。2006年，境内为泰州教育资源集聚地，涵盖高等教育、中等教育、小学教育、幼儿教育4个层次，泰州学院、南京师范大学泰州学院、南京理工大学泰州学院、江苏畜牧兽医职业技术学院、泰州职业技术学院、泰州机电高等职业技术学校、江苏省泰州中学等高、中等学校遍布境内。2012年后，随着市区南扩和行政区划调整，境内教育资源相应调整。至2021年，境内有高等院校3所，中学5所，小学5所，幼儿园10所，在校学生24741人，教师总数1581人。

幼儿教育

1956年创办的东坝民办幼儿园（后更名为城北幼儿园），是城东街道第一个幼儿园。智堡公社（东郊乡）部分大队办起常年幼儿班，多数生产队在农忙季节办起托儿所。1958年后，境内由街道、居民委员会主办的幼儿园有5所（西仓3所、下坝2所）。1967—1976年，街乡幼儿园、幼儿班、托儿所先后停办。1978年，幼儿教育事业逐步恢复和发展。1980年，境内各大队及大部分社办企业办起幼儿园，校舍一般是外借或附设在本大队小学内。2001年秋季，东郊乡有5所幼儿园：莲花幼儿园、文昌幼儿园、利民幼儿园、东郊幼儿园、朱庄幼儿园，入园儿童1500人，入园率85%，有教师46名，其中中等师范文化程度41人，高中2人，初中3人。2007年，全街道有幼儿园7个：莲花幼儿园、城北幼儿园、西仓幼儿园、金太阳幼儿园、美晨幼儿园、东郊幼儿园、朱庄中心幼儿园。新入园儿童1021人，入园率91%，有教师125名，其中大学本科3人，大专47人，中专师范70人，高中5人。2008年后，幼儿园由街道妇联、文化站统一牵头，各村（社区）领导、各园自主管理。课本、学时、学期均按上级统一规定。2021年，境内有幼儿园10所，入园幼儿890名，幼教老师和保育员116名。

幼儿园选介

海陵区希朗幼儿园 成立于2010年9月，位于海陵区春兰路鹏欣尚城36栋三层。2013年被确认为江苏省优质幼儿园。2021年，有12个班级、393名幼儿、48名教职员工。该幼儿园形成了独特的办园特色，先后被评为泰州市平安校园、泰州市绿色幼儿园、泰州市A级食堂、泰州市国土资源局法治文化宣传教育和测绘地理信息宣传教育示范基地，获海陵区园本教研二等奖，区年终考核一等奖。

大浦中心小学附属幼儿园碧桂园分园 坐落于泰州市海陵区泰渔路883号，

大浦中心小学附属幼儿园碧桂园分园

为江苏省优质幼儿园。该幼儿园以“快乐生活、快乐游戏”为办园理念，以“运动、健康”为办园特色，赢得了良好的社会声誉。园内环境整洁优美，设施配套齐全，设有多功能电教、美术、科学活动室，各班配备电子钢琴、空调、消毒柜、视频转换仪、电视机等教育教学设备。2020年，幼儿园有教职工85人，其中专任教师40人，大专以上学历36人，小学高级教师10人。2021年1月，该幼儿园入选2020年全国足球特色幼儿园名单。

泰州市大浦中心小学附属幼儿园 坐落于海陵区南通路300-42号，原名东坝民办幼儿园，创办于1956年。2008年6月被评为江苏省级优质幼儿园。2010年12月30日更名为泰州市大浦中心小学附属幼儿园，是泰州学院和南师大泰州学院的学前教育实践基地。2021年，幼儿园有小班6个，中班5个，大班6个，托班1个，幼儿606人。教职工69人。先后获得“江苏省巾帼文明示范岗”“泰州市平安校园”“泰州市最美校园”“泰州市绿色幼儿园”“泰州市教育工作先进集体”“泰州市学前教育先进单位”等称号，在海陵区学校管理考核中多次被评为优秀，园本教研工作曾获区级一、二等奖。

泰州学院第一附属幼儿园 创建于2000年，坐落于泰州市春晖路教工三村

泰州市朱庄中心小学附属幼儿园

内。毗邻人文气息浓郁的泰州学院，是一所规模较大、环境优美、设施齐全、管理规范、特色鲜明的省级示范性实验幼儿园。全园共有16个班级，500名左右幼儿。

泰州市朱庄中心小学附属幼儿园 创办于2011年9月，坐落在泰州市海陵区城东街道泰渔路，为江苏省优质幼儿园。该幼儿园以“让每一个孩子都能获得幸福童年”为办园宗旨，把“用爱养育，用心教育”的办园理念贯穿于保教全过程。2021年，全园有幼儿78人。教职员工28人，其中高级教师1人，一级教师2人，二级教师14人，市名师工作室成员1人。

唯斯顿·明己（蒙特梭利）幼儿园 成立于2010年，坐落于东风北路金通梅园二期内，是一所私立幼儿园。幼儿园环境优美、设施齐全，配备多名外教老师。2021年，全园共有7个班级、175名学生，3名园长，38名教职工。

泰州市海陵区凤凰幼儿园 创办于2018年8月，坐落于育才路37—68号（宫涵花园南区），是一所省优质幼儿园。幼儿园有大、中、小班共计13个班级，可容纳400多名幼儿，在职专业老师30名。幼儿园秉承“缤纷童年　筑梦未来”的办园宗旨，以“传承、融合、创新”为办园理念，以儿童的“主动学习、实践探索、游戏活动”为主要的学习方式，将游戏作

华德琳幼儿园

为幼儿在园主要活动。

泰州市海陵区华德琳幼儿园　成立于2016年7月15日，坐落于泰州市海陵区南通路388号茂业·豪园10栋。2021年，幼儿园有14个班级，幼儿425人，教职员工58人。幼儿园秉承“自主成长，体验快乐”的办园理念和“发展孩子、服务家长、成就教师”的办园宗旨，以培养幼儿良好社会品质为中心，重视幼儿自主、平等、诚信、合作等方面的教育。

小学教育

1956年，境内有小学2所，分别为城东辅导区的鲍坝小学、东街辅导区的智堡小学。1967—1976年，中心校辅导区布局打乱。1979年，智堡小学、鲍坝小学划归为教育部门办的小学。1981年，东郊被划为重建的6个中心校辅导区之一，原智堡小学改为东郊中心校。1985年初，朱庄等乡划归泰州市管辖，一同划入11所小学，相应增设朱庄等中心校与辅导区。1987年，撤销东郊辅导区，改设渔行辅导区，原东郊中心校改为泰州师范附属小学，单列。同年，泰州师范附属小学等3所学校在全市59所小学中单列，其余学校分布在10个辅导区。境内有2个辅导区，城东辅导区：鲍坝小学；朱庄辅导区：朱庄、朱南、朱东、麒麟、唐甸、解楼、魏垛、孙垛、窑头、采葵、中桥小学。此后随着行政区划调整，境内小学有所变动。至2021年，境内有小学5所：智堡实验学校（小学部）、渔行实验学校（小学部）、大浦中心小学碧桂园校区、城东小学春晖校区、育才实验学校。

小学选介

大浦中心小学碧桂园校区 位于泰渔路883号（碧桂园住宅区内），由泰州碧桂园房地产开发有限公司承建，作为公益教育无偿交由政府管理。碧桂园小区是全日制学校，包含幼儿园、小学、中学、体育馆及卫生站五个主体，占地面积约6万平方米，总建筑面积约2.4万平方米。2021年，学校有班级18个，学生586人，教职工65人。

城东小学春晖校区 位于迎春东路8号，于2018年9月建成，为泰州市击剑队少儿训练基地、海陵区青少年乒乓球训练基地。学校以培养具有“健康、真诚、静思、坚韧、大方”品质的学生为目标，要求学生德智体美劳全面发展。拥有“文明护照”“图书漂流”“平安果”“学校农场”等特色品牌；击剑、乒乓球、花样跳绳、篮球等为学校体育特色专业，乒乓球、击剑等项目在省运会上获得较好成绩。2021年，共有35个班级，

大浦中心小学碧桂园校区

其中，一年级10个班，二年级7个班，三、四年级各8个班，五、六年级各1个班，学生1523名。教职工105人。

泰州市海陵区育才实验学校 位于海陵区泰渔路883号（泰州市海陵区碧桂园新城），临近京沪高速、328国道、宁启铁路的交会处。该校是深圳市星辰教育集团兴办的一所高端民办性质的九年一贯制义务教育寄宿学校，系海陵区引进的优质教育资源。学校按江苏省义务教育学校“I标”在各教室配备数字一体机、录播机、数字实物展台组成的现代多媒体教学平台；物理、化学、生物、小学科学等实验室，多功能报告厅、语音室、慕课室、科创室、图书室、音乐室、美术室、舞蹈室、电脑室、室内体育馆等功能室及设施设备一应俱全。2021年，学校共有学生684人、教师167人。

中学教育

1928年，境内成立一所私立中学，经中央大学核准，私立时敏中学（泰州第二中学前身）成立，陈兆琛为校长，分初、高中两部。1941年，泰县县城被日军侵占后，时敏中学仍留在县城。抗日战争胜利后，时敏中学迁至平民工艺厂旧址，在时敏原址另建省立泰州中学。泰州解放前夕，时敏中学为城区所有的9所中学之一。1949年5月，时敏、扬子江、淮南3所私立中学合并，建立泰州私立联合中学（后改名为私立泰州中学、市泰中）。

1965年，创办果场农业初级中学，1967年，果场农业初级中学迁址至东郊炕坊北侧新址，并改名为泰州市东郊工农初级中学。1972年，泰州纱厂等4家企业合办泰州市第六中学。1974年，东郊工农初级中学以及纺机厂、二布厂、水泥制品厂所办学校并入市六中。1979年，市二中（原市泰中）作为完中被列为市重点中学；市六中为初级中学。1981年，初级中学依所在地改名，市六中改名智堡初级中学。1985年，朱庄乡划归泰州市管辖，境内增加农村地区朱庄初级中学1所。此后区划调整，境内中学有所变动。至2021年，境内有中学5所：泰州市第二中学（高中）、泰州市智堡实验学校（初中）、泰州市渔行实验学校（初中）、泰州二中附属初中，共有学生8675名，教职员工620多名。

中学选介

泰州市第二中学　发源于北宋胡瑗讲学的安定书院，始于清光绪二十八年（1902）的泰州学堂，曾先后改名为时敏中学、扬子江中学等。2017年，搬迁至迎春东路9号新校区（原省泰中校区），2018年晋升为江苏省四星级高中。学校占地218亩，建筑面积6.18万平方米，2021年，有教职员工211人，专任教师208人，教学班45个，学生2475人。学校先后获得江苏省文明校园、江苏省智慧校园等称号，是全国中小学德育工作典型学校、江苏省基础教育课程教学改革重大

泰州第二中学

项目基地学校、江苏省中小学艺术教育特色学校、泰州市高品质示范高中建设学校。

泰州市第二中学附属初中 位于市区东风南路558号，占地面积80余亩，建筑面积3万平方米，为现代化新型学校。学校以培养“现代人、文明人、成功人”为目标，坚持立足课堂，着眼整体，发挥一流设施、优质师资的优势，强化双语教学特色，形成独具特色的办学风格，先后获得“全国艺术教育特色单位”“全国百佳创新型学校”“江苏省示范初中”“江苏省科技教育特色学校”“江苏省体育教育工作先进学校”等称号。2021年，学校有51个班级，在校学生2400多人，正式在编教职工208人，其中全国优秀教师1人，市、区有“突出贡献”的中青年专家2人，市级名教师2人，市“311”工程培养对象5人，区“213”工程培养对象12人，中学高级教师68人。

泰州市智堡实验学校 由原泰州市智堡初级中学和原泰州师专附属小学组建而成，位于海陵区运河路88号，占地面积133亩，建筑面积4.51万平方米，总投资约1.6亿元，是海陵区2011年为民办实事重点工程之一。学校建有5000多平方米的大型地下停车场，新校舍抗震系数达到8级。有初中部教学楼2栋、小学部教学楼3栋，初中部和小学部相对独立，各自教学楼之间用6米多宽的风雨连廊连接。此外，有600个座席和200个座席

泰州市智堡实验学校

的报告厅各1个，初中部、小学部各建有综合实验楼1栋。学校规模为初中部、小学部各8轨（每个年级有8个班），72个班，可容纳3600名学生就读。学校有教职工175人。

泰州市渔行实验学校（二附中北校区） 由原泰州渔行初级中学、泰州渔行小学于2007年3月组建而成，坐落于泰朱路板桥河东43号。其历史可以追溯到创建于1928年6月的泰县第一学区渔行庄初级小学校。2010年8月搬入新校区，2011年8月，原泰州朱庄初级中学并入，分别设初中部和小学部。2021年，学校初中部有6个教学班，教师28名，在校学生近200名。

中等教育

泰州市体育运动学校　位于海陵区春晖路100号，占地面积100亩，是泰州市唯一一所普通中等体育专业学校，是国家体育总局、省体育局确定的全国和全省高水平体育后备人才基地。学校开设柔道、射击、乒乓球、足球、田径、空手道、摔跤、举重、拳击、击剑、橄榄球、赛艇、皮划艇、网球、游泳、自行车、散打、橄榄球、羽毛球、电子竞技共20个运动项目。

学校先后培养出第23届奥运会男子举重亚军周培顺，2007年举重世界冠军袁爱军、散打世界冠军于锦，2010年女子摔跤世界杯团体冠军成员贾梅，2011年亚运会女子佩剑团体冠军成员朱敏，

泰州市体育运动学校

2018年雅加达亚运会女子佩剑冠军钱佳睿等优秀运动员。学校每年向国家队、省队及高等院校批量培养输送高水平优秀人才，成为名副其实的高水平体育后备人才储备基地。

2021年，泰州市体育运动学校新建建筑面积2.73万平方米，是集训练、比赛、教学、体育科研及大众健身休闲于一体的综合体育训练基地，学校有教职工75人，在训运动员1100余人。

泰州市体育运动学校开展足球对抗练习

高等教育

1952年，苏北泰州师范学校成立，为城东境内第一所师范学校，后更名为泰州师范学校。1998年3月，境内诞生泰州第一所高等教育学院——泰州职业技术学院。2006年，泰州学院、南京师范大学泰州学院、南京理工大学泰州学院、泰州职业技术学院、江苏农牧科技职业学院等高校落户境内。2012年后，随着市区南扩和区划调整，辖区教育资源相应调整。2021年，街道辖区内有高等院校3所：南京师范大学泰州学院、江苏农牧科技职业学院(迎宾校区)、泰州机电高等职业技术学校。

高等教育院校选介

泰州机电高等职业技术学校　创办于1982年，位于迎春东路3号，为国家中等职业教育改革发展示范校、省高水平现代化职业学校、江苏省现代化示范性

泰州机电高等职业技术学校

职业学校、江苏省中等职业学校领航计划建设单位。学校占地204亩，实训基地建筑面积2.4万平方米，学校设有机电工程系、信息工程系、经贸管理工程系、汽车工程系和现代服务系等不同层次类型的专业近20个，2021年，学校有班级82个，在校学生2921人。在编在职教职员工206人，其中硕士研究生占比近40%，“双师型”教师占专业专任教师比例约为94%，高级职称占37.4%，省职业教育领军人才6人，省级名师工作室5个，市级名师工作室1个。学校建有智能制造与控制技术、信息技术现代化实训基地2个，省技术及网络技术、机电一体化技术五年制高职、省中职会计电算化现代化专业群3个。2021年，机电一体化技术获省五年制高职高水平专业群立项建设项目。

江苏农牧科技职业学院（迎宾路校区） 位于泰州市海陵区迎宾路58号。原名江苏畜牧兽医职业技术学院，是经江苏省政府批准设置、教育部备案的省属公办全日制高校，隶属江苏省教育厅，该校秉持的校训是“修德弘毅，励学尚能”。

学院前身是1958年成立的泰县农业中等技术学校。1995年4月，改名为江苏省畜牧兽医学校。2001年6月，学校升格为江苏畜牧兽医职业技术学院。2007年11月，学院位于凤凰东路8号的校区一期工程建成。2010年，学院成功申报国家示范性（骨干）高等职业院

江苏农牧科技职业学院（迎宾路校区）

校。2013年3月，更名为江苏农牧科技职业学院。学院迎宾路校区占地68亩，建筑面积1.66万平方米，有实验室9个，电教室1个。学院凤凰路校区占地面积4300亩，建筑面积51万平方米，形成以凤凰路校区为主体、以现代畜牧科技示范园和江苏倍康药业有限公司为两翼的“一主两翼”办学格局。2021年，在校生近15000人，外国留学生近100人。学院建有各级各类实验室90多个，建有4个省级研究机构，院内实训基地7个。图书馆藏书102万册。有教学科研仪器设备总值1亿元，签有产学研合作协议的校外实习基地70个。

泰州职业技术学院　泰州职业技术学院原址位于泰州市迎春东路8号，是全国第一批14所全日制高等职业技术院校之一，也是泰州境内第一所高等院校。学院前身可追溯到1958年成立的泰州医学专科学校（后更名为泰州卫生学校）。1985年6月，泰州市机械局、电子局、化工局3所行业局办职工大学合并成立泰州市职工大学。1998年3月，成立泰州职业技术学院。2000年8月，泰州卫生学校整体并入泰州职业技术学院。学院设有医学院、智能制造学院、经济与管理学院、信息技术学院、药学院、建筑工程学院、艺术学院、马克思主义学院、继续教育学院和基础科学部等9院1部，设置专业47个（实际招生40个）。

2016年9月，学校整体迁入泰州中

南京师范大学（泰州学院）

国医药城新校区。

南京师范大学泰州学院 坐落于江苏省泰州市东风南路518号。成立于2004年6月，是经中华人民共和国教育部批准设立，由国家“双一流”建设高校、江苏高水平大学建设高校南京师范大学和泰州市人民政府共同举办的全日制普通本科高校，校训为“蕴德论道，励学力行”。学院获学士学位授予权，2015年，成立南京师范大学泰州学院管理委员会。

学院占地面积66.10万平方米，下设12个二级学院，有经教育部备案的48个本科专业，培养经、法、教、文、史、理、工、农、管、艺等学科门类应用型本科人才。其中，小学教育、生物技术、数学与应用数学三个专业被确定为江苏省一流本科专业；一门课程入选江苏省首批一流本科课程建设项目；工商管理、计算机科学与技术、通信工程、行政管理、英语等专业被评为江苏省独立学院星级专业。

第五篇　城东印记

城东境内历史遗存众多，有宋、元、明、清时期遗留的古盐运河、新城遗址、坝桥遗迹、古寺古庵、凤凰墩等，还有名人墓葬遗址、墓志经幢、陶瓷、服饰等。城东也是个英雄辈出的地方，红色人物、红色故事激励着一代代城东人。学习红色人物的精神，学习优秀传统文化，为建设幸福城东作出贡献，已成为城东的一项重要工作。

遗址遗迹

遗址

古运盐河泰州段遗址 位于南门外，西自泰西界沟，东至泰东纪庙，总长约12千米，境域内长约2千米。运盐河原为西汉初年吴王刘濞开凿的邗沟支道，自汉至近代不断疏浚，至2021年仍能通航。

新城遗址 位于古城北近3千米处，始筑于南宋端平年间（1234—1236），又名堡城。元至正十三年（1353），张士诚攻下泰州后占据新城，在城内设义兵元帅府及州治。至正二十五年（1365），新城被朱元璋部将攻破，遭极大破坏，2021年地面仅存部分城濠及由州治改建的土地庙（夏思恭祠）。

红庙 位于市区莲花五号小区西门外，葫芦岛北侧，面积不到一亩地的小园林，即莲花池古红庙遗址。《民国泰县志稿》记载："莲花池，在城东十里，今俗呼红庙。"民国泰州学者夏耐庵的《吴陵野记》中说道："莲花池……今其地有水源庵，俗呼红庙，即李庭芝抗元纪念处也……"。凤凰街道编写的《古镇塘湾人文事略》一书有关"三忠祠"介绍道："三忠祠位于塘湾老通扬河北拐弯处，又名'红庙'……"

红庙占地20平方米，约400平方米，庙门正对拐弯向南的运盐河。前后二进，前进3间平房，后进3间楼房，东西厢房各4间。1931年后，楼下大殿右边供奉三名忠将牌位：忠贞将李庭芝居中，忠节将姜才居右，忠勇将孙虎臣居左。牌位立于高1米、宽0.5米的神台内。神台上方有刷金如意头，下方有供桌。民国时期，江苏省教育厅曾向红庙（三忠祠）撰赠祭联"碧血映莲花，铁甲翻飞犹战斗；芳池树芝草，金瓯残缺仗扶持"，同时赠送"三忠"画像一幅及"三忠祠"庙额。从此，红庙成为人们祭祀三位英雄的"三忠祠"。

抗日战争前，红庙部分场地一度作为村中孩童读书之用。20世纪80年代初，红庙庙产移交时，庙中七件文物交给泰县文物所（现藏于姜堰博物馆）。

民国泰县县政府旧址 1944年春天，苏鲁皖游击总指挥李明扬率部由泰州城退守进驻唐甸积庆庵，设“泰县国民政府”及其部门的办公场所，后殿设法院。1949年5月，积庆庵整合为“联合学社”。1950年经泰县文教局批准，“联合学社”改为“泰县唐甸小学”。1970年，学校整体搬迁，改为粮站。2009年8月，唐甸村民捐资复建积庆庵。

鲍家坝 又名鲍坝。明《万历泰州志》记载：“东河，州治东三里，通北运河。”“东河坝，又名鲍家坝。”元朝末年，泰州城南的长江水系发生了巨大的变化。明洪武二十五年（1392），朱元璋命人在泰州护城河的北岸中间河、草河及城东的老东河上分别垒筑西坝、东坝和鲍坝，将上下河分隔开来。鲍家坝原先只有稀稀疏疏的几户人家，随着贸易的繁荣，除了食盐要从泰州运出，里下河地区的棉花、粮食和江南地区的陶瓷、小商品也要经过泰州运往江南，鲍家坝商贾云集，人如潮涌，来往船只越来越多。鲍家坝屡倒屡建。嘉庆十八年（1813）因洪水决坝，再筑；道光元年（1821）七月复决，再筑。鲍家坝挡住了江水，但干旱时也给里下河灌溉带来了影响。光绪六年（1880），夏旱，鲍坝附近庄民要求开坝，以便灌溉。未几日，遇上大雨如注，坝决数丈，水势奔腾，乡民连夜抢堵，然已冲倒斜桥，靡费无数。1923年，坝又崩决，钉桩堵闭。1954年，在坝北加固土坝，鲍坝坝体顶宽达7米、坝高6.1米，坝长39.5米。其后堵闭不开。1996年，为改善水质，市水利局改鲍坝为闸，于1997年12月建造一座5米空径节制闸，将东城河

民国泰县县政府所在地旧址积庆庵

2005年建成的新迎春桥

水引进老东河，增加第一自来水厂的供水水源，改善城河水质。

2005年，投资6000多万元实施拆坝（鲍坝）建桥（迎春桥）工程，贯通东西城河、北城河与南城河，城区河流全面畅通。

迎春桥 该桥在泰州古城东门外凤凰墩前，原为南北向的砖拱桥，1987年

老迎春桥

拓宽道路时移位重建，改为东西向的水泥桥，亦称“银针桥”。据地方志记载，有一种称作“打春”的习俗，每逢立春日（一说立春前一天），州府的官吏都要到东门外举行鞭土牛、迎芒神的迎春仪式，劝农耕稼，祈祷丰收。因为“打春”者和前来看热闹的群众都须从此过桥，故称此桥为“迎春桥”。清《海陵竹枝词》有诗咏之曰：“迎春桥畔看迎春，五色春鞭簇簇新。预卜来年丰且乐，土黄牛傍白芒神。”2005年，打通土坝，拆除旧桥，新建长190米、宽35米，横跨东城河的迎春大桥。

官道石桥 位于古泰州“东大门”的鲍家坝，原名土山庄。土山庄有座石桥，石桥没有名字，因处于官道要塞上，故名

官道石桥旧址

官道石桥，是邻县商贾往来泰州的必经之桥。所谓官道就是海陵至姜堰之间的道路总称，又称姜泰上官路。

据说石桥的修建与明代工部右侍郎徐蕃分不开。徐蕃是明弘治六年(1493)年进士，为官正直，居官清介，初授南京礼科给事中，明武宗登基后，被“逮系诏狱、廷杖除名”，后复被起用，为江西参议，擢浙江提学副使。徐蕃被重新起用，族人欢欣。其子徐嵩借此大兴土木，重修府邸，以彰显官宦人家风光。远在浙中的徐蕃得知消息后连夜赶回，制止施工。徐家地处鲍家坝河附近，当时坝河上只有一座木板桥，每天人来车往，络绎不绝。因为桥面窄，影响交通，徐嵩决定用造府邸的钱造一座石桥，并亲自到江南采买石头，每块石头长约2米，宽70—80厘米，高20—30厘米，足足装六大船。运到泰州，单就石头从鲍家坝外河驳下来就用了月余时间。石头运回来后，徐嵩从泰州各地召集石匠、民工花了半年的时间修建了一座长15米，宽2米，桥头带水槽，两辆牛车可以会车的拱形石桥，给东台、海安、姜堰和泰州的百姓出行带来了便利。石桥在泰州档案里有记载。20世纪50年代，石桥被拆除。1973年开挖白马河，鲍家坝河连同石桥遗址被填平。2010年，在鲍坝河原址上兴建金东梅园住宅区，鲍坝石桥也改成了鲍坝闸，但人们还是习惯称这个地方为“石桥”。

进善桥 位于街道唐甸村，连通积庆庵。其前身是一座普通的木桥，因经年往来朝拜上香的香客较多，木桥失修毁损。1936年，泰州有部分城墙倒塌而无力修复，城防司令部便从唐甸村抽调了一批壮丁去拆墙，分到一批城砖。香客们用木船把这些砖拉回来，集资请专家设计并建造一座长约7米、宽约3米的独拱砖桥，整座桥身没有桥墩，只有一个拱形的大孔，高高地横跨在河面上，与水中倒影形成“满月中天”，因与积庆庵相通，取名为“进善桥”。此桥面略有弧度，南北各有十二级坡度很小的台阶，中间是平坦的正方体，正方体的中央安放一块方方正正的“安桥石”，两侧的桥栏，用砖砌至70—80厘米高，再用18块长方形的大石头铺排，桥栏墙壁外侧的正中，雕刻有“进善桥”和“民国十九年建”的字样。进善桥历尽沧桑，现已被一座宽阔平坦的钢筋混凝土大桥取代，“进善桥”三个大字依然镶嵌在桥栏上。

进善桥

万善寺 位于孙金村内孙家垛自然村东南侧，原名万善庵，现名为万善寺，俗称孙垛大庙，建于清末时期，由正殿主房和庙前观音宝像广场两部分组成，总占地面积约2000平方米，房屋建筑面积约800平方米。2017年9月在广场以天然石材建成高6.19米如意轮观音一尊，底部配有水池和莲花宝座。

万善寺

古东山寺 旧名“东山长乐教寺”，又名“东明寺”和“东禅寺”，始建于唐大中年间（847—860）。明清两代列泰州九大丛林之一。《崇祯泰州志》载：“东山寺，旧名东山常乐教寺，东门外。唐大中年建。”寺址本在东门外迎春桥东北土山庄（城东街道鲍坝社区）徐家山子处。东山寺原有殿宇和寮屋、庑厢33间，主体建筑为山门殿、大雄宝殿和张王殿。规模虽不大，却也远近闻名。寺前西南角有水井一口，名“廉贞”，为泰州古七星井之一。1956年，东山寺改为鲍家坝农业生产合作社。1978年，寺屋拆除。后在原址及周边建设建梅苑小区，现仅存“古东山寺”的白矾石匾。

迁址重建的东山寺

凤凰墩　位于泰州东门，三面环水。凤凰墩不是自然形成的土墩，相传是南宋时为了抗击金兵侵犯，将城外夹河挖深加宽，泥土就地堆积起来，后来不断挖深挖宽，堆积在土墩上的土越来越高，像小山一样，天长日久土墩上长起了树木花草，成了百鸟群居之地。相传明朝嘉靖年间，土墩原归一龚姓财主所有，于是人们把土墩叫作龚家墩。墩旁有个村落，住着一户叫张济民的老医生，老医生家有一独生女儿叫凤凰，聪明伶俐的凤凰跟父亲学得一手采药治病的好本领。有一年，龚家墩附近48个村瘟疫蔓延，凤凰姑娘为拯救乡邻，历尽艰辛，远赴海岛找到了秘方中记载的草参，回来解救了众多病人，自己却被雷电击倒在龚家墩下，于是，人们把凤凰姑娘埋藏在墩下。为纪念她，就将此土墩改名为凤凰墩。

附：

凤凰墩赋

清·潘鸣凤

海陵之邑，文献之邦。甲第缠联而继美，英才辐辏以宏长。麟麟炳炳，斋斋皇皇。说《礼》称《诗》，固君师雅化而成俗；握瑜怀瑾，亦川岳钟秀而降祥。间阅舆图，博观州志。黉宫之中，圜桥之际。四围华表，嵌玉石以涂朱；一道清流，分淮澜以绕翠。植以芹藻，间以荷芰。环抱一墩，巍

凤凰墩

峨孤峙。岂夙号鹦鹉之洲，即今名凤凰之地。名何取也？意有在焉。念九苞之呈异瑞，兆二仪之产英贤。故欲与紫庭而并著，因思与丹穴而同观。宁昔有授玺衔图之遇，今反无栖梧食竹之缘？爰培龙门之万株，种卫滨之九亩。霞蒸日映，球琳之实同珠；雨护烟迷，碧玉之柯若堵。待双鸾之将翔，会百禽而聚舞。千仞其来，五珍可睹。似此呼名，非乐闻于弃世之辈；如斯称谓，或得慰乎忧时之人。若夫杨震开堂，与融设帐，接引而来，攀援而上。义理阐扬，诗歌跌宕。文峰在前，罗浮在望。翠岚则驼岭霏微，沧波则西湖荡漾。烟火千家，云山万状。巷诵途吟，樵讴牧唱。闻见豁然而新，心神悠然而旷。乃知堤杨岸柳，莫非染艺苑之宫袍；井李山桃，尽是出杏坛之支派。信毓秀于此墩，媲钟灵于泰岱。洵名胜之大观，实斯文之攸赖。

遗迹

三里墩 鲍家坝的三里墩是烟墩，即烽火台，相传建于明代。地处黄海之滨的泰州，担负着重要的海防任务，沿途有官兵防守。为了及时传递敌情，在姜泰官路上设有烟墩，而鲍坝的三里墩就是其中之一。三里墩距当时泰州东城门约4.5千米。

三里墩按照明朝规定修建，由砖包砌，呈方形，高四丈许，四周有围墙，围墙内有一井。台上竖有旗杆，白天升旗，夜间悬灯，还配有信炮、火把、铜锣响器、劈柴用刀、火石、火种等。“传报得宜克敌者，准奇功。违者处以军法”。明嘉靖年间（1522—1566），倭寇侵扰频繁。一个深秋的雨夜，倭寇化装成渔民潜进村子，值守三里墩的李大福发现后连忙举起红灯笼示警，被敌人的利箭射中，他咬牙一手抓住身边的旗杆，一手高擎着红灯笼，此时巡夜的李二福也发现了敌情，连忙敲响了铜锣，李三福见大哥受伤连忙上去接过红灯笼高高举起，这时城内官兵看到红灯笼、听到铜锣响，一齐冲杀出来，赶走了倭寇。李大福由于伤势过重不治身亡，被厚葬在烟墩旁。泰州府为了表彰李氏三兄弟，就把烟墩命名为“三李墩”，后来又由于此烟墩离东城门三里左右，墩名就演变成“三里墩”了。

亭馆建筑

梅兰芳纪念亭 位于东河风景区凤凰墩上。1984年，为纪念梅兰芳诞辰90周年时兴建，为泰州市文物保护单位。亭为梅花形，五角尖亭式，灰色筒瓦屋面，下内侧绣《贵妃醉酒》《霸王别姬》《宇宙锋》《穆桂英挂帅》《洛神》5组梅派代表剧目图案。南立面檐下悬赵朴初题“梅兰芳纪念亭”匾额。亭平面、天花、立柱、柱础、吴王靠及挂落等，多以梅花形成梅花图案。

梅兰芳史料陈列馆 位于东河风景区，系1987年拆迁市区儿座明清建筑组合而成，占地2800平方米。该馆坐北朝南，大门3间，前檐高悬时任国家主席李

矗立在三里墩遗址上的原江苏泰州职业技术学院教学楼（迎春路校区）

梅兰芳纪念亭

先念题“梅兰芳史料陈列馆”红底金字匾额。进门厅过草坪，为单檐歇山的花厅，花厅北面为水榭平台，平台前有自然弯曲的清池一泓，池西由南而北有3个展览室。第一室硬山屋面，面阔3间，抬梁式结构，圆作，蜀柱处安荷叶墩、斗，脊标安抱梁云、山雾云等雕刻构件，用材粗大，为明代建筑移建。第二室、三室皆面阔3间，硬山屋面，穿斗式结构，扁作，月梁，属明末清初式建筑。池东为仿古长廊与半亭。池北一片草坪，草坪北面建带有月台的9脊单檐歇山正厅3间，前带4桁船形卷棚，两侧增以走廊。梅史馆花厅中有“梅兰齐芳”巨幅木雕画屏，四周悬挂梅兰芳与毛泽东、周恩来、斯坦尼斯拉夫斯基、卓别林等合影的大幅照片。3个展厅展出有关梅兰芳的文物资料，正厅一侧小舞台有《霸王别姬》彩塑。

古墓

徐蕃墓　位于城东街道鲍坝社区。1980年发现、清理。墓坑面积约7平方米，系6面浇浆木椁墓，一椁两棺。墓主为明南京工部右侍郎徐蕃夫妇。出土石质地券1方、不腐尸2具及裹尸花袋与随葬衣饰80余件，其中八宝花缎空绣孔雀补服与素缎织麒麟补服均为珍品。

徐家山子　位于城东街道鲍坝社区。山子，在泰州是指墓地的意思，故徐家山子，就是徐家的墓地。徐家山子原建有东山寺，明嘉靖十二年（1533），邑人保定知府徐嵩、南京都察院照磨徐岱兄弟认为寺址风水好，出钱买寺址，作为他们父母徐蕃夫妇的墓地。寺院则迁建至原址之南约二百米处。徐家山子除徐蕃夫妇的合葬墓外，还有十三个山子那是徐蕃的后代徐耀（音）的山子。之所以有十三个山子，据传徐耀遭奸臣陷害，当时皇帝一怒之下错杀了徐耀。后皇帝得知真相为时已晚，为表示对忠臣的抚慰，皇帝命金匠给徐耀铸一个金头。金头随徐耀遗体安葬，后人怕被人盗墓，于是就给徐耀做了十三个山子，到底金头在哪个山子里，至今无人知晓。徐家山子因有明代徐蕃夫妇墓，又有传说中徐耀的十三个山子，故人称“徐家山子”。

刘湘墓　位于城东南护城河南岸，口（岸）泰（州）公路北侧。基坑面积约7平方米，为六面浇浆的木墓，一椁两棺。墓主为明处士刘湘及妻丘氏。出土文物有金质地藏菩萨、明宣德款青花六棱瓷盖罐、白地铁锈花瓷盖罐及墓志铭2块。另有丝织品服饰50多件。

墓志

唐朱府君墓志　1950年出土，1985年从东郊鲍坝村村民家中征集入藏。一盖一铭，青石。盖覆斗形，长47.9厘米，宽48.9厘米，上刻“朱府君墓志铭”6字，四周阴刻牡丹花纹。志长46.2厘米，宽45.5厘米，题为“唐故前守右卫率府翊府翊卫吴郡朱府君墓志铭并序”，志文楷书24行，每行24字左右，内容较完整。藏泰州市博物馆。

唐朱府君陆夫人衬葬墓志　1982年东郊友谊印刷厂门前出土。一盖一铭，青石。盖覆斗形，长宽均为44厘米，刻“陆氏夫人合衬墓志铭”3行9字篆书，四周刻牡丹花纹。志文楷书22行，每行20字左右，其中部分字迹不清，340余字可读。题为“故朱府君陆夫人衬葬志文并序”。藏泰州市博物馆。

经幢

陁罗尼经经幢与陀罗尼经经幢，出土于城东街道鲍坝社区农田内，为寺庙遗物。陁罗尼经经幢八棱形，残高39厘米，对边宽25厘米，刻楷书经文，残存45行，行19至29字，字迹清晰，无纪年题记。从字体、刻工及造型看，为宋以前遗物。陀罗尼经经幢八角形，残高29.5厘米，对边宽38.5厘米，镌于南唐昇元五年（941）。前面部分文字有凿损伤痕。两经幢现均藏泰州市博物馆。

陶瓷服饰

陶瓷

南宋黑瓷剪贴云龙纹盏　1983年，东郊公社高桥大队一布厂工地出土。口径12厘米、底径4厘米、高5.3厘米。唇口微外卷，深斜腹微鼓，矮圈足，足心下突，灰白色胎，刷棕红色化妆土，外施黑釉不及底，内壁满釉。釉色乌黑发亮，胎釉结合紧密。盏内饰剪贴云龙图案。2条行龙张口怒目盘旋于3朵变幻的云朵间。花纹呈窑变彩釉，在黑釉地上鲜明夺目，剪纸花纹采用写意表现手法。藏泰州市博物馆。

元白瓷宝相花罐　1967年东郊凤凰墩出土。罐高30厘米、腹径33厘米。唇口微外卷，上腹外鼓，下皮斜收，内壁满施黑釉，外壁施白釉。腹部画4个开光海棠图形，内各绘1朵宝相花，花纹黑褐色，造型与绘画风格粗犷豪放。藏泰州市博物馆。

明青花瓷六棱盖罐　明刘湘夫妇墓出土。通高21.8厘米、口径8厘米、腹径16厘米、底径9.5厘米。六梭形带盖，造型丰满，胎质灰白，釉质肥厚，饰回纹、如意纹、仙鹤、荷花、水草、蝌蚪及变体仰莲图案。底有“宣德年制”双线方框青花款。藏泰州市博物馆。

服饰

明八宝花缎空绣孔雀补服　徐蕃夫妇墓出土，为徐蕃所着葬服。浅棕色提花软缎，盘领右衽，宽袖。长147厘米，通袖长233厘米，袖宽50厘米，腰围186厘米，下摆围443厘米，四合云花绸里。前胸与后背各缀补边长39厘米的空绣孔雀补子，补子上绣一对飞舞的孔雀，其间衬以祥云。藏泰州市博物馆.

明花缎半臂　徐蕃夫妇墓出土，为徐蕃所着。浅棕色提花软缎，织八宝花，交领右衽，短袖，有宽14厘米的豆黄色素调护领。通长130厘米，袖宽39厘米，腰宽75厘米，腰围445厘米，下摆宽175厘米。藏泰州市博物馆。

明素缎织麒麟补服 徐蕃夫妇墓出土，为徐蕃妻所着。棕黄色、盘领右衽，宽袖。长124厘米，通袖长220厘米，腰围168厘米，下摆围313厘米。前胸与后背各缀补边长32厘米的浅玉色织麒麟补子，补子中间为麒麟，上部为云纹，下部为海水、山峰、双胜、如意云、银锭等纹样。藏泰州市博物馆。

明素绸丝棉背心 徐蕃夫妇墓出土，为徐蕃妻所着贴身内衣。衣长55厘米，腰围82厘米，后背缝5枚银质厌胜钱，钱文分别阴刻“风调雨顺”“天下太平”“国泰民安”“极乐逍遥”“早升仙境”。藏泰州市博物馆。

明凤凰牡丹花缎裙 徐蕃夫妇墓出土，为徐蕃妻所着最外一层葬服。裙长93厘米，腰长126厘米，马面宽38厘米，下摆围426厘米，腰两边各有6道褶，用3幅半花缎制成。裙中部织首尾相连的凤凰牡丹，下部为一排牡丹、一排如意云图案。藏泰州市博物馆。

明八宝花缎织仙鹤补服 徐蕃夫妇墓出土，为徐蕃妻所着第二层葬服。豆黄式花缎，织双胜、金锭、火珠、万卷书、犀牛角、如意云、珊瑚枝等图案。衣长75厘米，腰围153厘米，下摆围234厘米。前胸与后背各缀补边长36厘米的织仙鹤补子。藏泰州市博物馆。

明花缎夹袍 刘湘夫妇墓出土，为刘湘所着葬服。长140厘米，腰宽73厘米，下摆宽142厘米，领与大襟有贴边，腰两侧有带扣，其中穿花缎腰带一条，带长370厘米，宽8厘米。袍为土黄色暗花缎面、素绸里。藏泰州市博物馆。

明织狮子补服 刘湘夫妇墓出土，为刘湘妻所着葬服。长135厘米，腰宽70厘米，下摆宽105厘米，深褐色缎面，土黄色素绸里，前胸与后背各缀补狮子补子。补子高38厘米，宽40厘米，狮子半蹲半坐，回首张望，上部衬云彩，下部为海水图案。藏泰州市博物馆。

红色故事

战斗在敌人心脏的共产党员

王向明（1922—2007），原名王赓祖，俞垛镇人，出生于破落商户（开小店卖盐）家庭。7岁时父母先后病故，跟随祖父生活。12岁时祖父去世，跟随寡居唐家甸的伯母生活，他的生活费用靠两个舅父支持，在二舅父私塾馆和仓场小学读书。

1940年春天，中共泰县县委武装部部长盛坚夫（盛坚夫系周庄区东浒垛人）一行来到叶甸区仓场村开辟根据地。一走进仓场村，就看见一家大门写的一副对联“壮志驱逐倭寇，雄心创造共产”。他问一个农民：“这副对联是哪个写的？”农民说是庄上的一位小先生写的，名叫王向明。盛坚夫进了王向明的家，问：“哪个叫王向明啊？”在屋里看书的年轻人说：“我就是。你找我有什么事？”盛坚夫笑着说：“这副对联是你写的吗？”“是我写的。”“我请教你一下，这‘倭寇’是指什么？”“我写的这副对联中的‘倭寇’指的就是当今的日本鬼子。”

盛坚夫说：“你的胆子太大，敌人看到你门上的对联，你王向明就遭殃了。”王向明说：“我写过年的对联，表明自己的志向。连写对子都说犯法，简直太恐怖了。”

盛坚夫诚恳地说：“你这位青年思想是进步的，但也要注意形势。如若不注意的话，就会落得个壮士还没上战场就中了敌人的子弹的悲剧。我劝你最好把这副对联赶紧撕掉，以免引起敌人的注意，招惹上麻烦。”

王向明接受了盛坚夫的劝告。不久，他被盛坚夫发展入党。以后王向明又发展了陈超、赵景中、金镏等二十多个人入党，并成立了仓场地下党支部，王向明任支部书记。王向明是一位坚定的无产阶级革命战士，此后一直是里下河地区党组织主要领导人之一，先后任中共叶甸区委书记，溱潼县委副书记、代理书记、兴化县委副书记、书记，泰州地委组织部副部长，泰州市委书记。中华人民共和国成立后，调任中共吉林市委统战部部长，吉林市委常委、秘书长，吉林市计委主任，吉林市副市长等职。1983年5月离休。

1940年至1944年上半年，王向明在敌占的里下河地区开展秘密工作。1941年夏，王向明任中共泰县县委组织部部长，由于叛徒出卖，王向明被捕，关押在泰州南山寺。国民党反动派对他进行严刑拷打，百般折磨，王向明始终没有说出自己的共产党员身份。后经地下党组织积极营救，王向明于1941年底被无罪释放。出狱后，王向明到唐甸亲戚陈家休养了一个多月，其间以卖布商、货郎等身份开展地下活动，先后发展陈建平、周小琪等加入中国共产党。

在抗日战争中，王向明都是在敌人四面包围的环境里开展工作。大集镇的港口、神潼关、周庄、老阁、沈伦、茅山等都有敌人驻军，碉堡密集，敌人经常组织拉网式扫荡。这一时期，王向明以卖布为掩护从事党的地下工作。里下河地区河沟纵横，无船莫行。有一名叫金丽泉的交通员，用罱泥船作掩护，送王向明到全区各地活动。为防止敌伪军发现，王向明随身备有两套衣服，在途中穿着农民服装，打扮成帮助罱泥的金弟弟，到达目的地改扮商人卖布。那时地下工作主要任务是，宣传抗日。为揭露汪伪投敌真相，新四军军部印发了《告苏北同胞书》的传单，王向明把传单贴到各地村庄、大街茶馆等。秘密发展党员。建立组织，壮大革命力量，到1940年底，在王向明的领导下，里下河地区发展党员150多人，建立秘密党支部11个。为新四军募捐。组织地下党员和可靠群众，积极献款，多的十几元，少的几角钱。动员参加培训。组织地下党员、可靠群众到新四军队伍里去受训，如朱剑明、张欣吾等，不少同志经过培训和锻炼成为建立叶甸地区革命根据地的领导骨干，有的后来成为党和国家的中高级领导干部。

1941年，王向明担任泰州城区地下区委书记，有一段时间，他在智家堡日本鬼子营房对面租房开了小商店，日军有个翻译是中共地下党员，将日寇军事情报送给王向明。有一天，仓场秘密党支部书记金丽泉前来智家堡商店联系工作，碰巧日军翻译也来了，金误认为是来捉他的，事后才知真相。金丽泉问："你为什么住在日本鬼子眼皮底下？"王向明答道："最危险的地方往往最安全，而且翻译和我联系工作更方便。"

1944年10月，溱西办事处成立，12月改为叶甸区。当时叶甸周边均有日伪据点，在泰州与兴化主要交通的鲁汀河上，日寇汽艇出没无常，国民党顽固派也与敌伪狼狈为奸，轮番侵犯叶甸革命根据地。在日、伪、顽三股强敌四面包围地区，王向明克服艰难险阻，发动群众，利用收缴的国民党顽固派逃跑丢下的武器装备，组建了200多人的区武装民兵基干队、僧抗队。1945年秋攻克港口的伪军据点，缴获大批军用物资。1945年冬，王向明领导和指挥地方武装捣毁了北桥的伪军据点，赶走了花庄伪军，毁掉土圩炮台，巩固了叶甸革命根据地。

建造渡船助力百万雄师过长江

泰州北郊老渔行，这里四面环水，渔业发达，曾是泰州最繁华的鱼市集散地，同时，也是重要的造船基地。1949年，这个小渔村与老圩坝相连的丁冯村创造出了一个神话，一个多月时间铸造出了渡江战役所需的全部战船和辎重船，助力百万雄师顺利过江。

接受任务造大船

渔行和丁冯的造船业非常有名。明末清初时期，由苏州阊门来泰州的一批木工，顺应当时泰州繁忙的盐运需求，开创了泰州的造船业。与渔行一坝相连的丁冯村处于泰州市城北赵公桥（迎江桥）北侧，世代以垎岸种植蔬菜为生的村民，为维持生计，谨遵"荒年景饿不死手艺人"的祖训，纷纷去渔行拜师学木匠，一个带一个，一个带一批，一代传一代逐渐形成了丁家铺、冯家河造船木匠帮。到了乾隆时期，渔行和丁冯的造船业相当兴旺，约200户居民中，以造船为业者占90%。1931年，渔行和丁冯的造船户发展到了270多户。到1949年时，渔行和丁冯两村有近千人从事造船工作，造船技术远近闻名。

1949年1月21日，泰州城宣告解放。1949年解放战争渡江战役前夕，驻泰州的苏北支队司令部成立了船舶工程处。考虑到渔行、丁冯是沿江造船的集中地，且工匠众多，于是就将造船地址选定在渔行与丁冯村的交界处原渔行学校内。"泰州城解放后没几天，一位名叫张震的解放军首长就来到我们老渔行，要求定做一批木船，说是解放军渡江用，要求船身小、体量轻、航速快、宽度大约能装得下一辆小汽车。听说要为解放军造大船，大家都热情高涨，自发日夜赶工。"当年的亲历者王来根回忆。

那时，渔行和丁冯有300多家造船户，所造的几乎都是小船，为了坦克、炮弹等能运过长江去，大船一定得造。但在险恶的战争环境下，短时间内建造这么多大船，任务十分艰巨。

倾其所有成大业

造船首先需要的就是各种材料，木料是第一位的。据亲历者回忆，有个绰号叫"姜太公"的小伙子，将家里泡在河里的榆树段子捞起，运到工地上。老船工说："这不是你准备结婚打家具用的吗？这怎么可以呢？"小伙子握紧拳头誓言："不打倒蒋介石，我绝不结婚！"渔行和丁冯村的群众纷纷拿出家中的床板、门板，老人们甚至主动献出寿材作为船用木材。

俗话说"人靠筋，船靠钉"，造船没有

“渡江战役造船旧址”石碑

老船工

钉子怎么办?他们想方设法收集废铁。村民们宁可饿肚子,都把家中做饭的铁锅、铁盆等献出来。没有熔炉,他们就挖个深坑,把收集来的铁料放进去,熔化成铁水。一只小木船就需要近千个形状不一,功用不同的钉子。有两头尖的,有带钩爪的,有带着不同弧度的。每根铁钉都要经过船工们反复锤炼才能成型。为了在短时间内完成任务,当时的渔行和丁冯村几乎是全员上阵。

当时,王来根年仅14岁,是230名船工中年龄最小的。因为姐夫家开着小船厂,王来根13岁就到姐夫厂里帮忙。由于年龄小,王来根只负责做捻工的活,就是把泡过油石灰的麻丝一凿子一凿子钉入船身的缝隙处,避免船只漏水。

为了迷惑敌人,100多名工人将船拖上岸,用锅灰水涂在船上,将船伪装起来。由于特务的告密,国民党出动飞机空投燃烧弹,机枪不停地扫射,子弹像雨点一样落下来。突然,一颗炸弹落在了"姜太公"身边,他握住凿子,推开救他的船工:"别管我,你们快躲开……"话还没说完,便倒在血泊中!接连几日,敌机成群结队地在渔行上空盘旋,几艘大船被毁,13名船工英勇牺牲。

渔行和丁冯村人民没有屈服，两个村庄老少连夜出动，将剩下的船凿穿船底沉入水中，用芦苇、竹子隐蔽起来，在村口设立了瞭望哨，日夜看守着。眼看工期越来越近，大家心急如焚，加班加点，一刻不停。锯工、木工、捻工、漆工分工合作，流水作业。就这样，230名船工经过35天的日夜奋战，终于完成渡江所需的战船和辎重船。

支前精神留心间

解放军要给乡亲们发工资，大家都不肯要。"你们为了全中国的解放，流血牺牲，我们流点汗算什么?"渡江时，船工们大多留下来当艄公。送大军渡江时，出现了父子兄弟争支前，妻子送夫去划桨的动人场面。"姜太公"的父亲老姜头，擦干了眼泪，掩埋了儿子，坚决要求送解放军渡江。渡江战役，泰州船工向江南运送几十万大军，胜利地完成了光荣的渡江支前任务。

1993年，在渡江战役造船旧址上修建的泰州市渔行实验学校，泰州市政府颁授的"渡江战役造船旧址"牌匾高悬校门上方，进入校园内，一块巨石傲然矗立，上书"渡江战役造船旧址"八个大字，以志永久纪念。

志愿军高炮部队里的炮车长

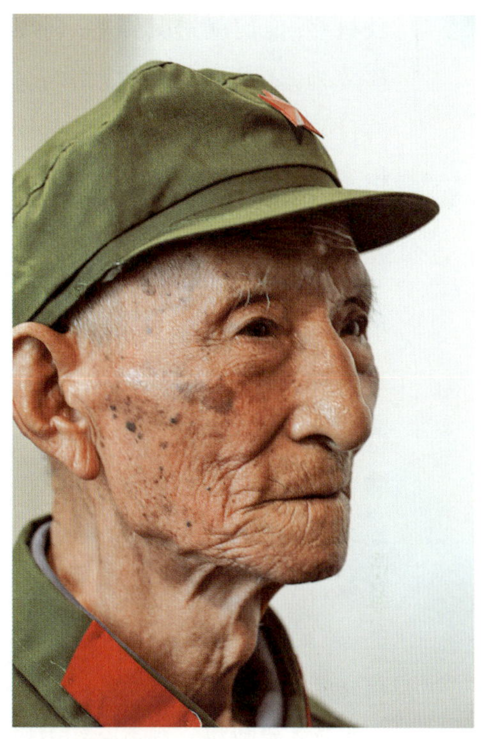

老兵徐长根

徐长根，男，汉族，1930年1月生。1951年2月在泰州报名参加志愿军，原志愿军炮兵62师605团24营3连战士，历任战士、测距手、炮车长、班长。1957年4月从朝鲜回国退伍。

1951年2月，当时在泰州南门高桥下一家香店做工的徐长根，听到抗美援朝的动员后，响应国家号召，回乡报名参加了志愿军，经过短暂的新兵训练后，被分配到志愿军炮兵62师605团24营3连服役。1951年4月，徐长根随部队从安东（现为丹东）跨过鸭绿江，进入烽火连天的朝鲜战场，直接参加对敌作战。当时605团主要配合38军在东、西两线炮击前来轰炸破坏交通的美军飞机。其时，敌机的轰炸非常凶猛频繁，迫使徐长根所在的3连打起了高炮游击战。白天敌机多，他们就避其锋芒，利用夜晚转移阵地，不开车灯，黑夜潜行。到了新的目的地，顾不上休息，连夜抢挖战壕构筑工事，布置伪装隐蔽，等待第二天战斗。

徐长根参加的炮击战不计其数，而他最引以为豪的是1952年3月13日的炮击战。那一天，天刚放亮，睡在阵地上的战士们还没有全部醒来，美军飞机呼啸着飞来轮番轰炸徐长根所在连队的阵地朝鲜孟颜里。一时间，战士们来不及穿戴，顾不上吃饭，进入炮位，随着急促的“就定位”命令，火力全开，炮击敌机。仅一个早饭时间，敌机就来了三批次（每个批次4架敌机），抛下杀伤力极强的子母弹对孟颜里阵地进行地毯式轰炸，几个战友不幸被炸伤，一块弹片紧贴着徐长根的后背擦过，身上的棉衣被擦出了一个大洞，所幸没有伤到身体。当天，敌机一共来了400多架次。战斗从早上一直打到下午太阳落山，饿了就着雪吃几口炒面、啃几块压缩饼干，全连战士英勇顽强地炮击敌机，7架美机被击落，18架美机带着长长的火苗和浓烟栽向远方，被高炮击中的敌机，有的撞向了阵地前的山头，有的拖着浓浓的黑烟坠入大海。这是朝鲜战场上志愿军高炮部队打得最“过瘾”的一仗。徐长根所属的高炮24营也成了志愿军地面防空中数一数二的英雄营。

到战场上捡拾未爆炸的块状炸药，也是令徐长根难忘的往事之一。1953年4—5月，美军准备登陆作战。上级要求徐长根所在的3连选择敌人登陆的方向打坑道，阻击敌人登陆。打坑道作业过程中，因为炸药不够用，连长把徐长根叫来说：“徐长根，你敢不敢带人到清川江大桥拾炸药？”徐长根回答说：“敢！服从领导听指挥，叫我做啥就做啥，不怕牺牲！”头一天，徐长根带着一名江西籍李姓战士去清川江大桥下捡拾炸药。第二天，李战士病了，指导员就让徐长根一个人去，他没丝毫犹豫就出发了。路上，恰好碰到敌机来轰炸清川江大桥，投下的子母弹防不胜防，徐长根凭借战场经验，机智地利用炸弹坑做掩护，躲过了敌机投下的炸弹。一连十天，徐长根一人冒着敌机轰炸的危险，不顾疲劳，往返奔波于捡拾炸药的险途上，前后共捡拾了800多斤炸药，保证了打坑道作业的顺利推进。为此，徐长根荣立了三等功，年底，光荣加入了共青团。

后徐长根从朝鲜回国，退伍回到家乡泰州。每当回忆这段经历，徐长根总是感慨道：“当初报名参军，抗美援朝，保家卫国，这是我一生中最大的光荣。”

第六篇　物产美食

城东这一方土地上孕育出了各具特色的物产美食。坝瓜、四季萝卜、白籽香丝瓜来自大自然的馈赠，美誉海陵；五云斋的嵌桃麻糕、陈记“泡子酒”、红庙香油、阿林臭干深得城东人的青睐；斜桥酱鸭、五味干丝、鱼汤面、炒蟹、萝卜烧肉、咸肉烧河蚌等更是城东人的最爱……真是一方水土养一方人。

物产

坝瓜

坝瓜是城东街道鲍坝村特产的一种香瓜，自明清起就闻名一方。坝瓜，皮色暗青，香、甜、脆、酥，是夏令瓜果中的精品。坝瓜之所以与众不同，是因为鲍坝村为泰州城河南出口，每年冬天，很多农民撑船到城河里罱泥，将河泥抛在岸上搁干后运走。鲍坝村民将岸上搁干运回洒在自家田地里，经年累月，土质肥沃，且田地高出许多，不易积水成汪，挑选良种育苗栽培，辅以农家肥，结出风味独特、生脆香甜的坝瓜。

1956年，鲍坝村民孙德龙跑到邮电局，将自己家生产的几只“坝瓜”，打包后寄往北京，写上了“中南海毛主席收”，一时“孙德龙坝瓜寄到中南海”的故事轰动泰州城。从此，香甜的“坝瓜”成为泰州人骄傲的农产品品牌。随着城市建设不断加速，鲍坝的农田早已不见踪影，“坝瓜”成了人们美好的回忆。

唐甸香瓜

城东街道唐甸村地处水网地带，自然形成的垎岸有成百上千块，历来有种植香瓜的传统，世代相传不绝。由于田块离水面较低，白天烈日炙烤地表发白，晚上河水渗透土地潮湿，无论天气多么干旱，香瓜生长都能得到充足的水分。香瓜生长过程中全部使用有机肥料，培育出来的瓜香甜脆美。唐甸人品尝香瓜，一般是将香瓜洗净后，双手用力一捏，让瓜破裂，然后轻轻甩掉瓜瓤，咬上一口，鲜香脆甜，回味无穷，忍不住大快朵颐，片刻之间，一个香瓜就落入腹中了。

丁冯四季白萝卜

丁冯四季白萝卜是从扬州圆白萝卜中筛选出的小型早春白萝卜新品种，具有外观洁白、肉质脆嫩、口感致密、味甜微辣、皮薄尾细等特点。2001年，丁冯四季白萝卜被江苏省质量技术监督局批准为江苏省地方标准产品。

丁冯尖叶香莴苣

丁冯尖叶香莴苣植株比较高大，一般高40—60厘米，叶片为浅绿色，皮外形，叶面有浅皱纹，稍有白粉，叶背白粉较多。笋长棒状，上部渐细，长40—50厘米。单笋重0.75—1千克，笋外皮浅白绿色，肉色略深，笋肉致密、嫩、脆，含水量较少，品质好，可生熟食用，也可腌渍。耐寒性较强，苗期耐热，春秋皆可种植，亩产4000千克左右。

丁冯白籽香丝瓜

丁冯白籽香丝瓜栽种有近百年历史，是城东街道特有的传统地方品种。该品种具有皮薄、肉白、纤维少、口感香、带糯性、早春时节栽培挂果能力强等特点，嫩果炒食或烧汤均可，深受广大生产者和消费者青睐。从5月中旬至10月中旬，丁冯白籽香丝瓜能多次收获，有显著均衡性，是"秋淡"上市的主要蔬菜品种之一。

20世纪80年代前，主要是在农户家前屋后种植，以春播为主。改革开放后，丁冯村农户以大棚早育，2月份育苗，3—4月定植，5月起瓜蔓覆盖棚顶，既遮阴，又通风，7—8月上市最多。其早熟性和商品性均显著超过江苏省内主推品种"江蔬一号"，早期产量比原有海陵爆竹香丝瓜增产20%以上，早期经济效益增加30%，是江苏省内唯一的白籽型特优品种，一般每亩产量4000余千克，产值1.6万余元。

唐甸青大蒜

唐甸青大蒜选用上海的嘉定种或江苏的合德种，这种大蒜头红皮，瓣儿少(一般4—6个瓣儿)，生命力强，营养价值高。种植青大蒜的时间一般在农历七月中下旬，种植地选择肥沃松软且傍水的地块，施足基肥。采用开沟播种法，用锄头划开一道10厘米左右深的沟槽，种上蒜种，用泥土覆盖严实，最后用杂乱稻草遮盖(平时防水分蒸发，冬天防冻保温)，浇上一遍足够的水，做好后期管理。秋青蒜生长期短，每亩产量1000千克左右。唐甸青大蒜白须、红梗、青叶，又肥又嫩，蒜香浓厚，蒜味醇正，远销扬州、南京、镇江、上海等地。

特产

嵌桃麻糕

古泰州城里制作嵌桃麻糕的商家不在少数，其中以老字号五云斋最为出名。五云斋的嵌桃麻糕以上等芝麻、糯米、白糖、核桃仁等为主要原料，其生产工艺较为复杂，由选料、配料、和粉、筛粉、装烫子（将糕粉装入一种金属制长方形盘内）、嵌桃仁、蒸糕、切糕、烘糕、冷却包装等二十多道工序制成。其外形色泽金黄，厚薄均匀，嵌桃为蝴蝶状，质地细腻，酥香甜脆，营养丰富。当地居民朱学纯曾作诗《嵌桃麻糕》："麻屑绵糖糯米匀，桃仁一点嵌中心。炖成切片焙大火，酥脆香甜独冠群。"

1999年，五云斋第七代传人戚根森

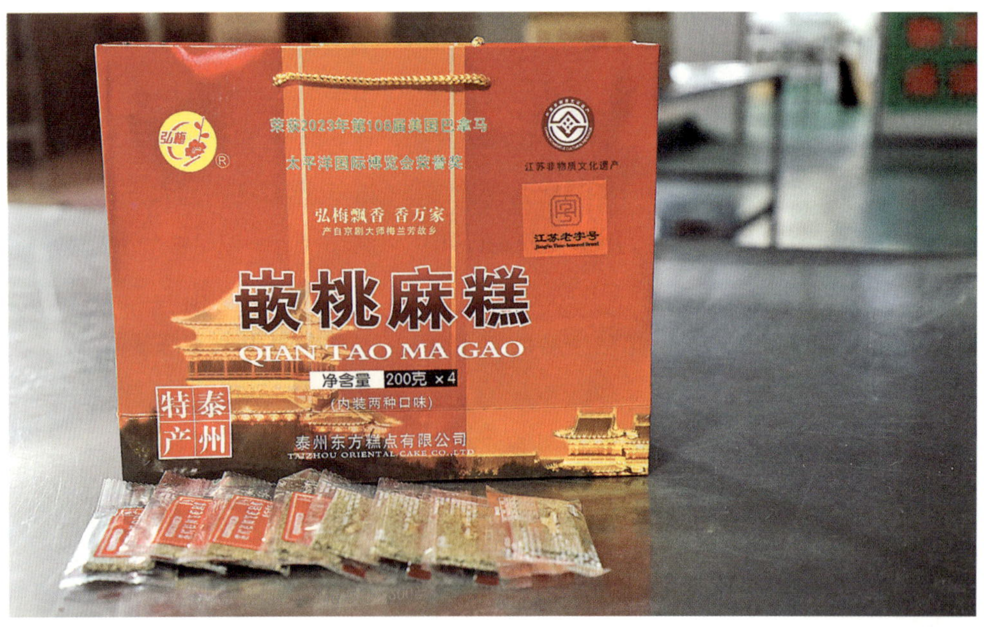

嵌桃麻糕

在境内创办东方糕点有限公司，传承和弘扬五云斋嵌桃麻糕技艺。2008年，东方糕点公司在泰州老街恢复开设老字号五云斋茶食作坊。2010年，嵌桃麻糕技艺入选泰州市第三批非物质文化遗产名录。

陈记“泡子酒”

陈记“泡子酒”出产于泰州南门红庙庄的陈记糟坊。陈记“泡子酒”绵柔隽永，口感上乘，深受“酒君子”的酷爱，为宫涵的特色产品。

陈记糟坊创立于1911年。创业初期，陈记糟坊仅有7口大缸（每只容水量125千克），一个饭场（工场）才30多平方米。后来，场中放14只大缸，每只容水250千克左右。一般准备好1500千克粮食（主要为高粱），就可以开业烧酒。当时人们称它为“糟坊花子”，仅一位吊酒师傅，每月产出750千克酒。后糟坊规模逐渐扩大，每月出产1500千克酒。为方便高粱收购和“泡子酒”输出，陈家在红庙庄上专门修筑了一条长约1千米，宽3米的大路方便出行，此路后被称作“糟坊大路”。

陈记“泡子酒”独特的口感，源自陈家用料讲究和高超的酿酒工艺，尤其是陈家研制的酒药子（发酵用的麸曲），不仅能使酒质醇厚，而且出酒率高达50%。陈记“泡子酒”虽然是一种“土烧酒”，但味香醇厚，物美价廉，并按酒精度高低分为“大泡”和“小泡”两种酒供消费者选购。

1958年，陈记糟坊关门歇业，陈记“泡子酒”停产。随着时间的推移，陈记“泡子酒”成为当地人们脑海中的记忆。

红庙香油

红庙香油以其色泽清纯透明、香味醇厚绵长而闻名于老泰州南门一带。出产红庙香油的红庙庄陈家油坊始建于民国年间，原本是个土油坊，没有动力机械，全靠人工操作，每天将炒熟的油料上榨后，由彪形大汉高举木榔头一锤又一锤地敲打木榨，油慢慢地从木槽中流入油桶，用布过滤后注入油缸，是典型的“压榨香油”。

红庙香油闻名南门，除了其原生态的压榨工艺，诚信经营、薄利多销也是秘诀之一。无论是本庄的村民，还是外庄来加工油粮的，一视同仁，仅收取加工费，且得油率只多不少。随着红庙香油生意越做越大，陈家油坊先后扩大到占地20多亩、用工30人的规模。为方便运输，陈家油坊坊主陈金树在庄上修筑了油坊大路，同时建起了厂房、贮油大棚、储存油料的仓库，贮油大棚里的大缸有上百只。

1954年，公私合营，陈记油坊迁厂歇业，红庙香油从此消失在人们的生活中。

陈三老加树线粉

陈三老加树线粉出产于1949年宫涵村村民陈居田和他三个儿子陈生树、陈加树、陈忠树创办的粉坊。与脱水干线粉不同,“陈三老加树线粉”是养在水里的水线粉,因保湿程度高,烧出来的粉丝比干粉丝还要柔滑爽口,深受老百姓的喜爱。

“陈三老加树线粉”用料考究,与众不同,原料选用上等绿豆粉和山芋粉,以绿豆粉为主,山芋粉为辅,按照一定配比做成混合淀粉,加热做成粉条,然后从锅中捞出线粉养在清水里,看上去白里泛绿,晶莹剔透。水粉价格便宜,可以配烧红烧肉、杂烩、粉条蛋花汤,还可以单独氽汤、红烧。

“陈三老加树线粉”价廉物美,寻常百姓也买得起,销售范围逐渐由红庙卖到鲍家坝、响林庄、莲花池、纪家庙等地。后来,买的人多了,“陈三老加树线粉”足不出户,也会被争购一空。

“陈三老加树线粉”经营到1959年,那又嫩又滑爽的味觉一直留在老一辈人的记忆里。

万家豆腐

丁冯“万家豆腐”风味独特,口感上乘,在泰州海陵北郊一带有口皆碑。据传丁冯“万家豆腐坊”已有一百多年历史了。

“万家豆腐坊”位于丁冯村丁家沟河边。豆腐坊内有石磨、筛豆浆的吊浆架和大缸,豆子经石磨变成生豆浆,经过筛布吊浆流入大缸中,筛布里便剩下豆腐渣。豆腐坊烧煮豆浆沿用传统的柴火土灶和大铁锅,保留特有的锅香味。点浆是万家豆腐制作的一门独技。可用石膏,可用卤水,放卤多少,看缸里豆腐脑能否清浆(水)而定。万家豆腐坊点出的豆腐脑(豆花),柔嫩细滑,入口即化,鲜美甘甜。点浆后成豆腐脑就可以压包,按照嫩豆腐、老豆腐制作的不同时间要求压榨成型,最后用花刀将成型的大块豆腐划成一块块豆腐方,装桶(箱)上市销售。

2021年,“万家豆腐”传到第四代了,生产豆腐的设备虽已现代化,但“万家豆腐”仍然保存着柴火烧浆、卤水点浆的传统工艺。这也是“万家豆腐”仍然远近闻名、深受人们青睐的关键所在。

阿林臭干

在泰州海陵区斜桥花园附近，有一家泰州著名的网红店——阿林臭干。阿林臭干是一家夫妻店，开设于1997年，至2021年已经营20余年了。

阿林臭干是用纯野苋菜卤浸泡而成的臭豆腐干，经油炸而成。苋菜卤在春暖花开之时制作，在纯野苋菜卤液中加入敲碎的春笋根浸泡，使其渗释出笋的鲜味，浸泡一段时日后，卤液逐渐浓厚，气味变得浓郁而醇和，苋菜臭卤便制作成功。陈年的老卤须投入新卤再生，定期加入炒熟的花椒、八角、茴香、芝麻、

阿林臭干

荷叶芥末、食盐以及煮熟捣烂的竹笋，才能保持苋菜臭卤味道正宗。沥干水分的薄豆腐干，投入臭卤半日，捞起便可入油锅煎炸，煎炸时用柴火，保持油大火大，煎炸时用一双长竹筷将干子翻滚，使两面炸透，呈金黄色。起锅后沥去油，或盛入碗内，或以竹签串起，淋上带有蒜泥的水辣椒即能入口，食之既有油炸的香味、臭干的臭味，还带有苋菜的清香，又有水椒的辣味和豆腐的鲜味，外脆里嫩，最是有味。

斜桥酱鸭

斜桥酱鸭，泰州著名的卤菜，可谓家喻户晓。

斜桥酱鸭店，位于城东阳光新城沿街门市，店老板是一对张姓父子。所谓酱鸭，酱和鸭缺一不可。酱料必须选取纯天然的食材，辅以花椒、八角等调料精心熬制。鸭子则必须选喂养了三个月左右的灰毛鸭，这样的鸭子肉不会老，口感也是最佳。所有的鸭子都是当天宰杀，当天烧制，保证了酱鸭的绝对新鲜。斜桥酱鸭之所以不同于普通酱鸭，关键是烧制过程不同。斜桥酱鸭整只鸭子表面色泽亮丽，鸭皮紧致，切开来的鸭肉呈现出一种酱粉色，足见烧制过程中的功力。切好的鸭肉用独家秘方熬制的卤汁淋上并淹没，将鸭肉完全包裹，保证每片鸭肉都能充分吸收卤汁，泡上几分钟卤汁之后，鸭肉

斜桥酱鸭

就可以食用了，此时的鸭肉口味咸香微甜，肉质松软而有嚼劲，每嚼上一口鸭肉都会感觉嘴里溢满了卤汁，让人回味无穷。

五味干丝

五味干丝

五味干丝以豆腐干为原料。制作豆腐干选用的黄豆以里下河地区的纯大豆为主。首先将豆腐干切开，先用刀横着“飘”（削）成厚薄均匀的20多层，再斜着铺排切成细丝。烫干丝的做法颇有讲究，先将干丝放在锅中煮沸，旁边放一口缸，缸中贮热碱水，水与碱的比例因季节而定。将干丝从锅中捞起，倒入碱水缸中，浸泡时间要掌握好，浸泡时间长了干丝就会化成浆水，浸不透则干丝不软。烫好的干丝装入盘中，然后加上肴肉、香菜、榨菜、香菇和姜丝五种配料，浇上熬制的酱油和小磨麻油，口味独特。

鱼汤面

鱼汤面考究的是鱼汤的熬制。先将长鱼（鳝鱼）骨用油煸炒，把杂鱼洗净沥

鱼汤面

炒蟹

干后放入油锅煎炸至焦黄色，二者与猪大骨一起，加葱、姜、料酒入甑，大火焙烧，不断搅拌，熬至汤汁浓厚呈乳白色，用筛滤去鱼刺骨渣，浇入放好油和调料的熟面碗内，再撒上一点胡椒粉，一碗浓稠醇厚、色质乳白、鲜香少腥的鱼汤面便可呈给食客品尝了。

炒蟹

炒蟹，是城东居民夏季经常食用的一道家常菜。进入夏季，市场上就有一种野生的小蟹出售，每只一两左右，买回家，洗净外壳上的泥沙，然后用刀从蟹的中间切开，一分为二，蘸上准备好的面粉以防蟹黄流失。将生姜、香葱、青椒切成米粒大小，再用一个适当的容器将面粉和水调成薄薄的面浆(糊)。准备就绪，打开灶火，锅内放入油、姜、葱，然后倒入蟹段翻炒，待姜葱香味溢出，加酱油、糖、盐、料酒，继续翻炒几分钟，放水煮熟。三四分钟后，将面浆倒入锅内，用大火拌炒，直至面浆煮熟，起锅食用。葱姜椒混合的面酱里露出红红的蟹壳和红黄相间的蟹黄，勾人食欲，吃起来更加鲜美可口，好酒者此时总要多喝两杯，一饱口福。

昂刺鱼烧臭干

昂刺鱼烧臭干是城东较为常见的家常美食。烹制方法：昂刺鱼洗净，用热水烫一下，洗去表面黄色黏液。葱、姜、蒜、干尖椒等小料适量，菜油爆香小料。臭干洗净，冷水下锅焯水五分钟，捞出洗净备用。小料爆香下入臭干煸炒出香味，加入冷水淹没臭干，大火烧开，关火，加入生抽、红烧酱油、白糖、鸡精、盐少许，大

昂刺鱼烧臭干

火继续烧开，小火烧5分钟，放入昂刺鱼排列好，料酒喷点，大火烧开10分钟，汤汁留少许装盘，撒上葱花，即可享用。昂刺鱼烧臭干这道家常菜的特色是鲜咸微甜带点辣，典型的里下河地方风味。

萝卜烧肉

萝卜烧肉是境内民众最喜爱的家常菜之一。通常选用五花肉搭配丁冯四季白萝卜。烹制方法：将五花肉切块焯水后洗净浮沫，萝卜去皮切滚刀块，葱挽结，姜拍松。锅内热油，六成热时，放入五花肉、姜块，煸炒到肥肉部分微微吐油时，依次调入料酒、酱油，先不要急着加水，等肉吸足了酱汁完全上色后，再倒入开水，没过肉面。大火烧开后，撇尽浮沫，放入葱结，改小火炖煮一个半小时，放入萝卜，加冰糖、鸡精调味，再炖煮30分钟即可。萝卜烧肉具有祛痰、增强免疫力的健康功效。

咸肉烧河蚌

境内新通扬运河以北区域水网密布，河道纵横，盛产河蚌，当地民众酷爱

萝卜烧肉

咸肉烧河蚌

咸肉烧河蚌。咸肉烧河蚌制作简单。先将肥瘦相间的咸五花肉浸泡30分钟左右，洗净切成片状待用。再用刀将河蚌劈开取肉，去除黑色带状部位，肉质较厚处用刀背拍打数下，将一汤匙食盐撒在蚌肉表面，轻轻揉搓，如此反复2—3次，洗净后用刀切成块状。烧制时，在锅内倒入适量菜籽油，放上切好的姜、葱、蒜，倒入蚌肉爆炒，翻炒数下后，放入咸肉，加少许水，大火烧开，再用文火慢炖1小时左右，起锅时加入冰糖、胡椒粉、老抽上色。咸肉烧河蚌色泽亮丽，肥而不腻，味道浓郁，美味可口。

第七篇　精神文明

城东街道坚持两个文明一起抓，以文明城市、文明社区、文明村创建为载体，提升居（村）民素质，培树道德楷模和先进典型，营造风清气正、和谐清明的城东氛围，让“唯美和谐、幸福城东”成为时尚新风。

创建活动

道德涵养

城东街道顺应群众对美好生活的新期待、新追求，以街道、社区(村)级“道德讲堂”为载体，从基本文明礼仪知识普及入手，加强公民思想道德教育。在街道开展健康有益文化活动和“三下乡”进社区(村)活动，利用元旦、春节、端午、重阳等节日和学校寒暑假，持续增强“幸福城东”品牌效应，常态化开展“七彩讲堂”“文化志愿者社区(村)行”“我的中国梦”“我们的节日”“缤纷的冬日”“七彩的夏日”等主题系列文化活动。通过融入新时代新思想、植入社会

著名学者余秋雨(右一)走进“百姓大学堂”

主义核心价值观等方式，宣传勤、廉、礼、仪、孝等中华民族传统美德；通过百姓喜闻乐见的节目，倡导健康生活方式，让街道百姓受教育、树新风，推进居（村）民素质教育，陶冶居（村）民思想道德情操。

阵地建设

将宣传文化阵地建设纳入街道建设发展总体规划。加强对已有文化设施管理，确保社区（村）居民有文化活动场所。街道及各社区（村）加大资金投入，建好用好新的文化书屋、健身广场和美德善行广场，打造思想道德高地。至2021年，共建成社区（村）图书馆（室）17座，组建舞蹈队、艺术队、合唱队等业余文体队伍13支，培养群众文艺骨干100多人，建成百姓大舞台9座。打造“社区文化农村行、农村文化社区行”文化品牌，先后组织多个文艺小分队到各村、社区进行文艺会演。每年新春期间，利用文化阵地设施，组织舞龙灯闹新春、梅兰芬芳贺新春、欢乐新春社区综艺活动、社区党员共庆元宵、京剧票友演唱会等活动，丰富社区（村）居民文化生活，增强“幸福城东”的获得感。

平安城东

2006年，东郊乡与城东街道合并成立新的城东街道办事处后，城乡社会矛盾纠纷呈现多元化，为防止和避免社会

街道全民健身展示

第七篇 精神文明

矛盾激化，街道把创建“平安城东”列为重点工作来抓，制定实施方案，细化工作目标，落实创建责任。同时，实行街道机关工作人员信访值班制度，妥善处理群众来信来访，充分发挥“大调解”机制作用。调处各类重大矛盾纠纷34起，调结率100%。2009年，结合境域大规模旧城改造征地拆迁，突出“平安城东”“法治城东”建设，接待上访群众近1000人次，办结率96%。2010年接待村(居)民来访870人次，调处各类矛盾纠纷8起，妥善解决12名老信访户的问题。2011年，全面推进“1+3”安全监控体系工作。2014年，街道率先完成社会管理服务平台网格化划分和数据采集任务，创成区级“平安企业”4家，市级“无邪教示范村(社区)”10家，其中，春兰社区创成省级“无邪教示范社区”。2015年，推进“平安城东”创建工作下沉，建成街道窑头村、孙金村、朱东村和老东河社区电子监察系统。2017年，成立“李爱华工作室”，化解家庭婚姻矛盾纠纷，维护妇女儿童权益，“李爱华工作室”的经验做法被泰州市综治委编入《关于完善社会矛盾纠纷多元化解机制的实施方案》中进行推广。

区域化党建

2008年，开展“三级联创”，规范村、社区“两委”工作程序。创新党员队伍管理，在农村开展“双创一建”“设岗定职”“双学双比”教育实践活动，培养带领群众致富的党员能人；在社区鼓励党员主动“认岗领职”，参与构建和谐社区。采取独立建支、联合建支、派入建支的方式，新建非公企业党组织，扩大党建工作覆盖面。2010年，采用“公推直选”方式，在14个行政村、9个社区推行村(社区)“两委”成员“双向进入”“交叉任职”。2011年，推进非公企业党建，单独新建非公企业党支部76家，新建联合党支部22家。履行“一岗双责”，落实党风廉政建设。2014年，开展党的群众路线教育实践、“三解三促”(了解民情民意、破解发展难题、化解社会矛盾，促进干群关系融洽、促进基层发展稳定、促进机关作风转变)、党员干部大走访活动，梳理汇总涉及村居集体经济发展、民生事业改善、环境污染治理等各类意见建议115条，确定为民办实事89项。2015年，创新中心社区党委建设，成立鲍坝等4个中心社区党委。2018年，按照“一图一园一场一区一廊”布局，开展“融入式”党建，将党建融入街路地图、党建融入法治游园、党建融入民生广场、党建融入商户发展、党建融入街路治理，实现境域党建资源共享、街路治理共建、商户发展共荣。2019年，以鲍坝、春兰片区为试点，打破区域单位“壁垒墙”，整合区域内4个社区和公检法机关、银行、学校、医院及“两新”组织等

19家驻区单位，建立街道大工委，成立迎春路“街路党建联盟”，强化街道党工委在区域化党建中的“轴心”地位。建立区域党建联盟成员单位“轮值”制度，利用各自优势资源，服务居民群众，增强党组织凝聚力。创设“初心超市”服务平台——线上公众号、线下实体店，街道社区与辖区单位建立居民需求清单、共享资源清单、服务项目清单、居民自治清单等“四张清单”，实现服务项目“菜单式”推进、居民需求“点单式”供给。2020年，建立网格支部106个、联合支部2个、党小组18个，在全市率先建成“党格+警格+网格”工作站。

附：

智堡法治国防主题园

智堡法治国防主题园位于智堡小区西侧、智堡河东侧，南北长约200米，东西宽约30米，约6000平方米。智堡法治国防主题园是在原有绿地里嵌入法治国防元素和法治小品，通过主题园，让街道辖区居民和辖区内中、小学师生充分认识新时代依法治军的重要性和国防建设的紧迫性，主动关心和参与国防建设。主题园共分十个板块，分别展出：“163泰州舰”守护中国主权领土完整雕塑板块；清代国防屈辱史板块；新形势下依法治军板块；雕塑“獬豸”，中国古代监察、审计和司法公正的象

智堡法治国防主题园

征板块；国防法、防空法等部分章节的石卷书雕塑板块；境域街道社区关心慰问参军入伍战士板块；有关国防和军队建设论述板块；橱窗宣传板块；街道社区优秀退役军人风采板块；法家代表人管仲塑像板块。

培树典型

发挥社区(村)基层组织的战斗堡垒作用，组建“道德讲堂”宣讲团，深入田间地头宣讲社会主义核心价值观、优秀传统文化、好人好事等内容，让居民感受文明就在身边，先进就在身旁。以“和睦邻里”为抓手，定期评选、表彰“五好文明家庭”“最美家庭”“十星文明户”，培树典型，开展先进典型挂牌活动，引导百姓见贤思齐、崇德向善，增加群众参与积极性，推动街道精神文明、城乡文明建设，涌现了一批文明创建先进典型，如“中国好人”段成林，“全国维护妇女儿童权益先进个人”李爱华，泰州首批“最美基层干部”王裕华，等等。街道及各社区(村)及时通过美德善行榜进行宣传，带动社会风气，提高群众思想道德素质，形成关心集体、邻里互助、富而思进、人心向上的社会文明新风尚。

“帮困助学”爱心捐助

文明社区（村）

文明社区　小康示范村创建

街道坚持以社会主义精神文明为抓手，通过创建文明城东、幸福城东等活动，实现人文充盈、文明盛行、环境优美、乡风文明。2002—2003年，东郊乡加大两个文明建设力度，选择自然条件好、村级经济底子强、群众基础牢的界沟村作为"小康示范村"试点村，按照"精心规划、精致建设、精细管理、精美呈现"理念，大力开展农村人居环境整治"百日攻坚"行动，使乡村面貌发生很大改变。2006年，街道创成泰州市三星级文明社区4个。2007年，推进农村"5+1"实事工程，按照"基础条件较好、群众热情较高、集体经济较富、带动作用较强"的标准，街道将斜桥村、丁冯村、唐甸村、魏徐村列为社会主义新农村建设先行村，创建四星级社区2个，60%社区达三星社区标准。2008年，推进新农村建设。斜桥村创建成为区"十佳小康示范村"，鲍坝村、丁冯村创建成为区"十佳特色村"。

和谐社区　康居示范村创建

2010年，推进特色社区（星级社区、和谐社区、文明社区等）建设，迎春社区获评泰州市"十佳和谐社区"和海陵区综治"五星级社区"；东安社区、智堡社区获评区"十佳和谐社区"。落实农村新"5+1"实事，加快新农村建设步伐。统筹资金投入开展村庄环境综合整治，落实长效管理措施，推进达标建设，实现村庄绿化、净化和美化。唐甸村获评江苏省"省级康居示范村"、丁冯村获评泰州市"省级康居示范村"、朱东村创"省级环境整治村"。

十佳社区　美丽乡村创建

2011—2014年，创新社会管理，全面推广"一位一居一站一办一校"管理模式，创建"星级社区""和谐社区"。2011年，迎春社区被评为市"十佳社区"，东安等5个社区被评为市"先进社区"。丁冯村建成“省级环境整治示范村”，孙金村、朱东村、唐甸村、魏徐村、花园村创成“小康示范村”。2014年，推进十佳社区创建。东安社区创建成为“全国防灾减灾综合示范社区”，迎春社区创建成为“江苏省和谐示范社区”，宫涵社区创成“泰州市绿色社区”，碧桂园社区被评为泰州市“城市管理示范社区”。实施村庄全域整治，全面落实“定人、定责、定目标、定考核”环境长效管理制度，唐甸村创建成为泰州市“三星级康居村”，花园村、魏徐村创成市级“卫生示范村”。2016年，唐甸村被授予“全国第四批美丽宜居村庄示范单位”称号，丁冯村获“江苏省水美乡村”称号。2017年，迎春社区被评为“江苏省优秀服务志愿社区”。东安社区段成林被评为“江苏省学雷锋志愿服务优秀典型”，春晖社区“阳光来吧”入选2017年度泰州市第二届十佳社区服务品牌。2018年，迎春社区创建“鲁班80365工作室”，为社区居民提供零距离和个性化服务，被推选为“全国最美志愿服务社区”。2019年，智堡社区获评全国综合减灾示范社区。2015—2020年，东安社区创成“江苏省和谐建设示范社区”，东康、迎春、春晖3个社区获评“江苏省优秀社区志愿服务社区”，斜桥、宫涵社区获评泰州市“文明社区”。持续推进美丽乡村建设，魏徐村建成省级农村家庭幸福院，唐甸村获评泰州市“十强村”，丁冯村获评泰州市“市级文明村”。

文明家庭　文明单位

文明家庭

1983年，东郊乡结合宣传“五讲四美三热爱”，制定“乡规民约”，开展“五好家庭”“五好个人”评选活动，评选出乡“五好家庭”30户、“五好个人”60人。1996年10月，东郊乡将“五好家庭”更名为“五好文明家庭”。2007年，城东街道以“五城同创”为契机，将精神文明创建活动融入和谐机关、和谐社区、和谐村组、和谐家园建设中，不断提高市民文明素质和城市文明程度，为构建“和谐城东”“幸福城东”夯实基础。

1996—2021年，境内获得市级以

全国最美家庭——段成林家庭

上表彰的各类先进个人共59人次，其中，获国家级表彰7人次；获省级表彰32人次；市级表彰20人次。共有700多户分别获得区、街道"五好文明家庭""十星文明户""最美家庭""平安家庭""书香家庭"等荣誉。

文明单位

街道按照"以人为本，构建社会主义和谐社会"的总体要求，通过成立"街路党建联盟"，引领文明创建工作，打破街路文明单位创建"壁垒"，坚持把文明单位创建同文明风尚践行、新时代文明实践、志愿服务等有机结合，丰富创建内涵和形式，不断提高文明创建水平，增强居民群众"平安城东""和谐城东""幸福城东"的获得感。2009年起，有103个单位、(村)社区获得国家、省、市级荣誉称号，26个单位、(村)社区分别被省、市表彰为"文明单位""文明村"。其中东安、东风、智堡、东城、碧桂园社区获评"全国综合减灾示范社区"，唐甸村获评"全国乡村治理示范村""国家森林乡村"。城东街道获评"全省和谐社区建设示范街道"，迎春、东城社区获评"江苏省文明(村)社区"，春兰、迎春、东安社区获评"江苏省和谐示范社区"，春晖、碧桂园社区创成"江苏省民主法治示范社区"。2009—2021年，境内获得国家级荣誉称号的单位、(村)社区10个，获得省级荣誉称号的单位、(村)社区53个，获得市级荣誉称号的单位、(村)社区40个。

2009—2021年城东街道所获国家、省、市集体荣誉称号一览表

表24

获奖单位	所获荣誉称号	授予单位	授予时间
国家级集体荣誉称号（10）			
东安社区	全国科普示范社区	科技部、科协	2013
东安社区	全国综合减灾示范社区	国家减灾委、民政部	2014.12
东风社区	全国综合减灾示范社区	应急管理部（应急部）、国家减灾委、中国气象局、中国地震局	2017.12
春晖社区	博爱家园	中国红十字会总会	2019.6
春晖社区	全国红十字会博爱家园助力脱贫攻坚精品项目	中国红十字会总会	2019.8
智堡社区	全国综合减灾示范社区	应急管理部（应急部）、国家减灾委、中国气象局、中国地震局	2019.10

续表

获奖单位	所获荣誉称号	授予单位	授予时间
东城社区	全国综合减灾示范社区	应急管理部（应急部）、国家减灾委、中国气象局、中国地震局	2019.10
唐甸村	国家森林乡村	国家林业和草原局	2020.4
碧桂园社区	全国综合减灾示范社区	应急管理部（应急部）、国家减灾委、中国气象局、中国地震局	2020.10
唐甸村	第二批全国乡村治理示范村	中宣部、民政部等	2021.9
省级集体荣誉称号（53）			
春晖社区	充分就业社区	省劳动和保障厅	2009.03
唐甸村	江苏省康居示范村	省住建厅	2010.12
春兰社区	省和谐社区建设示范社区	省民政厅	2012
春兰社区	省和谐社区建设示范社区	省民政厅	2013
宫涵社区	省级三星级档案示范单位	省档案馆	2014.2
城东街道	全省和谐社区建设示范街道	省政府	2014.3
迎春社区	江苏省和谐示范社区	省民政厅	2014.3
唐甸村	省级森林生态示范村	省林业局	2014.6
城东街道	江苏省冬训工作先进街道	省委组织部	2014.7
春晖社区	省“平安家庭”创建活动示范社区	省“平安家庭”创建活动领导小组	2014.10
春兰社区	省“无邪教示范社区”	省委政法委、公安厅	2014
城东街道	江苏省村建工作三星级档案室	省住建厅	2014.11
宫涵社区	江苏省档案工作三星级单位	省档案局	2014.11
唐甸村	2014 年度江苏省绿化示范村	省政府	2014.11
魏徐村	省级卫生村	省爱卫办	2014.12
东安社区	江苏省和谐社区建设示范社区	省民政厅	2015.3
迎春社区	江苏省级科普示范社区	省科协	2015.12
春兰社区	江苏省巾帼文明岗二星级争创岗	省城镇妇女巾帼建功活动领导小组	2018.1
城东派出所	党支部书记工作室示范点	省委组织部	2018.1
城东派出所、水上派出所联合党支部	江苏省公安机关先进基层党组织	省公安厅	2018.6
城东派出所	青年文明号	省公安厅、团省委	2018.6

续表

获奖单位	所获荣誉称号	授予单位	授予时间
春晖社区	江苏省红十字工作先进集体	省红十字会	2019.8
春晖社区	江苏省创业型社区	省人社厅	2019.8
春晖社区	江苏省先进博爱家园	省红十字会	2019.8
城东街道退役军人服务站	全省信息采集先进单位	省退役军人事务厅	2019.10
老东河社区	江苏省统计规范化建设“千佳单位”	省统计局	2019.10
春兰社区	江苏省统计规范化建设“千佳单位”	省统计局	2019.10
迎春社区“鲁班80365”志愿服务大集市	第四节江苏志愿服务展示交流会铜奖	省委宣传部	2019.12
迎春社区	江苏省文明（村）社区	省文明委	2019.12
东城社区	江苏省文明（村）社区	省文明委	2019.12
春晖社区	江苏省健康社区	省爱国卫生运动委员会	2019.12
东城社区	江苏省民主法治示范社区	省委全面依法治省委员会	2019.12
城东派出所“李爱华阳光初心工作室”	金牌个人调解工作室	省司法厅	2019.12
城东派出所“458”巾帼服务队	江苏省巾帼文明岗	省妇联	2019.12
唐甸村	江苏省生态文明建设示范社区	省生态环境厅	2020.10
春晖社区校外辅导站	江苏省优秀校外辅导站	省关心下一代工作委员会	2020.11
春晖社区	江苏省民主法治示范社区	省司法厅	2020.11
碧桂园社区	江苏省民主法治示范社区	省司法厅	2020.11
东风社区家事调解工作室	江苏省标准化家事调解社区工作室	省司法厅、省妇联	2020.11
碧桂园社区	江苏省党建引领物业管理服务工作示范点	省委组织部	2020.11
宫涵社区	江苏省4A级数字档案室	省档案局、档案馆	2021.1
春晖社区	江苏省“红石榴家园”	省宗教事务委	2021.1
春晖社区	江苏省红十字会微党课优秀奖	省红十字会	2021.7
唐甸村	第四批江苏省传统村落	省住建厅	2021.7
唐甸村	江苏省美丽家园示范点	省妇女“双学双比”竞赛活动领导小组	2021.7

续表

获奖单位	所获荣誉称号	授予单位	授予时间
城东街道	江苏省基层党员冬训工作示范街道	省委宣传部、组织部	2021.9
春晖社区	江苏省关心下一代工作优秀集体	省关爱委	2021.10
唐甸村	江苏省生态文明建设示范村	省生态环境厅	2021.10
碧桂园社区	江苏省宜居示范居住区	省住建厅	2021.11
碧桂园社区	十佳宜居园林居住区	省住建厅	2021.11
城东街道	江苏省第七次全国人口普查工作成绩显著集体	省第七次全国人口普查领导小组办公室省统计局	2021.11
唐甸村	第八批江苏省特色田园乡村	特色田园乡村建设工作联席会议办公室	2021.11
城东街道社区教育学校	“智慧助老 赋能银龄”社区教育专项行动先进集体	省社会教育服务指导中心	2021.12
市级集体荣誉称号（40）			
唐甸村	泰州市康居示范村	市政府	2009.4
鲍坝社区	泰州市文明村	市文明委	2009
春晖社区	民族团结进步模范集体	市政府	2011.11
唐甸村	泰州市文明村	市委、市政府	2011.8
鲍坝社区	泰州市全面小康建设示范村	市新农村建设工作领导小组	2012.03
唐甸村	全面小康建设示范村	市新农村建设工作领导小组	2012.03
宫涵社区	泰州市文明社区	市委、市政府	2013
宫涵社区	泰州市绿色社区	市政府	2014
碧桂园社区	泰州市城市管理示范社区	市政府	2014
丁冯村	泰州市“五好”农民专业合作社示范社	市政府	2014
城东街道	深化全国文明城市创建集体嘉奖	市委、市政府	2018.1
春晖社区	深化全国文明城市创建集体嘉奖	市委、市政府	2018.1
唐甸村	2015—2017 年度泰州市文明村	市委、市政府	2018.7
丁冯村	2015—2017 年度泰州市文明村	市委、市政府	2018.7
东安社区	2015—2017 年度泰州市文明社区	市委、市政府	2018.7
春兰社区	2015—2017 年度泰州市文明社区	市委、市政府	2018.7
春晖社区	2015—2017 年度泰州市文明社区	市委、市政府	2018.7
鲍坝社区	2015—2017 年度泰州市文明社区	市委、市政府	2018.7

续表

获奖单位	所获荣誉称号	授予单位	授予时间
迎春社区	2015—2017 年度泰州市文明社区	市委、市政府	2018.7
斜桥社区	2015—2017 年度泰州市文明社区	市委、市政府	2018.7
宫涵社区	2015—2017 年度泰州市文明社区	市委、市政府	2018.7
鲍坝社区	泰州市先进基层党组织	市委	2019.12
街道办事处	泰州市生态环境建设先进集体	市委、市政府	2020.5
城东街道	泰州市深化全国文明城市创建先进集体	市委、市政府	2021.4
东城社区居民委员会	泰州市深化全国文明城市创建先进集体	市委、市政府	2021.4
东城社区	泰州市深化全国文明城市创建先进集体	市委、市政府	2021.4
宫涵社区	乡村振兴工作示范村	市政府	2021.8
东城社区	泰州市文明社区	市委、市政府	2021.8
宫涵社区	泰州市文明社区	市委、市政府	2021.8
斜桥社区	泰州市文明社区	市委、市政府	2021.8
鲍坝社区	泰州市文明社区	市委、市政府	2021.8
迎春社区	泰州市文明社区	市委、市政府	2021.8
春晖社区	泰州市文明社区	市委、市政府	2021.8
春兰社区	泰州市文明社区	市委、市政府	2021.8
东安社区	泰州市文明社区	市委、市政府	2021.8

附录：

城东街道居民公约

爱国守法，明礼诚信。团结友善，勤俭自强。敬业奉献，热爱学习。思想健康，杜黄赌毒。移风易俗，厉行节约。

公用楼道，畅通整洁。家庭和睦，敬老爱幼。邻里互帮，注重礼貌。公共设施，自觉维护。美化环境，人人有责。

防火防盗，群防群治。大家努力，共建社区。

城东街道迎春社区居民公约

团结亲，一家人，互助互治促和谐；
有矛盾，莫争吵，宽人严己烦事少；
门前雪，瓦上霜，人有难事主动帮；
养宠物，要注意，不扰他人讲文明；
进小区，有秩序，车辆停放在线内；
高空物，不乱抛，人命关天太重要；
装垃圾，应分类，规定投放有分别；

毁绿地，去扒翻，大家利益不应贪；
破围墙，乱搭建，认定违章踩红线；
楼梯口，勤清理，卫生整洁利邻里。

城东街道唐甸村村规民约

总　则

为了贯彻实施《中华人民共和国村民委员会组织法》，发扬社会主义民主，健全社会主义法治，教育村民遵纪守法，维护社会治安和社会秩序，成立“四会”组织即民主议事会、禁毒禁赌会、道德评议会、红白理事会，推动移风易俗，提升村民思想道德素质，丰富村民精神文化生活，以践行社会主义核心价值观为根本，从而实现村民自治，创建和谐宜居环境，把唐甸村建设成为社会主义新农村，特制定本村规民约。

第一章　社会治安

1.每个村民都要学法、知法、守法，自觉维护法律尊严，积极同一切违法犯罪行为作斗争。

2.村民之间应团结友爱，和睦相处，不打架斗殴，不酗酒滋事，严禁侮辱、诽谤他人，严禁造谣惑众、拨弄是非。

3.自觉维护社会秩序和公共安全，不扰乱公共秩序，不阻碍公务人员执行公务。

4.严禁偷盗、敲诈、哄抢国家、集体、个人财物，严禁赌博、严禁替犯罪嫌疑人藏匿赃物。

5.严禁非法生产、运输、储存和买卖爆炸物品；经销烟花、爆竹等易燃易爆物品须经有关部门批准。不得私藏枪支弹药，拾得枪支弹药、爆炸物品，要及时上缴公安机关。

6.爱护公共财产，不得损坏水利、道路交通、供电、通信、生产等公共设施。

7.严禁非法限制他人人身自由或非法侵犯他人住宅，不准隐匿、毁弃、私拆他人邮件。

8.严禁私自砍伐国家、集体或他人的林木，严禁损害他人庄稼、瓜果及其他农作物。

对违反上述社会治安条款者，触犯法律法规的，报送司法机关处理。尚未触犯刑法的，由村委会批评教育，责令改正。

第二章　消防用电安全

1.家庭用火做到人离火灭，严禁将易燃易爆物品堆放户内，定期检查、排除各种火灾隐患。

2.对村内、户内电线要定期检查，损坏的要请电工及时修理、更新，严禁乱拉乱接电线。

3.加强村民尤其是少年儿童安全用火用电知识宣传教育，提高全体村民消防安全知识水平和意识。

第三章　村风民俗

1.践行社会主义核心价值观：富强、民主、文明、和谐，自由、平等、公正、法治，爱国、敬业、诚信、友善。提倡社会主义精神文明，推动移风易俗，

反对封建迷信及其他不文明行为，树立良好的民风、村风。

2.倡导生态文明殡葬新风尚，保护生态环境资源，杜绝乱埋乱葬现象，自觉将骨灰安葬到村规划的集中安置区。

3.不请神弄鬼或装神弄鬼，不搞封建迷信活动，不听、看、传淫秽书刊、音像，不参加反动组织。

4.建房应服从村庄建设规划，经村委会和上级有关部门批准，统一安排，不得擅自动工，不得违反规划或损害四邻利益。

第四章 环境卫生

1.保持村庄村容清洁卫生，不准在村内巷道、公路和村公共场所等乱搭乱建乱堆乱放，将垃圾倒入垃圾箱，由专人收集转运。

2.保持河道清洁卫生，不向河道内乱扔垃圾杂物，保持水面清洁。

3.爱护绿化，不乱砍滥伐树木，保护公共绿化，制止破坏绿化行为。

4.禁止焚烧、乱抛秸秆，提倡秸秆还田；畜禽粪便应进行无害化处理，厕所按统一规格标准进行改造，达到无害化标准。

5.村所储水源都属于集体所有，承包人有保护水源清洁的责任，任何个人不准擅自填埋、阻塞河道，并且无条件配合村集体、水利等有关部门疏浚河道、修建水利设施。

第五章 邻里关系

1.村民之间要互尊、互爱、互助，和睦相处，建立良好的邻里关系。

2.在生产、生活、社会交往过程中应遵循平等、自愿、互惠互利的原则，发扬社会主义新风尚。

3.邻里纠纷，应本着团结友爱的原则平等协商解决，协商不成的可申请村调解委员会调解，也可依法向人民法院起诉，树立依法维权意识，不得以牙还牙，以暴制暴。

第六章 婚姻家庭

1.遵循婚姻自由、男女平等、一夫一妻、尊老爱幼的原则，建立团结和睦的家庭关系。

2.婚姻大事由本人做主，反对包办干涉，但男女青年结婚必须符合法定结婚年龄要求。

3.自觉遵守计划生育法律法规、政策，实行计划生育，提倡优生优育。

4.夫妻地位平等，共同承担家务劳动，共同管理家庭财产，反对家庭暴力。

5.父母应尽抚养、教育未成年子女的义务。子女应尽赡养老人的义务，不得歧视、虐待老人。

6.积极参加五好家庭、十星文明户评比。

“中国好人”——段成林

段成林，男，1964年12月出生，2020年加入中国共产党，2021年为泰州海陵区城东街道东安社区段成林志愿工作站站长。

1995年下岗后，他干起了水电安装、电焊加工、太阳能及空调的安装维修。2002年，一次意外导致腰部跌伤，家庭陷入了困境，社区领导和群众向他伸出援手，送去6000多元捐款，解了他家的燃眉之急。段成林深受感动，暗暗发誓，要以自己的专长回报社会，为所需要的人们做好事，免费为孤寡、残疾、特困

段成林志愿者队伍（前排左三为段成林）

老人和伤残军人提供水电安装服务，免收材料费。

2014年5月，段成林在街道社区的扶持下，成立了以自己名字命名的志愿服务站，组建了一支涵盖水电维修、缝纫、理发、课外辅导等内容的志愿服务队伍。志愿服务站成立之初，段成林当众庄重承诺：除夕到大年初五，如有水电急需维修的，只要拨打急修电话，就可以前往维修，全免材料费和人工费；夜间如有水电急需维修的，只要拨打急修电话，保证随呼随到，全免材料费和人工费；孤寡、残疾、特困老人和伤残军人，只要有水电急需维修的，不分时段、不管白天黑夜，随叫随到，全免材料费和人工费。在段成林的带领下，大家信守承诺，坚持不懈、持之以恒地投身于志愿服务，累计为周边地区孤寡老人、特困户、低保户、伤残军人、单亲家庭服务上千人次，受到群众的交口称赞。段成林从事志愿服务20多年，写满的近30本服务记录是他志愿生涯的印记，收到的50多面锦旗是群众对他的认可。2015年，《现代快报》报道了段成林的先进事迹，称他为“受助康复后回报社会的道德楷模”。2017年，段成林被评为江苏省优秀志愿者，入选“江苏好人榜”。2020年9月，段成林被授予“中国好人”称号。

“全国维护妇女儿童权益”先进个人——李爱华

李爱华，女，1953年2月出生。曾任海陵区城东街道工人社区党总支书记、居委会主任。2007年从社区主任岗位退

全国维护妇女儿童权益先进个人李爱华

休后，受聘于城东街道矛盾纠纷处理中心，创建李爱华婚姻家庭纠纷调解工作室、李爱华矫正工作室。

到街道矛盾纠纷处理中心工作后，她成功化解了各类矛盾纠纷1600多件，调解成功率达99.8%。其中，调处的一起“房屋征收补偿款分割引纷争”案例，央视记者现场采访拍摄成“从天而降的41万”的调解视频，于2015年6月6日在央视12频道《社会与法》“小区大事”栏目播放，达到了很好的社会效果。不管在职还是受聘，李爱华一以贯之助人为乐，她热心帮教300多名社区矫正人员和26名失足未成年人，爱心资助50多名困境家庭的子女，用她最美德行，诠释了社会主义核心价值观。李爱华在物质待遇上知足感恩，在居民相处中敬老爱幼，给困难家庭以春天般的温暖，在社会工作中燃烧自己，给服务对象以及时的帮助。先后获得全国维护妇女儿童权益先进个人、江苏省优秀人民调解员、江苏省社区矫正工作先进个人、江苏省婚姻家庭纠纷优秀调解员、金牌调解员、泰州市劳动模范等称号。她所在的工作室也被评为“江苏省金牌个人调解工作室”“江苏省规范化家事调解社区工作室”。

全国“孝亲敬老之星”——杨兆华

杨兆华，女，泰州城东街道红枫老年公寓负责人。在红枫老年公寓岗位上，

杨兆华（右一）

凭着一颗共产党员火热的心，亲人般地关爱着老人，全身心地为老人服务，使红枫老年公寓成为泰州“星光工程”的一大亮点。

二十多年如一日，杨兆华精心服务公寓每一位老人，她陪公寓老人过生日，守除夕，组织老人到外地观光旅游，为老人安排膳食、换洗衣被，为病重老人洗脸洗脚、值班陪护，为过世老人送葬尽孝。她提出“替天下子女尽孝、为众多老人解忧”和“一切为了老人”的服务理念，在她的言传身教影响下，公寓全体工作人员真心、热心、贴心为老人服务，赢得社会广泛赞誉。

杨兆华的先进事迹多次见诸报端，2005年4月13日，《江苏工人报》以《甘为他人尽孝道》为题，对她的事迹作了全面报道。2003年，杨兆华获江苏省文明职工称号，2004年，获全国“孝亲敬老之星”称号，2007年，获全国“五一劳动奖章”。

“江苏好人”——汤汝华、朱林妹夫妇

2020年12月，城东街道迎春社区“鲁班80365”工作室志愿者汤汝华、朱林妹夫妇入选“江苏好人榜”。他们是携手投身志愿服务18年的幸福伉俪，也是同怀一颗热心，为邻里解决各种难

汤汝华、朱林妹夫妇

题的搭档，棚户区改造搬家后，他们仍坚守志愿者的岗位。汤汝华夫妇把“为大家做好事”当成人生最朴素的信仰，把志愿服务社区当成自己的事业。

2008年，朱林妹从工厂病退，有着一副热心肠的她被社区聘为中心户长，主要负责迎春社区东郊新村片区50多户居民的管理。看着老伴天天在社区里干着打扫卫生、调解纠纷之类的事情，汤汝华不知不觉地也加入其中，成了老伴的“副手”。2009年，患有轻度精神病的孤寡老人顾宜宏搬到东郊新村，夫妇俩知道老顾的情况后，主动上门，帮他收拾屋子，给他换上新被单，送来自己做的饭菜。知道顾宜宏家一直没有安装自来水后，汤汝华自己动手，买来水管，挖了管道，将家里的自来水接到顾宜宏家里，十多个年头，不收一分水费。

2017年，东郊新村实施棚户区改造，乔迁新居的汤汝华、朱林妹夫妇距离迎春社区有20分钟车程，两人坚持每天骑着电动三轮车往来社区做义工，风雨无阻。平时，夫妇俩为社区居家养老服务中心和“鲁班80365”工作室义务做后勤。文明城市创建活动中，夫妇俩起早贪黑，执勤巡逻，维护社区环境。熟悉他们的人玩笑地说：“你们这样每天来回跑，是不是傻？”老汤坦然一笑道：“我们都是退休的，来服务就当锻炼身体、愉悦身心。何况迎春社区这边都是老邻居老朋友呢！”

汤汝华、朱林妹两人都有疾在身，汤汝华一只眼睛几乎失明，朱林妹胸内患有动脉瘤，夫妇二人唯一的心愿就是趁着还能动弹的时候为社区、为居民多做一些好事。2016年，夫妇二人在与儿子商量后，到海陵区红十字会登记，成为遗体捐献志愿者。

汤汝华、朱林妹夫妇在平凡的生活中，用无私奉献诠释着善良和感恩，谱写了一曲乐于助人的志愿之歌。

“全国劳动模范”——姚喜珍

姚喜珍，女，中共党员，1955年生，春兰集团制冷机公司退休工人。2000年获“全国劳动模范”称号。

1977年，姚喜珍进入原泰州制冷机厂（后更名为春兰集团制冷机公司）从事焊接工作，这一干就将近30年。焊接工作不光苦脏累，也是个需要动脑筋的技术活。为了熟练掌握焊接技术，姚喜珍仔细观察师傅们的一招一式，焊枪如何持稳、焊条如何摆动、虚焊如何避免，她一一牢记在心。下班后，她找来废料，反复练习，终于形成了“先吹气，再跨管，再焊接”这一套独特的姚氏套铜管焊接技术，她也从“小年轻”变成大家口中的“姚师傅”。

焊接工作很平凡，但姚喜珍却在平凡的岗位上干出了不平凡的业绩。她坚守初心，用新人般的细心对待每一个焊

“全国劳动模范”姚喜珍

点，从1万个焊点无泄漏，到5万个焊点、10万个焊点、100万个焊点无泄漏，姚喜珍创造了焊接奇迹，成为春兰公司百万焊点无泄漏的“女焊将”。2000年，姚喜珍获中共中央、国务院颁发的“全国劳动模范”奖章，那是她创造百万焊点无泄漏纪录后，国家对她付出艰辛劳动的最高评价。

第八篇　传统文化

城东街道地处泰州市主城区东部区域，东、南、北三面分别与海陵区京泰路街道、医药高新区寺巷街道和凤凰路街道、海陵区华港镇接壤，境域内商贾物流不绝，人员交往密切，既是三地连接纽带，也是三地文化交流节点。由于地域相邻，习俗相通，在长期共存和相互影响中，文化特征在这里得到沿袭和传承，由此形成的具有本境域特点的传统文化，以及衍生的民间艺术、民间技艺、故事传说、民歌民谣、方言土语等，在民间广为流传。

民间艺术

唱凤凰

唱凤凰，即用纸扎的造型优美、色彩斑斓的凤凰造型，伴以锣鼓演唱的民间艺术活动。境域新通扬运河以北的各个自然村庄都有唱凤凰的习俗。唱凤凰一般从正月初一开始，至正月初五结束，本地能工巧匠用彩纸扎成由头、身尾组成的凤凰形状，配以五彩纸片做羽毛，头部、颈部可晃动，随着2米多长的竹竿摇摆作点头摆尾状。唱凤凰队伍一般由5人组成，他们手擎色彩艳丽的凤凰，挨门逐户，在喧天的锣鼓声中为千家万户送祝福、送吉祥。演唱时，既有事先编好的唱词，也有即兴自编的唱词，主人家喜笑颜开迎来门外，敬香烟、放鞭炮、连声道谢，围观群众前后簇拥，整个村庄沉浸在节日气氛之中。

舞龙

每年从大年初一初到元宵节，几乎各村都有舞龙的传统习俗。舞龙由龙首、龙身、龙尾组成。龙身用篾竹扎成直径33厘米圆筒状，节节相连，外面覆罩画有龙鳞的巨幅红、绿、黄等彩色布，每隔1米多为1节，俗称1棒，一般1条龙有15棒。为首者执龙头，首尾相距有15—18米。由一人持龙球领前，作为引导。每支舞龙队近20人，穿着统一民族服装，有金龙、彩龙、黄龙、青龙、白龙，工艺精湛，活灵活现。舞龙队在街头、广场进行舞龙表演，滚、爬、攀、跃，每个动作都有一个吉祥好听的名字，如“猛龙过江”“老龙攀高”“扭转乾坤”“翻江倒

舞龙

海”“一步登天”等，舞龙队所到之处，男女老幼争相观看，喝彩声此起彼伏。

舞狮

狮子用竹、木架、布料、麻丝制作，分头部、狮皮、尾部3个部分。狮子有雌、雄狮一对，狮子头部置彩球，红球为雄性，黄球为雌性。每只狮子的扮演者均为两人，一前一后，表演蹲跳，动静，浑如一人。表演时前后金锣引导进场，放鞭炮迎接，雌雄狮入场“还礼”后，表演“盖顶”“咬耳”“亲嘴”“管尾子”“拜四门”“入洞房”，至“眠雄”等舞蹈情节，表现它们相亲相爱的过程。20世纪80年代，年轻的舞狮演员还会表演跳大凳、盘方桌、打高肩，站立亮相，十分惊险好看。

荡花船

荡花船，是以坐船、撑船的形式表演戏剧节目。花船的制作以轻巧为目的，骨架用竹竿、木棍绑扎而成。先用竹竿扎成中间宽两头窄的船舷，船舷上面扎一个亭子样式的船舱，亭子的屋顶用彩纸贴糊，屋脊攒集处装饰成宝葫芦之类的花饰。四周的柱子都用彩纸缠绕贴糊，有的在柱子与窗子之间用彩绸掏成胡椒眼儿。亭子四角挂上花样不一的穗，头一摇，缀飘拂，十分好看。花船撑船者多是打扮为长胡子的老汉，头戴礼帽，手持

舞狮

荡花船

竹竿在船外掌;"舱中"坐船者多为打扮得花枝招展的女性,肩背有一条系住花船两舷的红绸带,双手各扶住花船的一边,两人配合,虚拟出花船进退摇荡、转舵、颠簸等动作。花船表演时边歌边舞,所唱曲调以小曲最为常见,男女演员一问一答,轻松活泼。

挑花担

挑花担在喜庆节日、庙会等都有表演。花篮为竹篾扎制,缀以各色鲜花、柏树枝、冬青叶或青竹枝,贴上"福""寿""五谷丰登"等字。扁担以毛竹削制,柔软而有弹性。挑花担队伍一般由4—8名副花担组成,表演者多为年轻貌美的姑娘或少妇,担着花篮,走着碎步、载歌载舞,婀娜多姿。舞姿多变,有跳跃、颤步、抖肩、屈膝、摆胯、摇颈等姿势,轻而不浮,圆而不滑,配以民歌小调,填上新词演唱,为群众所喜爱。

打腰鼓

打腰鼓是境域较为悠久的民间文艺,节庆日时常表演的一个节目,一般由多人组成的方队集体表演。表演时,腰鼓队统一服装,演员腰间斜挂小鼓,双手持鼓槌,随锣鼓、唢呐的伴奏声挥臂击鼓。其动作时而腾挪跳跃,热烈奔放;时而轻敲慢打,柔和灵巧。其队形时为长龙,时为方阵,变幻有序,步伐齐整。特

挑花担

打腰鼓

别是年轻演员，在表演中极其投入，龙腾虎跃，充满阳刚之气，往往带有喜庆色彩，博得观众阵阵喝彩。新店开张或店庆、促销活动，经常邀请一些腰鼓队在店前打鼓助兴。

打莲湘

打莲湘俗称打钱叉，是境域流传已久的传统民俗舞蹈。莲湘用长约1米的竹竿，竹竿两端各开2个对面槽，槽孔为2个铜钱直径的长度，每个孔内穿上2排铜钱，每排2个。在开孔的两端装饰彩绸，舞动起来，铜钱互相撞击，发出“咔嚓”的声响。该项目表演者多为女青年。表演时可由数人、数十人参加，各持莲湘做各种舞蹈动作，从头打到脚，从前打到后，边打边唱，形成舞、打、跳、跃等连续动作。行进时，可打出前进、停留、蹲下等多种步法，一起一落，节奏鲜明，动作活泼，还可通过敲击肩、背、脚、头、臂、腰、腿，变换快慢节奏，发出清脆的响声，处处充盈着飞舞之美，呈现出轻松活泼的风格。

踩高跷

踩高跷，俗称缚柴脚，亦称“踏高跷”“扎高脚”，是民间盛行的一种群众性技艺表演，多在一些节日里由表演者脚上绑着长木跷进行表演。踩高跷技艺性强，形式活泼多样，深受群众喜爱。在

打莲湘

踩高跷

城东境域一带所用的高跷，多为木质，双跷多绑扎在小腿上，以便展示技艺，动态风趣。一般在闹元宵活动中，表演者更是亮出个人技巧与绝招，踩高跷行动比较自如，可以在大场中表演，也可走街串巷。踩高跷配合扭秧歌、舞长龙、跑旱船等表演形式。更增添喜庆色彩，现场气氛活跃。

五云斋嵌桃麻糕

泰州生产麻糕始于明末清初，盛于清中期。麻糕与麻油、麻饼并称“泰州三麻”，尤其是嵌桃麻糕久负盛名。“芝麻碾细嵌桃香，切片微烘色淡黄。甜脆香酥夸绝诣，外销能为国争光”，《新泰州竹枝词》道破本地嵌桃麻糕之绝妙。

在泰州城里制作嵌桃麻糕的商家不在少数，其中以老字号五云斋最为出名。1999年11月，五云斋第七代传承人戚根森在境内创办东方糕点有限公司，传承和弘扬五云斋嵌桃麻糕技艺。

五云斋嵌桃麻糕以上等芝麻、糯米、

泰州东方糕点有限公司

白糖、核桃仁等为主要原料，通过传统工艺精制而成。芝麻、糯米经过淘洗、火炒、过筛、碾磨成芝麻粉、糯米粉；甘蔗糖加工成棉细软粉糖，胡桃仁浸泡、去皮、冲洗、晾干。随后将四种配料按比例配制，经过擦粉、过筛、过秤、压粉、推平、嵌桃仁、复平、压实、炖制、回锅、切片、排盘、烘烤、出炉、起盘、凉干、包装等二十多道工序制成。其外形色泽金黄，厚薄均匀，嵌桃为蝴蝶状，质地细腻，酥香甜脆，营养丰富。当地居民朱学纯曾作《嵌桃麻糕》诗："麻屑绵糖糯米匀，桃仁一点嵌中心。炖成切片焙大火，酥脆香甜独冠群。"

2010年，嵌桃麻糕制作技艺先后被列为泰州市非物质文化遗产、江苏省非物质文化遗产。2012年，五云斋第七代传承人戚根森和师傅们不忘初心，在坚守老一辈传统技艺的同时，积极创新研发，他们在保留传统甜口麻糕的基础上，推出了咸口的椒盐芝麻麻糕，研制出抹茶、海苔、肉松等多种新口味的麻糕。一代又一代糕点人用自己的坚守，传承非遗之美，让传统美食经久不衰，地方优秀传统文化发扬光大。

两代喉科名医

在城东街道唐甸村保存着一间医务室，正中央悬挂着一块"妙手生春"匾额，两边镶嵌着一副对联"凭旧学贯通新学，本中医融会西医"，大门两旁的对联"青囊素问岐黄术，本草医性药道通"。这里曾经是唐甸村徐氏父子的医务室。

徐家世代行医，徐朗山、徐宏中父子潜心钻研《喉科紫珍集》《陈修园医学三字经》《本草纲目拾遗》等经典，父子二人均从十多岁开始从医，在传承先辈医术的基础上，结合临床实践，反复摸索，创新配制喉科专用药"珠黄吹喉散蟾酥丸""化毒丹"，以及中药汤制"三黄鲜毒汤""银翘鲜毒散"等，成为四里八乡及扬州、上海一带"喉科名医"。除了药丸和汤剂，徐朗山父子还发明了一项专治喉科疾病的独门绝技——烙铁熨喉，就是将烙铁放在酒精灯上烧到一定温度时，伸入病人咽喉患处进行熨烫，根除病症，俗称烫"添气"。

泰州鲍坝曾有一喉病患者，在多地求医无效后，慕名来唐甸找徐朗山父子就诊。此时患者已不能进食，徐朗山父子经过仔细观察，立即给患者施行手术，放其阻滞，泄其脓血，伤处喷上自己配制的特效药，过不多时，患者便能饮水，随后服以专制汤剂，三日后，患者就能下咽食物，不多日即治愈。为此，患者专门赠送给徐朗山父子"妙手生春"牌匾，以表谢意。

1983年，朱庄公社的张群高喉咙疼痛难忍，多地治疗，效果不明显，后慕名到唐甸村找徐老医生诊治，徐先生查看过患者喉咙症状后，宽慰患者不要紧张。

只见徐先生拿出自制的医疗器械：一盏酒精灯、一小块带有木质手柄的方形铁块，将其放在酒精灯上燃烧，达到一定温度时，即让患者张开嘴巴，将烙铁伸入喉咙病灶处，进行火烙，接着将自家研制的药粉吹到喉咙的烙印处，不一会儿，患者明显感到喉咙舒服多了，两小时后，能喝茶饮水了。患者逢人便夸赞道："徐老先生真是妙手回春，华佗再世。"

徐朗山父子二人辞世后，唐甸周边地区的人们对徐氏父子独特的治喉之术仍是赞叹不已。

丁冯造船木匠

丁冯村有悠久的造船历史，造船的木匠尤以丁冯村的丁家铺、冯家河居多。

丁冯木匠有工种之分：

河料，是造船的木匠，根据分工及手艺细分为锯匠、木匠、捻匠。

高料，是建房的木匠，主要负责大山、檩条、椽子，门窗制作及安装。

细料，是订做家具的木匠。

丁冯木匠的工具箱一般是高40厘米，长60厘米，宽20厘米的木箱子，里面装的是切割用的锯、斧、凿、铲，打磨用的刨、钻、锉，测绘用的墨斗、各种尺、规、画线器。工具箱随身携带，行走方便。

丁冯木匠造船分为"六步"：一是选料。选料直接关系木船的使用寿命。一般都使用杉木，因为杉木身轻且抗水防腐力强。二是放样。放样直接影响木船平衡。三是棚骨。棚骨关系木船承载力，来不得半点含糊。四是上劲梁。劲梁与砌房上梁一样至关重要，上劲梁主人家要敬香、放鞭炮。五是捻封。船体木板与木板相连的接缝，要用石灰膏和麻丝锤成的麻灰膏黏合，用凿子、斧子慢慢"捻" 进去，确保接缝处不渗水。六是油船。木船造好后要把造船过程中产生的木屑，木沧及灰尘清理干净，然后用桐油把整个船体刷上几遍，保证船体经得住河水浸泡和日晒雨淋。

旧时私人请丁冯木匠造船，中午要管家常饭菜。如遇上劲梁，主家要在家常饭菜的基础上，添加鱼肉并略备小酒，以显示上劲梁的重要和对木匠师傅的尊敬。20世纪80年代改革开放后，大量的水泥船和铁驳船取代了木船，丁冯木匠的生存空间越来越小，大部分改行转行，丁冯木匠的风光逐渐成了历史传说。

窑头的"大蓝"

"大蓝"，即板蓝根的叶子，又名大青，以根入药称之为板蓝根，叶子加工后成为一种中药叫"青黛散"，有消肿止痛、抗菌抗病毒的作用。

20世纪60年代初，城东街道窑头村开始种植板蓝根。20世纪80年代，窑

造船

头村的板蓝根种植进入鼎盛时期，全村1500多亩土地80%的面积种植“大蓝”，成为苏中地区板蓝根种植基地，所制作的“青黛散”半成品和板蓝根由医药公司统一收购，成为当时村集体经济主要来源之一。农村实行家庭联产承包责任制后，随着板蓝根市场价格走俏，窑头村几乎家家户户都种植板蓝根创收，田间地头、巷头路边，打谷场上，甚至房屋顶上随处可见摊晒在竹扁子里的“大蓝”，一排排，一摞摞，绵延不绝，蔚为壮观。

把板蓝根叶子加工成“青黛散”半成品，窑头老百姓称之为“搞天”，程序颇为复杂：板蓝根为二年生草本，有收根茎的，也有等待开花收种子的，窑头种植户则以收大青叶为主，一年能收割3—4刀次。春季播种，4月，就可以收割大青叶了。收割大青叶非常辛苦，每天天不亮就要起床，露水未干、太阳出来前，就要收割结束。割好的大青叶要及时清除杂质，然后在事先准备好的水里浸泡2小时，待水的颜色变蓝后，先用纯石灰膏倒进水里进行充分搅拌，经过1个多小时的沉淀将大青叶渣捞出，此时水已变得湛蓝，行话称为“黛”，窑头百姓称之为“打土天”。随后，再用纯石灰膏加猪血按一定比例调和成汁，倒入沉淀的大蓝水中用力搅拌，待水渐渐变成了泡沫，将泡沫捞出摊铺在事先准备的竹扁子里晒太阳，待晒干成为粉状“青黛散”后，分等级包装交由医药公司统一收购。

20世纪90年代末期，随着农业产业结构调整，青壮劳动力流向城市，农村致富路子越来越多，窑头村依靠种植板蓝根创收的家庭越来越少。2010年，村民放弃种植板蓝根，那放眼成片、绵延数里的晒“大蓝”景象成了人们的记忆。

故事传说

东陵庵

城东斜桥曾经有个传奇的庵，名叫“东陵庵”，位于斜桥西侧路北，前后三进、东西厢房。寺庙的规模在当时来说还是比较大的，至于此庵建于何时已无从考证。说它传奇，就在于庵的住持和居住的本应是尼姑，唯独“东陵庵”里居住的却是和尚，村里老人谈起这座庵，却很少有人知道为什么。

1949年前，曾有一位叫天如的当家师傅，平时精心管理，因而积蓄了不少现大洋。那个年代盗匪盛行，某天，天如师傅被土匪里应外合将他从密室劫持。对方要的是钱财，但天如法师不肯说钱藏在哪里，后来被土匪杀害，抛尸在采菱桥下河里，东陵庵里的几千大洋也不翼而飞。后东陵庵的住持有普慈、普达等人。

东陵庵院落偏西的位置上有一棵银杏树，有上百年历史，当时此银杏树的树干已经一个人抱不过来了。

抗日战争期间，东陵庵曾是新四军的被服厂。中华人民共和国成立后，在东陵庵旧址建起了泰州渔网厂，东陵庵则成了渔网厂职工宿舍。20世纪70年代，因拓宽道路，逐渐拆除了东陵庵，只留下了一间东厢房。70年代末，原东陵庵住持普慈曾从上海回到泰州寻根，当时就住在东厢房内。此后不久，因旧城改造需要，仅剩的东厢房也拆除了，刻有“东陵庵”的石碑也不知所终，东陵庵就此彻底湮没在历史的长河中。

金家垛

金家垛位于孙金村最东侧，是一个自然村，村内主要有金、秦、陈、王四大姓氏，常住村民170余户、650多人。农业种植面积约33.33公顷，种植规模为孙金村境内最大。金家垛的经济结构以传统农业为主，青壮年劳动力大部分外出打工，少部分经商。

金家垛地名与姓氏有着密切关系，金姓为金家垛第一大姓，也是最早迁徙来此居住的姓氏之一。金家垛为垛田地貌，俗称“垎岸”，以种植油菜和高粱为主。

一说相传唐朝金家垛附近为淮河流域泄洪的湿地，无人居住，薛仁贵领兵至此，便将湿地开挖成若干河沟取土堆岸，岸用于屯兵，河沟用于抵御外敌。

另一说相传南宋岳飞抗金至此，为了抵御金人骑兵攻击，利用湿地开河取土形成垛田形状，岸屯兵，河汊抗金。金人系北方游牧民族，善于骑射却不识水性，岳飞在此伏兵御敌，大获全胜。20世纪70年代平整垛田时，曾在金家垛北侧一块垛田里发掘出了南宋岳飞抗金时留下的大量马骨和陶制军用水壶及石斧，遗憾的是未能妥为留存。

明朝中后期，苏州阊门一带的渔民北上捕鱼来到金家垛，发现此处水产资源丰盛，垛田肥沃，一些渔民便在此落脚，开发垛田种植。最早在金家垛老庄台居住的只有金、秦两户人家，经过几代繁衍，金家垛不断发展壮大。金家在金家垛中间地带修建一条南北通道，取名中巷，将金家垛庄台分成东西两块，通道东侧称东头，西侧称西头，在东头东南角建大庙取名福慧庵，用于祭神，在西头西南角建土地庙，用于祭地，在中巷靠近南河和北河的地方建打谷场两处，称为南场和北场，其时因金家兴旺远超秦家，故取村名为金家垛。

清初为金家的巅峰时期。当时金家在中巷西侧修建了三座南北相连的农家

金家垛

四合院，三扇大门朝东，人称“金家三大门”，一时间金家名声显赫。当地一些强人和土匪经常劫掠金家财物，金家为此很为烦恼，便想办法预防匪患。由于当时金家垛庄台的地貌为四面环水，只有北侧有一条细长的垛田走马岸和村北侧相连，便决定将北地挖开，形成河流防止匪患。开挖之初便出现了奇事，第一天挖的土一夜后就涨平了，一连挖了好几天，天天如此，金家人虽觉得奇怪，但不知何因继续开挖。某天下午，金家一子女开挖到下午时感觉有点累，便将大锹插入挖土之处，将脚上的湿草鞋挂在锹拐之上晾晒，独自回家休息。第二天一早，金家人来到时发现走马岸和村北侧已经形成一条河沟，河沟里全是血水，金家人大惊失色，赶紧请来风水大师解惑，大师对金家垛地形进行仔细观察后认为此地为蟠龙地，龙头在南场东侧的突出部分，北侧的走马岸为龙尾，中巷为龙背，因金家占据龙背才有了发达辉煌，金家挖断了龙尾将会转入衰败。后来，金家真的开始渐渐衰败，三座四合院也被子孙拆除变卖。

清朝后期，陈姓和王姓两家族乔迁至金家垛居住，陈姓住在金家垛东头，王姓住在金家垛西头，形成金家垛四大姓氏并居。后来王姓和陈姓两家渐渐发达成为当地的两大财主，各有垛田近两百亩，基本垄断了金家垛的垛田资源，且一直延续到1949年前。中华人民共和国成立初期，金家垛总户数不足60户，人口不足300人。20世纪80年代改革开放后，金家垛发展迅速，人口规模不断扩大，村庄人居环境发生了翻天覆地的变化，但金家垛老地名不变，中巷、南场、北场、走马岸、东头的福慧庵、西头的土地庙依然留存，村民仍然保留着大年三十及正月初一当家主人去东头大庙福慧庵上香，去西头土地庙祭地的习俗。

龙骨滩

龙骨滩位于唐甸村北侧，传说那里曾是岳飞抗金的古战场。

龙骨滩原先是一道狭长的暗水滩，常年淹没于水中，只有在枯水季节时才露出水面，形成一片沙滩。沙滩四周芦苇成片，杂草丛生。南宋年间，金兵入侵中原，一路势如破竹，直至长江沿岸，岳飞奉旨在泰州城北安营扎寨，抗击金兵。金兵多为骑兵，擅长骑马作战。岳飞想出良策，命令士兵和当地百姓按照八卦阵的形状，日夜挖掘，形成纵横交错的漕沟，然后注入河水，从而形成面积大小不等、河面长宽不一、河底深浅莫测的垎岸。金兵来袭，横冲直撞，误入此阵，连人带马陷入其中动弹不得，不谙水性的金兵或被淹死，或被射杀。战后打扫战场，岳飞将阵亡将士的尸体都集中掩埋在沙滩上，长年累月，风吹浪打，尸体腐烂，沙滩上只剩下大大小小、零零碎碎

龙骨滩

的残骸。人们景仰和怀念这些精忠报国的将士，便将这尸骨成堆的地方叫作龙骨滩。

后来，也不知何方人士在龙骨滩附近建造了一座奇特的寺庙。它是用一只大缸建造而成的，把大缸的大口朝下倒扣在地上，又在缸壁上凿一个洞，上面是直径约50厘米的半圆，下面是长方形，人们称之为“缸庙”。

20世纪70年代农业学大寨时，龙骨滩地段被改造成种植瓜果蔬菜的垎岸田，缸庙河也开挖成为生产河。泰州城北阳光大道（现更名为罡红线）建设时，生产河上建造两座桥，分别命名为“龙河桥”和“抗金桥”，以此来缅怀民族英雄岳飞和死难的将士们。

“银针桥”的传说

城东是一方风水宝地，有着丰富的地名文化，有着众多的传奇传说，迎春桥就是传奇传说之一。

迎春桥位于古泰州城东门外凤凰墩前，原为南北向的砖拱桥。1987年道路拓宽时移位重建，改为东西向的水泥桥。传说中迎春桥叫作“银针桥”。清朝时，城东鲍坝水运十分发达，鲍坝西侧有一条护城河，一直向南通往长江。有一年春天，乡绅们决定在鲍坝建一座桥，方便商贾百姓往来。桥快要完工时，按当地习俗，要留下一个龙口，等选定黄道吉日杀鸡宰猪供奉，举行“闭龙口”仪式，“闭龙口”时，还要选一位口才好的工匠“说佮子”，“佮子”说得好，桥合拢就会顺畅，坚挺不垮传万代，“佮子”说得不好，就会桥垮人丧命。黄道吉日这天，“闭龙口”仪式隆重举行，匠人“佮子”说得正起劲时，偏巧一支迎亲队伍浩浩荡荡地走上桥来，说佮子的匠人一见随即开口道：“新桥新人走，丢下新人闭龙口。”没想到轿中新娘非常聪明，听罢随即从头上拔下一根盘头用的银针扔进桥的龙口，开口道：“新桥新人走，丢下银针闭龙口。”迎亲队伍相安无事地过了桥，说佮子的匠人一时没接上，没过几天便一命呜呼了。从此迎春桥被人们称为“银针桥”。

据记载，旧时泰州有一种“打春”的习俗，每逢立春日(一说立春前一天)，州府的官吏都要到东门外举行鞭土牛、迎芒神的迎春仪式，劝农耕稼，祈祷丰收。“打春”者的队伍，高举青幡，导以鼓乐，簇拥着知州来到郊外，在群众围观下，由知州对天祈祷一番，然后执鞭击碎土牛，仪式便告结束。因为“打春”者和前来看热闹的群众都要从此过桥，故称此桥为“迎春桥”。清《海陵竹枝词》有诗咏之曰：“迎春桥畔看迎春，五色春鞭簇簇新。预卜来年丰且乐，土黄牛傍白芒神。”

“打春”这一习俗一直延续到清朝末年。

民歌民谣

城东民歌民谣都是经过城东人即兴编作、口头传唱而逐渐形成和发展起来的文艺形成，是无数人智慧的结晶，具有简明朴实、贴近生活、生动灵活的特点。

栽秧号子

栽秧是里下河地区田间劳作的一项累活，季节性强。俗话说“三时的黄秧争上趟”，在没有机器插秧的千百年时间内，农民面朝黄土背朝天，为打发单调的日子，栽秧号子应运而过。妇女及未成年劳力是手工栽秧的主力军。栽秧时，每块田里有个“打上趟”的妇女，是既栽得快又会打号子的能手。栽秧号子一般是早上唱个《早上来》，吃过饭唱《懒梳妆》，上趟起头领唱，其他人答声。

早上来

太阳出来飞云彩，号子好打口难开。
樱桃好吃树难栽，糍粑好吃磨难挨。
师傅不来我先来，我把小号打起来。
春天桃花满树开，好花不让别人采。
有情哥哥要采花，莫等花谢再过来。
夏天栀子满枝雪，墙内栽花墙外芳。
墙外栽花等露水，墙里开花等郎来。
秋季里来菊花开，大雁飞过带霜来。
白天赏菊观彩云，三更半夜桂花香。
冬季船梅“渐着雪”，白里透红惹人爱。
蜜蜂蝴蝶都不见，情哥不怕雪后来，

早上来了天又晴，栀枝开花白如银。
石榴开花红似火，柳条开花一丈青。
菖蒲开花人难见，荷花开花红如粉。
多少花名我不爱，栀枝开花爱煞人。

早上来了正该来，抬头看见女裙钗。
油头粉面梳得好，杨柳细眉杏花腮。
人见人爱多娇女，月里嫦娥人间来。
你也瞧来他也看，姑娘害羞头不抬。

懒梳妆

二八佳人懒梳妆，埋怨爹娘无主张。
三十六行你不嫁，把我配给种田郎。

插秧

唯到春天挑雨菜，唯到夏天插黄秧。
唯到秋天割早稻，唯到数九补衣裳。
一年四季忙到头，哪有工夫巧梳妆。

二八佳人懒梳妆，埋怨爹娘少主张。
三十六行你不把，将我嫁到渔船上。
头顶芦席脚踏舱，眼泪汪汪烧锅腔。
他到街上去卖鱼，我在船上补渔网。
一年四季忙到头，哪有工夫巧梳妆。

二八佳人懒梳妆，埋怨爹娘少主张。
三十六行你不把，将我嫁给要饭郎。
拿根竹竿夹只碗，身上穿的破衣裳。
爹爹奶奶沿街叫，难得讨上一碗汤。
一年四季忙要饭，哪有工夫巧梳妆。

二八佳人懒梳妆，埋怨爹娘无主张。
外面公子多得很，把我配给杀猪匠。
早上起来烧开水，杀了生猪翻大肠。
毛毛猪头镊子夹，眼里泪水往下淌。
一年四季忙到头，哪有工夫巧梳妆。

上楼台

二八佳人女裙钗，夜晚打酒上楼台。
满满斟上一杯酒，奴问才郎哪天来？
正月灯笼堂前挂，二月桃花满园开。
三月有个清明节，四月芒种把秧栽。
五月天干难下雨，六月荷花放异彩。
七月玉龙挂大海，八月初一雁门开。
九月菊花家家有，十月霜打百草衰。
十一月里无花采，要采鲜花等春来。

二八佳人上楼台，前园移花后园栽。
姑嫂二人来浇水，青枝绿叶长上来。
南边飞来蜜蜂子，一翅飞到花园来。
蜜蜂见花抖抖翅，花见蜜蜂大放开。
抖抖翅来大放开，天空降下大雨来。
蜜蜂好比梁山伯，鲜花好比祝英台。
要得二人同相会，蜜蜂转世花重开。

红娘子

红娘子，紫红娘，红娘买饼看亲娘。
小麦磨面做成饼，四角方方甜又香。
吃一口来满嘴酥，亲娘口口夸姑娘。
红娘子，紫裙钗，情哥挑秧情妹栽。
情哥挑秧担担实，情妹栽秧好又快。
栽下秧苗结稻谷，播下情种抱乖乖。
红娘子，紫裙钗，姐姐烧水上灶台。
天又黑来屋又黑，东屋西屋摸灯台。
摸到灯台犹自可，灯台点亮笑起来。
红娘子，紫罗纱，丢掉包头四两纱。
失掉包头已罢了，哪有心肠纺棉纱。

哪个姑娘拾去了，贴两个银钱买粉搽。

哪个爹爹拾去了，贴两个银钱打酒麻。

哪个相公拾去了，上街下乡拢我家。

认得人来不认家？黑漆大门是我家。

红娘子，姐奴娇，楼上小姐害宝宝。
一想园田嫩韭菜，二想园田嫩茼蒿。
三想树上酸杏子，四想树上青毛桃。
五想洋糖端粽子，六想鲫鱼夹点刀（肉圆）。
七想西河老菱角，八想花香藕来烧。
九想荞麦大曲酒，十想丁冯蜂糖糕。
十样时鲜都尝到，笃定养个胖宝宝。

送太阳

日落西山晚饭香，打起小号送太阳。
太阳送到归山去，六碗荤素摆中央。
豆腐粉皮和面筋，个个吃得喷喷香。
主家招待实在好，明年再来栽黄秧。
赤脚巴天上秧田，低头看见水中天，
手栽六棵黄秧子，后退原来是上前。
四月天，五月天，哪有闲人站路边，
人人都有秧在手，口唱号子震破天。
带唱号子带种田，不费工夫不费钱，
自己唱了精神好，旁人听了也新鲜。
四句号子不为难，毛脚蟛蜞两个螯，
一年四季十二月，半年辛苦半年闲。

车水号子

在没有机器及动力灌溉的千百年间，城东境域水稻的生产用水，除大户人家有风车车水外，大多数庄户主要靠人力脚踏四轮或六轮木制水车来沤田、补水灌溉。特别是沤田时，要连夜车水，赶在天亮之前打满水，由牛耙田漫平，赶上栽秧。身强力壮的汉子为鼓劲，特别是夜里打瞌睡时，打车水号子提劲，有的还配敲大锣助劲。车水号子分《早上来》《懒梳妆》《红娘子》等。戽板带起哗啦啦的水声，伴着嘹亮的号子，响遍空旷的田野。

口难开

新打辘轴两头尖，一副榻枕在两边，
两个鉴头汪汪叫，白龙戏水上稻田。
小调好唱口难开，樱桃好吃树难栽，
米饭好吃田难种，鱼汤好喝网难张。
打起号子好费劲，牛角扳弓两边弯。
24个车拐随轴转，12个脚板跟车翻。

先生不来奴就来，奴把小号打起来，
糍粑好吃磨难挨，号子好打口难开。
跨上龙车奴就来，奴把小号唱起来，
学生年轻知识浅，不抵先生好文才。
跨上龙车奴又来，奴把小号唱起来。
要吃樱桃把树栽，要唱号子接着来。
接着先生好文才，我把小号唱起来。
号子一唱浑身劲，脚踏龙车飞飞快。
叫我来啊我就来，莫叫号子冷了台。
冷了号子犹自苦，车不上水秧难栽。

早上来

早上来了雾腾腾，只听车响不见人。
刮去云头消了雾，看见车上六个人。
男人头上戴草帽，女子头上扎手巾。
男子好比杨家将，女子好比武家兵。
杨家将，武家兵，都是拿龙捉虎星。
早上来了飞云彩，姜太公钓鱼江边来。
红绿丝线撒下去，三条花鱼钓上来。
三条花鱼六个鳃，连年有余幸福来。

早上来了忙又忙，多少忙人在路上。
男子忙忙去车水，女子忙忙去采桑。
樵夫忙忙去砍柴，书生忙忙读文章。
和尚忙忙把经念，道士忙忙做道场。

红娘子

红娘子，姐红娘，红娘烧水等才郎。
早来三步先洗澡，晚来三步洗残汤。
洗残汤呀洗残汤，残汤里面粉花香。
红娘子来小奴娇，姐姐拿棒打樱桃。
人又矮来树又高，我请哥哥撮把腰。
樱桃打下情哥吃，树枝扳下指鹊桥。
红娘子，姐殷勤，从小玩耍到如今。
去年玩耍年纪小，今年玩耍长成人。
你长大来我成人，爹娘看得紧阵阵。
太阳不落吃晚饭，日落西山关房门。

房门上的双簧锁，纸糊窗棚紧绷绷。
踏板盖的石灰印，帐上挂的是响铃。
郎有心来姐有心，哪怕爹娘看得紧。
东村有个王铜匠，配把钥匙开双簧。
钥匙能开双簧锁，舌头舔去纸糊窗。
澡桶盖住石灰印，丝绵缠住响铜铃。
山高自有脚踏子，水深自有摆渡人。

请张生

春宵一刻值千金，莺莺办酒请张生。
张生请得朝南坐，红娘提壶把酒斟。
歌管楼台声细细，花有清香月有阴。
三人吃得醺醺醉，月落秋千夜沉沉。

送太阳

太阳下山黄又黄，花栽园中姐落房。
花栽园中等露水，姐落厢房等才郎。
花见露水朵朵开，姐见才郎笑声朗。

太阳下山黄又黄，娘问女儿可要郎。
千根木头跟排走，水里行船顺风浪。
风车随着风儿转，哥哥要嫂我要郎。

太阳下山黄又黄，郎恋姐来姐恋郎。
郎恋姐姐情义真，姐恋哥哥热心肠。
情谊真诚热心肠，有情有义配成双。
太阳下山黄沙沙，打起灯笼到姐家。
来得凑巧真凑巧，爹妈哥嫂不在家。
爹爹卖米去扬州，哥哥贩稻去兴化。
嫂嫂打扮娘家去，妈妈有事到舅家。
灯笼挂在床角上，陪陪姐姐说说话。

报花名

正月里迎春花人人都爱，梁山伯祝英台同窗三载。

二月里荠菜花开遍溪头，小赵云过大江智救阿斗。

三月里桃花开满园鲜红，刘关张在桃园结拜仁兄。

四月里黄瓜花浪架开放，莽张飞吼断桥声震四方。

五月里石榴花红艳如火，孔夫子教学生苦心读书。

六月里芦秫花高高在上，红高粱吊下酒喝醉刘郎。

七月里芝麻花方庭对结，借东风助周郎火烧赤壁。

八月里荞麦花花白秆红，薛仁贵穿白袍跨海征东。

九月里黄菊花遍地金黄，黄巾军披金甲英勇打仗。

腊月里梅花开梅雪争春，梁山泊英雄汉爱抱不平。

唱三国

先生不来让我学生来开腔，我把那三国的古人细唱。

先唱那智多星孔明诸葛亮，用智谋草船借箭有胆量。

借东风火烧赤壁连环计，华容道捉放曹操美名扬。

空城计智把那司马懿挡，三气那周瑜就在芦花荡。

三国时还有一班英雄将，他们是桃园结义刘关张。

将就计刘备东吴去招亲，舞大刀关公古城斩蔡阳。

小赵云过大江智救阿斗，猛张飞吼一声断了桥梁。

这班英雄人人夸来人人赞，世世代代都把那美名传扬。

耥秧号子

耥秧是旧时水稻除草松土的一道生产流程，用专门的工具“秧耥子”。耥稻赶在秧苗封行前，拔掉稗草、耥除水草，结合施肥进行。虽然此季烈日炎炎，但旷野之中有阵阵和风，秧田里秧绿水白、不时传来蛙鸣，耥秧号子声起声落，民歌成为一道田园雅趣。

耥秧歌

耥秧要唱耥秧歌，两膀弯弯贴泥拖，
眼观四方田中稗，来来往往耥六棵。
耥秧唱起耥秧歌，这边唱来那边欢，
耥得草净土也松，耥松土来活秧棵，
耥得死水变活水，耥得秧苗绿油油。
南天落雨北天晓，别家吃饭我心焦。
掀开锅来望一望，粯子开花米伸腰。

头耥拔草补黄秧，行行笔直秧苗长，
稗子杂草除干净，日晒热乎风吹凉。
二耥竖秧把田松，新作秧耥在手中，
横耘竖耥草除尽，稻禾长得绿葱葱。
三耥秧禾唱民歌，行行稻禾绿油油，
耥得草根发了白，烂在田中变肥土。
四耥耨草热汤汤，隔夜搁田早起忙，
稻叶戳眼汗如雨，喜得秋熟稻上场。

四季歌

春季里来叹一声，春荒日子苦煞人。
一天两顿粯子粥，稀里薄汤照见人。
夏季里来叹两声，田里活计忙煞人。
满身晒得乌黑黑，天亮做活到黄昏。
秋季里来叹三声，粮食送进财主门。
种田穷人吃不饱，财主家里粮满屯。
冬季里来叹四声，大雪飘飘冻煞人。
富贵人家做衣裳，穷苦人家布遮身。

劝人生

人生七十古来稀，莫笑穷人穿破衣。
十个指头有长短，山上树木有高低。
薛平贵讨饭为天子，洪武放牛登了基。
六十年甲子颠倒转，卅年河东变河西。

青山绿水两悠悠，争名夺利几时休。
得了千贯巴万贯，做了宰相望诸侯。
有了驴子想骑马，有了黄牛想水牛。
任君财富甲天下，无常一到万世休。

未熟黄粱一梦中，须知身外本来空。
青衫紫绶原如戏，白首红颜转蓬莱。
石崇豪府范氏穷，早发甘罗晚太公。
彭祖寿高颜命短，六壬俱在五行中。

劝君休要口悬河，莫在人前话语多。
多言多语招人怪，做事须当要取和。
你议别人犹自可，别人说你意相何？
嫩草怕霜霜怕日，恶人自有恶人磨。

一样人生几样心，一样茶饭几样人。
同时天亮同时夜，几人富贵几人贫。
君子穷时礼义在，小人一富就欺人。
大家忍耐和他过，知他谁是百年人。

数蛋歌

数蛋歌为传统民歌，在东郊智堡一带盛行。东郊乡姜家窑的炕坊历史悠久，闻名省内外。炕坊收购色蛋(能炕孵出雏鸡的蛋)或选送鸡蛋入炕坊炕孵时就唱着数蛋歌来核对鸡蛋数量。表现形式为两人数蛋，两手同时拿蛋，一手拿三只，两人配合，一唱一和，“一手啊，二手啊，三手啊，四手啊……”，颇有韵律，每节为六十六，似一种顶针格式，既能准确地数出蛋的个数，又能消除数蛋时的疲劳，在劳动中享受快乐。

方言土语

方言

城东街道流传的方言，又称“白话”“土话”“土音”，是区别于普通话的地方语言。

挨稿：受苦受累。

百脚：蜈蚣。

白哒哒的：非常白。

不上路哉：不懂规矩。

波斯献宝：自以为是好东西，而炫耀于人。

不太害：人没出息；东西不好。

册额哉：昨天。

撮里撮绪：说话做事表面上积极忙碌，其实没有一点儿章程，没有成效。

出门：专指姑娘出嫁。

大大市市：一般很普通，不突出。

大大：伯父。

嗲嗲：爷爷。

的的剥剥：说话办事过分计较而且直接表现在脸上，说在嘴上。

倒霉瞌聪：运气不好而不顺。

打磕聪：打瞌睡。

抖毛：扬扬得意的样子。

淀汤落水：粥、面糊因米、面含量少，稀而不稠。

当人目众的：公开的。

二不暇五：傻乎乎的。

额成吃嘎：吃饭了吗？

嗯起来啊：起床。

二显：反应迟钝。

分籽分清：分得很清，绝不含糊。

更额哉：今天。

锅锅：哥哥。

估估作作：粗略地估算，马马虎虎地估计。

嘎来：回家。

杠嗓：吵架

骨头骨榫：身体关节部位。指重要的利益。

哈巴浪当：总共。

绗批单：缝被子。

猴皐：睡觉。

糊糊塌塌：马马虎虎地应付。

糊娘巧气：看上去能干，其实是花哨，一点儿也不实在。

横七竖八：为人不守礼法，态度蛮横。

黑漆麻乌：光线或者色泽十分暗。

活丧行：丢人现眼，不要脸面。

花头精：做事不老实，要小聪明。

湖仙：蚯蚓。

活做大头梦：毫无根据地想。

画招：认错。

假假：姐姐。

精高有劲的：十分高兴的。

驾踏差儿：自行车。

蒯来蒯去：物体的重心移来移去，让人难以控制。

癞宝：蛤蟆。

李将：丈夫。

六角铮铮：表面上有模有样。

拉里拉瓜：不整洁，无条理。

老象：自大，瞧不起人。

牢早八早：很早。

赖学：逃学。

门额哉：明天。

麻二差二：因醉而头脑不清醒，行动莫名其妙。

蛮无陆天：不守规矩，蛮不讲理。

木里木穴：反应不快或不准确。

蛮碴儿：不讲道理的人。

闷汤烟儿：水温低，比凉开水温度高一些。

眯哉：妹妹。

女将：妻子。

拿乔：不卖真本事。

扭头刮颈：头频繁地动，显得不稳重，不庄重。

婆嗲嗲：外公、姥爷。

婆奶奶：外婆、姥姥。

爬爬凳：小板凳。

皮皮塌塌：不重视，不着急，拖拖拉拉。

枪背的：坏人、骂人的话。

缺登：难看，不好看。

晴额哉：前天。

床饭：吃饭。

穷急吼吼：过分着急，以致办事莽撞。

清汤寡水：含量太低。

牵事板凳：牵丝攀藤，由于不知情或理不清而将不同的事情牵扯在一起。

穷咀：啰唆。

肉神不安：心神不宁，坐立不定

日塌油：马虎了事。

松里落壳：套子或壳子太大，不能贴着里面装着的东西，容易脱落。

水鸡：青蛙。

三卡儿：三轮摩托。

森腻搞哉：什么东西。

神气六谷：表面上神气活现、得意。

谈谎料泊：说谎。

滩吼挖煞：菜肴淡而无味。

天落水：直接收集起来的雨水，又指无缘无故，毫不费力就得到的东西。

特头妄尾：丢三落四。

无大八大：很大。

望神尼东丝啊（望神尼稿子啊）：看什么东西呀。

窝逸：舒服。

为事：娶亲。

先豆哉：刚才。

先翻：人来疯，举止行为出格。

小亮哉：小水桶。

小拿宝：小男孩。

细丫头：小女孩。

妖痴不害呆的：极慢。

一二当之：认为稳妥，而不紧不慢。

扬儿帕痴：为人好出风头，好引人注意，表面化且不稳重。

雅里：晚上。

油头滑颈：为人油滑而不庄重、不诚实。

呀呀：叔叔。

作而不作：两手打算。

诸你啊：打人。

拽森呢：显摆。

崽崽居：做事不马虎，有板有眼。

俗语

城东街道流传的俗语，是境域人民使用最普遍、最通俗的语言，蕴含着丰富的经验和深厚的哲理。

棒打出孝子，惯养忤逆子。

不听老人言，吃亏在眼前。

百闻不如一见，百见不如一干。

吃不穷，穿不穷，算计不到一世穷。

从小一观，到老一半。

低头不见抬头见。

得势的猫儿凶如虎，失势的凤凰不如鸡。

打也来，骂也来，蚀本的交易做不来。

耳不听心不烦，眼不看嘴不馋。

锅箱儿支（砌）在自己的肋骨上。

好事不出门，坏事传千里。

花了灯油钱，坐在灯黑处。

金角落，银角落，不如自家穷角落。

家里不烧火，外头不冒烟。

家有贤妻，不遭祸事。

邻居好，赛金宝。

冷饭冷粥好吃，冷言冷语难受。

泡灰也有发焐时。

亲帮亲好，邻帮邻好。

亲戚人家远离香。

求人不如求己，动嘴不如动手。

人不可貌相，海水不可斗量。

人怕伤心，树怕伤皮。

人争一口气，佛争一炷香。

人在人前闯，刀在石上荡。

少吃多滋味，食饱无滋味。

生姜还是老的辣。

桑树从小育，孩童趁小教。

善有善报，恶有恶报，不是不报，时辰未到。

外面有个挣钱手，家里有个聚钱斗。

行船走马三分命。

芯大的蜡烛不见点。

养儿方知报娘恩。

养儿不读书，赛如养圈猪。

远亲不如近邻。

在家不敬客，出门无人敬。

歇后语

城东街道流传的歇后语，是城东人民群众进行日常交往、交流时的通用口语之一。歇后语一般由两部分构成，前一部分是比方，后一部分是本意。平时运用歇后语，往往只说前一部分的比方，让听者自己领悟，不过在庄严、隆重的场合不宜运用。

矮子爬楼梯 ——步步登高

白布掉进染缸里——洗不净

搬石头上山——多余

板油（晕油）点灯——肥肥眼

穿钉鞋带拐棒——稳了又稳

茶壶里下饺子——有货倒不出

出头的椽子——先烂

船头上跑马 ——走投无路

大拇指头扒耳朵——够（钩）不到

肚脐眼上雕花——客气（刻脐）

灯芯草做拐棒——不能作主（拄）

飞机上吹笛子——高调

豇豆角子下面——清汤清水

关公跟前舞大刀——献丑

关老爷卖豆腐——人硬货不硬

擀面棒吹火——一窍不通

泥菩萨过河——自身难保

巷子里扛木头——直来直去

叫花子唱山歌——穷开心

脚面上支（砌）锅箱儿——一踢就翻

鸡子啄石头——难得

癞宝（蟾蜍）垫床脚——硬撑

癞蛤蟆趴在秤盘上——自称自贵

老狗看门——嘴动身不动

两个姑娘搽粉——奇（齐）怪（打扮）

老鼠结婚——忙得窜窜的

老奶奶吃山芋——扽筋

聋子的耳朵——摆设

茅匠吃晚饭——往下爬

帽子没得边儿——顶好

拿着鸡毛当令箭——像真的

皮匠店里失火——翻楦子

青菜烧豆腐——一清（青）二白

蜻蜓吃尾巴——自吃自

三十晚上看皇历——没日子了

三只指头捏田螺——十拿九稳

铜匠的担子——挑到哪儿，想（响）到哪儿

脱裤子放屁——多此一举

笤帚站岗——靠边

驼子跌跟头——两头不着实

秃子当和尚——就料子做

秃子头上的虱子——明摆着

坛子里着火——闷骚（烧）

外甥打灯笼——照旧（舅）

歪嘴儿吹喇叭——斜调

袜子没底儿——升（伸）上去了

咸菜烧豆腐——不必言(盐)了

雄鸡害嗓子——不提(啼)

雄鸡娶马马("媳妇"的意思)——兜圈子

修锅佬儿扒泡灰——倒贴(铁)

戏台上的胡子——假的

新砌的茅缸——三日香

瞎子吃馄饨——肚里有数

瞎子吃肉——块块好

筛子做锅盖——有出气没进气

哑巴吃黄连——有苦说不出

钥匙挂在胸口上——开心

张飞穿针——大眼望小眼

丈母娘看女婿——越看越欢喜

竹筒里倒豆儿——不留一点

周瑜打黄盖——一个愿打,一个愿挨

正月十五贴门神——迟了半个月

坐在冰上晒太阳——好景不长

谚语

城东街道流传的谚语,是城东人民长期以来生产和生活的经验总结,反映着辩证的自然规律,揭示着深刻的处世哲学和伦理道德。谚语语言精练,生动、通俗、明快,富有表现力,口语性较强。

八月初一难得雨,九月初一难得晴。

春打六九头,庄稼不用愁。

长到夏至短到冬。

吃了端午粽,棉衣远远送。

出门看天色,进门看脸色。

春雾阴夏雾晴,秋雾凉风冬雾雪。

重阳无雨看十三,十三无雨一冬旱。

常在河边走,哪有不湿鞋。

东虹晴,西虹雨,南虹北虹卖儿女。

打人不伤脸,骂人不揭短。

饭吃八成饱,到老肠胃好。

饭后百步走,活到九十九。

画虎画皮难画骨,知人知面不知心。

害人之心不可有,防人之心不可无。

久病成良医,病重乱投医。

两春夹一冬,无被暖烘烘。

邻居好,赛金宝。

雷声当顶响,有雨不得长。

冷不能靠灯,穷不能靠亲。

宁可跌在屎上,不能跌在纸上。

牛是庄稼宝,种田不可少。

清官难断家务事。

清明断雪,谷雨断霜。

妻贤夫祸少,子孝父心宽。

七阴八晴,逢九放光明。

人不可貌相,海水不可斗量。

人勤地生宝,人懒地长草。

人勤地不懒,土内出黄金。

人误地一时,地误人一年。

人无千日好,花无百日红。

人心不足蛇吞象。

日晕三更雨,月晕午时风。

人在岸上热得跳,稻在田中热得笑。

三百六十行,行行出状元。

上床萝卜下床姜,不请医生开药方。

三个臭皮匠，赛过诸葛亮。

十个指头有长短，山中树木有高低。

三九搭四九，相逢不出手。

时霉天，蓑衣斗篷不离肩。

少年夫妻老来伴。

三月三，冻得把眼翻。

天黄有雨，人黄有病。

头九冻河二九开，三九、四九等春来。

天上鱼鳞斑，明天晒麦不用翻。

天有不测风云，人有旦夕祸福。

天作有雨，人作有祸。

为人不做亏心事，半夜敲门心不惊。

先打雷后刮风，有雨也不凶。

夏吃萝卜冬吃姜，胜过医生开药方。

笑笑长寿命，闷气易生病。

一寸光阴一寸金，寸金难买寸光阴。

有恩不报非君子，有仇不报枉为人。

一个篱笆三个桩，一个好汉三个帮。

一年之计在于春，一日之计在于晨。

严是爱，宽是害，不管不教要变坏。

远水难救近火，远亲不如近邻。

有志不在年高，无志空长百岁。

燕子低飞蛇过道，大雨不久就来到。

庄稼一枝花，全靠肥当家。

植树造林，莫过清明。

早上烧霞，等雨烧茶；晚上烧霞，热得哈哈。

种田不养猪，好比秀才不读书。

早霞不出门，晚霞行千里。

桌子是方的，道理是圆的。

第九篇　风土风情

一方水土养一方人。城东人民勤劳、勤奋、勤俭，诚实守信，民风淳朴，逐渐形成具有本地特色的生产习俗、商贸习俗、生活习俗、节日习俗、时令习俗、民间礼仪等，并世代相传。

生产习俗

种植业

1949年前后，东郊农民及园田菜农保留不少沿袭已久的生产习俗，直至1956年高级农业生产合作社建立后，逐渐淡化、革除。

农历正月十五的黄昏前，新通扬运河以北的农民一般会将芦苇扎成柴把，在田边点燃挥舞，同时焚毁地上枯草。柴把烧剩一半时插在田间，农民以此祈免虫害。有经验的老农能根据火光颜色判断当年水旱：色淡主水，色红主旱。

栽秧通常在芒种前后。旧时，水稻下秧（落谷）前要先置粘饼、猪肉等祭品，点香烛、放鞭炮，敬天、地、田诸神，祈求苗全和苗壮。如遇苗情欠佳，还要在田边焚香，俗称“加苗”。开始栽秧的早晨，主家招待吃圆子，称为“开秧门”。当天起的秧，当天要插完，俗称“黄秧赶上趟”。栽秧结束，主家招待客人吃面条，称为“关秧门”。新稻登场，则用新米饭敬天、地、先祖，称为“尝新”。

下种花生、黄豆时，农民在田头燃香做法，用小锹挖塘，撒一把泥然后下种，求“刘猛将军”保佑苗全苗旺，不惹鼠咬，不遭虫灾。

智堡、鲍坝、花园村一带的菜农会于除夕在菜田遍插芝麻秸，并且封土。正月初三或初四在家中上香后，至“无妨碍方向”田中挑一棵连泥带根的菜回家，供在神龛前。正月初五焚香敬供，然后挑菜。

渔业

1949年前，境域卤汀河、泰东河一带的渔民按不同的生产工具分帮，各帮均做渔会，如索帮在农历三月半做会。必须人人缴会，贫穷者缴米五斗，富裕者缴一石多。大规模渔会期间唱两天两夜高台会，小规模则唱香火会。也有少数渔民自行做会，五年一次。此外，每年给“南朝菩萨”上供两次，以猪头、鸡、鲤鱼及三荤三素之类为供品。平时逢农历初

一、初二、十五、十六以及捕鱼前，也在船头上香，祈求保佑。1950年左右渔会基本绝迹，上香也在1963年破除迷信时革除。20世纪90年代后，境内卤汀河沿线的陆上定居的渔民，又开始在香期敬香。

木船运输业

明末以来，泰州造船业逐渐兴盛。至乾隆年间，境域丁冯、渔行一带居民几乎全以造船为生，其中，造船大户拥有大船多至99艘。1949年前，新船下水时必为船披红，并以猪头、公鸡、鲤鱼在船头祭祀，祭祀时一刀斩下鸡头，将鸡血由船头滴下。新船下水后，船主首先携带香烛供品，开船到靠近河边的坟场，选择一座坟墓或停在坟场上的棺柩上供祷告，将“鬼魂”请上船作“船老大”，以保佑平安发财。从此“船老大”即供奉在船的面梁口上，每月初二、十六与逢时过节以香烛菜肴上供（也有的船仅供3只鸡蛋）。每次开船，须在船头焚香、燃放鞭炮。开船时，先将篙头点岸，高呼“开船了”，再抽跳板。船过长江必须问卜，不吉利则停开。1952年底木帆船联合运输社组成后，这些习俗逐渐革除。

新通扬运河上运输忙

商贸习俗

店铺开张

1911—1949年，城东一带店铺开张必须选择吉日，点燃香烛敬“财神菩萨”，放鞭炮开门，接受贺联、贺幛，赏叫花子，悬挂招牌、匾额，大减价3天。1949年后这一习俗消亡。20世纪80年代，新开的商店饭馆第一天营业时，通常要举行燃放鞭炮、剪彩、减价优待等仪式。2000年后，新店开张，一般要举行搭建充气拱门、悬挂彩球、摆放花篮、歌舞表演、开业大酬宾等仪式。

牙朝与正月酒筵

1949年前，每逢农历初二、十六为“牙朝日”，店主一般添荤菜犒劳伙计。正月初五晚则设酒筵宴请。此次宴请，店主请谁坐首席，即意味此人将被辞退，但被辞退的伙计可以在店中留至正月十八日离开。如店主无意辞退伙计，即自坐首席。如有伙计嫌工资低（或地位低），有意辞职，则主动坐首席，并对店主说：“本人家境贫寒（或‘才疏学浅’），望另请高明。”1950年后，这一习俗消亡。

学生意

1949年前，进店当徒工学生意要有人举荐，并取保、立契。学徒期一般3年，徒工在此期间称为相公。学徒期间，须为店主与老店员管好茶壶、酒壶、尿壶，被戏称为“三壶董事”。徒工站在柜台招牌附近，学习老店员做生意，因此也被戏称为“扛招牌的”。3年期满，上柜台正式营业，从此被称为“先生”。1950年后，学生意的习俗消亡。

市招

1949年前，境域市招主要形式有文字、象征物、灯等。店名牌匾多请名家书写，大商号在店名匾额外还悬嵌字联，如东大街上的海春茶社“麻姑见海经三变，杜牧寻春又一年”。其他如茶叶店悬“茶香飘四海，叶味溢三江”，浴室悬挂“沂水朝朝乐，汤盘日日新”，酒店悬挂“太白遗风”，中药店悬“道地药材”。当铺、酱园、粮行之类在墙上大书“当”“酱园”“某记粮行”以醒目，粮行的“行”字中间例加一点，瓷器店市招往往在木牌上以碎磁嵌成“瓷器”2字。抗日战争前后，霓虹灯市招、理发店门前三色柱等进入泰州。1950年后，在店门前竖站牌，牌上书商品信息。“文化大革命”中，原有店名多数被改，店名以外的其他市招几乎绝迹。20世纪80年代，市招形式又开始多样化。

琳琅满目的商街市招

生活习俗

婚嫁

订婚 旧时，男女婚姻全听父母之命，媒妁之言，本人不能做主。男女长大成人后，父母便央媒求亲。先由男方家长请媒人上门提亲，征得女方同意后发帖“恭逑”。女方经察访表示“敬允”后，男方即请算命先生合婚，有无“属象冲克”“年龄冲克”等，如双方满意，便可定亲，请代笔先生写“红贴”喜联，视作定亲凭证，择吉日送礼盒至女家，并办定亲酒。中华人民共和国成立后，婚姻自主，一般经人介绍，家长和子女意见一致便可“订婚”，拍订婚照。改革开放以后，大多男女自由恋爱，少有订婚形式。

彩礼 首次送彩礼是定亲时男方送给女方的信物，一般有衣物、钱财、金银首饰等钱物。结婚前的一次彩礼更为丰厚，由女方“开盘”，一般是现金。此俗一直延续，信物增加糖果烟酒外，还有鱼肉及现金。钱数一般逢“六”。

嫁妆 婚礼前，女家购置物品发往男家，称“发嫁妆”，嫁妆的多少、贵重程度视女方家庭财力而异，随着人民生活水平的提高，嫁妆的档次越来越高。

迎娶 娶亲男方租用花轿、红灯引路（后用轿车或花车），前往女方迎娶。女家则紧闭大门，索要“大开门、小开门”红封。一切按风俗办妥，女家才开门，招待迎娶的媒人轿（车）。新娘离门进轿（车）前燃香点烛不穿新鞋，由家人抱上轿（车）。到达男家后，新娘由“福奶奶”搀扶下轿，至香火浓浓的堂屋中与新郎双双跪拜，称为“拜堂”。后来婚宴一般设在宾馆、饭店，并请司仪，按一定的仪式举行婚礼。

回门 结婚第二天，新郎新娘带着礼物一起到女方家，中午女方大设筵席款待新婿，大会亲友。

生育

妇女怀孕六七个月时，娘家人要备小孩的新衣、玩具等，在妇女生养前的单月单日送去，祝愿女儿顺利生产、母子平安，称之为“催生”。小孩出生后，裔（衣）胞用瓦罐装生石灰拌和，放入老屋床下或埋入地中，称“裔胞之地”；一般由女婿到丈母娘家报喜，并向亲友邻居送红蛋。红蛋数量为单数，送给产妇娘家的红蛋多则99只，少则59只；送给亲友邻居的红蛋多则19只，少则3只。获送9只以上红蛋的要“看月子”。婴儿出生后的第3天，男方会集亲友为婴儿举行沐浴仪式，被称“洗三”，从此穿衣，为婴儿取乳名。婴儿出生满一个月，俗称“满月”。在“满月”的当天，要“做满月”，备酒摆宴请亲友。所有参加筵席的亲友（主要指婴儿的长辈）要给婴儿“百岁钱”。“满月”仪式包括：为婴儿剃头，并将剃下的头发用红布包好挂在婴儿的床头；为婴儿洗“满月澡”等；外婆家及近亲好友馈赠婴儿项圈、手镯、脚镯等礼品；设宴招待亲友喝“满月酒”。

翌月，产妇、婴儿一般由娘家带回，也是产后首次离开家门。

婴儿出生第100天，俗称“百日”。自20世纪80年代起，城乡家庭普遍为婴儿照“百日相”。21世纪初，年轻的父母讲究给婴儿拍成套的“百日艺术照”。

小孩满1周岁俗称“过周”，家长要焚香敬神、燃放鞭炮祝贺小孩第一个生日，设宴招待前往送礼道贺的亲友，并一直沿袭“抓周”习俗，即将书、笔、算盘、秤、尺等置于竹编筛子中或桌上，让小孩随意抓取，从小孩所抓之物预测其将来的志向和作为。

寿诞

境域内将庆贺40岁以内的出生纪念日活动称为“过生日”（一般以农历计算），特别重视做10岁、20岁、30岁的整生日，通常民间有“做三不做四”的习俗（即40岁整生日不设宴请客）。将庆贺50岁以上的生日活动称之为“做寿”，逢十为“大寿”，并有部分“贺九不贺十”习俗。过整生日那天，往往要宴请亲朋好友，招待宾客，通常是中午吃面条（俗称长寿面），每桌中间放空碗一只，客人先从自己面碗中夹出少许面条放入其中为寿星“添寿”；晚上备酒席，俗称“中上面晚上酒”。20世纪80年代后，做寿的礼仪不断更新，有馈赠生日蛋糕、唱生日歌、点生日蜡烛、电台点歌、录像、燃放礼花礼炮等方式。20世纪末，随着生活水平逐年提高，耄耋甚至期颐老人越来越多，设筵席庆寿之风渐盛，生日当日也成了亲戚朋友聚会的饭局，大家欢聚一堂，其乐融融。在生日宴会的晚上，燃放烟花爆竹的现象较为普遍。

建房

1949年前，境内房屋以人字形五樑架砖木结构的平房为主，凡建造新房屋，都沿袭择地习俗，请阴阳（风水）先生看风水、定方向。一般为朝南方向，忌大门直对河流、巷道、厕所、坟墓及别人家山墙、后门等，择高处为宅基地，讲究屋脊做变形“寿”字高翘角。选定吉日破土开工，“钉喜桩”平磉竖柱，待四周墙到顶后，架上除正梁外的所有檩条，择吉日良辰举行上正梁仪式。上正梁选择黎明前，寓意越来越亮，先进行“暖梁”“酒浇梁”仪式，在梁中间贴上“福”字，两侧扎上红绸球。吉时一到，瓦木匠登高将正梁提至顶，投榫就位，在梁顶上放馒头、糕点，鞭炮齐鸣。整个上梁过程中，木、瓦匠头“说佮子”话妙言连珠，主家要给喜钱。上午，亲家、娘家等至亲好友则用猪头、公鸡、鱼、面、馒头、糕点及金花、鞭炮等物品来祝贺“抱梁”，在鞭炮声中，木瓦匠在往梁上插金花时，从空中往下抛撒馒头、糕点等给围观群众分享喜悦，谓之“抛深”。主家则设筵席，宴请亲友、工匠。新屋落成迁入新居时，亲朋好友则再次馈赠礼物庆贺。主人备宴招待亲朋好友，俗称“进屋酒”。1949年1月泰州解放后，特别是改革开放后，境域内翻建大批砖木结构平房，一些复杂程序被简化。20世纪90年代末，境域城乡个人建房严格控制，须事先申请，批准后按规定建造。虽然新建房屋为砖混结构楼房，无正梁可言，但以封顶替代“上梁”等习俗，仍有沿袭。

附录：

说佮子

说佮子，是匠人们在建房过程中以顺口溜形式所说的吉利话。但凡匠人说佮子，主家都要发红包。

砖木结构房屋建造过程中，在平桑（安桑树墩、放太平线）、上正梁、闭龙口时，都有说佮子的传统习俗。

平桑：

圈安桑树四角尖，你在荒山几千年。今日请你登大堂，子子孙孙万万年。

放太平线：

太平线，太平线，你在世上几千年，今日请你登大堂，富贵荣华万万年。

上正梁分为好几个步骤，整个过程较为复杂。

接梁：

接梁接到半虚空，摇摇摆摆像金龙。我问金龙哪里去，今日上梁时辰好。

安龙须（红绿绸带）：

一锭绫罗一锭绸，这根龙须安两头，左边安的文官去拜相，右边安的武将去封侯，我把龙须安起来，越到后来越发财。

插金银花：

日出东方喜洋洋，今日今时上金梁。紫金梁上插金花，富贵荣华发主家。日出东方喜洋洋，平阳地上砌华堂。前面砌的三滴水，后面造的九架梁。插金花，插银花，富贵荣华发主家。

上正梁：

日出东方喜洋洋，平阳地上砌华堂。东边安放沉香木，中间安放紫金梁。沉香木上扣龙马，紫金梁上站凤凰。凤凰不落无宝地，状元出在你府上。

挂红绿布：

一锭绫罗一锭纱，九天仙女织成纱。左边织的和合仙，右边织的牡丹花。牡丹花，富贵荣华发主家。一片绫罗一片绸，好像狮子在盘球。盘到前边出贵子，盘到后边出诸侯，富贵荣华发两头。

酒浇梁：

主家给我一壶酒，我替主家浇金梁。一浇天际与山光，二浇地下转金龙，三浇福星高照，四浇事事如意，五浇五子登科，六浇福禄双全，七浇七子团圆，八浇八仙过海，九浇九世同居，十浇十分财气。

天上金鸡叫，地上草鸡啼，正在浇梁时。酒浇木龙头，代代出诸侯。酒浇木龙腰，蟒玉带数十条。酒浇木四方，府上有官当。酒浇木龙尾，祖上做官轻如水。浇上三浇，必保当朝，滴上三滴，连升三级。银壶高举，木龙请起。木听匠人言，富贵荣华万万年。

闭龙口：

青灰一抹软绵绵，中间安上太平钱。太平钱上四个字，富贵荣华万万年。圈砌屋脊两头尖，好像金龙飞上天。飞去又飞来，恭喜老板，添福添寿又添财。

说佮子在境域百姓日常生活中无所不在。婚丧嫁娶时，主持人都会说上几个佮子来活跃一下气氛。

节日习俗

过年（春节）

春节为国家法定假日。1988年，正月初一、初二、初三日放假3天。1999年起，将春节前后两周的休息日进行调休，放7天长假。2021年后，国家规定春节假期从初一始计。

腊八 农历十二月又称腊月。腊月初八日相传为佛祖释迦牟尼成道之日。当日，佛家诵经做道场，效法佛祖成道前“牧女献乳糜”的传说故事，取香谷、果实煮粥供佛，并招待香客，沿袭为腊八粥。腊八粥以大米、糯米为主，从赤豆、黑豆、黄豆、红枣、莲子、白果、百合、薏仁、板栗、花生米、桂圆肉、银耳、香菇、金针、青菜、山芋、芋头、胡萝卜等物品中，选取若干一起煮熟，全家分而食之。境域华严寺、万善寺、积庆庵等庙宇腊月初八日用大锅煮成腊八粥，免费让常来寺中敬香的居士及周边百姓食用。过完腊八，便进入年关，年味逐渐浓重。各家各户开始置办年货，各类荤素副食、蔬菜价格较平日略有上涨，有俗谚称“腊月里黄土贵三分”。

掸尘 境内自腊月二十日开始称“夜”，不称日，为数“夜数”。户户筹备年货，腊月二十四夜以后掸尘，一般在节令交“大寒”至春节前进行，是境域过春节前的传统习俗之一。年前忙年主要是除旧布新，掸尘实际就是年终卫生大扫除。

送（接）灶 旧时，在农历二十四日夜，要举行送灶神的仪式。灶神是传说中上天派出主管各家厨房安全、巡察善恶的神，每年上天汇报。二十四日这天晚上，各家将灶台打扫干净，供上香烛、饭菜、年糕、蜜糖，同时在灶柜两旁贴“上天言好事，下界保平安”对联，供纸扎的灶马、灶疏（道观所送），灶疏上填写家长姓名、籍贯和家中人口。点燃香烛叩拜后，将灶马灶疏在锅膛内焚化。至除夕，在灶柜上贴上新“灶马”，放鞭炮迎接灶神回家保平安。20世纪60年代后，“灶马”不见，送（接）灶活动消失，送灶日习俗演变为打扫厨房卫生的行动日，但送灶日吃糯米饭、水芹菜、肉丝豆腐汤的习俗仍被保留。

洗元宝澡 过春节之前最后一次洗澡被称为“元宝澡”，寓意把一年中的晦气洗掉。旧时，过年的前几天，市面上的男浴室里洗澡的人特别多，浴室老板为了照顾大家年前都能洗一次元宝澡，腊月二十九上午就开汤，通宵营业，深夜换1次汤，一直开到除夕日下午才关汤。

贴春联 除夕下午，境内人家开始贴春联、福字、门神、顺遂条、开花钱等表达辟邪除灾、迎瑞纳祥的美好心愿。春联一般用毛笔蘸墨汁在大红纸上书写，服丧戴孝的人家则用黄纸书写。旧时对联针对各家特点自撰自写，讲究特色内涵。20世纪80年代末，春联、福字逐渐成为大众化的通用印刷品，手写春联、福字成为稀罕品。进入21世纪，贴春联有简化趋势。在农村，除大门头门柱上贴对联外，装潢一新的室内以贴福字为主，城市住宅区居民多以在大门上贴福字为主。

拓元宝墩 除夕晚上拓元宝墩，通常由爷孙俩组成，爷爷提内置备石灰粉的小蒲包（蒲草编成，有经纬小隙漏灰），孙子提印有本姓堂号的纸糊灯笼，内点蜡烛用以照明。从离家不远处的主干道开始将小蒲包提起下拓，拓成一个个圆形、距离相等的元宝墩，逐渐向自家房屋靠拢。地上印满点点元宝墩，民间以为可以祈求来年吉利。因形似元宝，故得名。20世纪80年代后，拓元宝墩逐渐减少。进入21世纪，新通扬运河以北农村，仍可寻觅到拓元宝墩的习俗。

守岁 除夕晚饭称“守岁酒”，又称“团圆饭”，境域老传统有“有钱没钱，回家过年”之谚语，不管离家多远的亲人都会赶回家，和父母及其他长辈一起守岁，分享一年的收获，总结一年的得失。团圆饭是一年中较丰盛的晚餐。菜肴中必备的品种：芹菜（寓意“勤劳”）、芋头（寓“遇好人”）、红烧肉（寓意“富贵”）、鲢鱼（寓意“年年有余”）。吃饭不能泡汤，寓意“路上不会遇雨”等。席间，晚辈齐向长辈敬酒。20世纪80年代后合家守岁，又兴焚香点烛、燃放鞭炮等习俗。

拜年 正月初一为春节，俗称“过年”。零时，主人敬早香、放鞭炮、开财门、迎新年。全家老幼穿戴一新，小孩醒来首先向父母长辈拜年，吃糖果糕点甜甜嘴。早上，早茶先吃红枣，名“捧元宝”，再吃芝麻圆子或者豆沙圆子，寓意“团团圆圆”“甜甜蜜蜜”。早茶后，邻里乡亲串门拜年，走到街上，熟人相见，无不抱拳拱手恭贺新年，鞭炮声、锣鼓声此起彼伏。正月初一这天禁扫地，不向外倒水，意为财气不可外溢。正月初二起，年轻夫妇带小孩去外婆家拜年，亲戚朋友间相互上门拜年，先至亲后远亲、朋友。不时还有“唱凤凰”“舞狮”“喊苍龙”登门恭喜“发财”，唱（舞）一回，领取红包。20世纪80年代后，逐渐盛行贺年片、电话、短信拜年。

2010年后，又盛行QQ、微信拜年。

接财神 正月初五为“财神日”，夜零时起，鞭炮声此起彼伏，直至天明，名曰“抢财神”或“迎财神”，希冀新年阖家增加收入，财运亨通。因为初五日尚在春节长假之中，一些商家初五只“抢财神”，并不开门营业，待正月初八、初十日方始正常营业。境域易初莲花、世纪联华、茂业百货等大型商超春节期间均开门营业，但营业时间略为缩短，方便市民购置年礼，拜年时馈赠亲友。春节长假期间，一些服务性行业自有不成文规矩，如理“元宝头”、洗“元宝澡”要多收费，浴室搓澡工双倍收费，出租车司机不再找零等。春节期间文化娱乐活动丰富多彩，有舞龙灯、玩狮子、唱凤凰、送麒麟的到商场（店）门前献技邀赏。

灯节、元宵

正月十三至十八日为灯节，民谚曰：“十三上灯，十四新春，十五元宵，十六牙朝，十七等等，十八落灯，十九算账，二十动身。”旧俗称“上灯圆子落灯面”，即正月十三早上要吃圆子，正月十八晚上要吃面，这一习俗一直沿袭。灯节前，外婆家需买花灯送给外孙（女）。城区多处设有灯市，老东站一带为泰州灯市之一。传统花灯以竹篾作骨架，外糊刷花白纸或彩纸，扎成兔子灯、马灯、飞机灯、荷花灯、花篮灯等等。20世纪80年代后，各家为孩童购置彩灯、部分人家屋中挂精致的“走马灯”。21世纪后，绢制的彩灯增多，有金鱼灯、蝴蝶灯、坦克灯、火箭灯，灯内设置的光、电、声装置，栩栩如生。灯节中以正月十五日的元宵节最为热闹。

元宵节，又称上元节。旧时元宵灯会已不见，但街道、社区（村）有时会组织戏剧文艺演出和舞龙灯、舞狮子演出等活动。境域主要街道灯火通明，游人如织；风城河景区老街、桃园等处灯火辉煌、热闹非凡。晚间大部分居民在家收看中央电视台元宵文艺晚会。

清明

清明是祭祖和扫墓的日子。扫墓俗称“上坟”，三年内的新墓，必在清明前扫墓，供饭菜、烧纸锞。三年以上的旧坟，清明前后均可祭扫。清明日，中午家家祭祀祖先，焚烧纸锞，以示慎终追远。境内自实行火葬、建设公墓和骨灰存放处后，民间扫墓和祭祖习俗有所简化，不少家庭选择到公墓和当地骨灰存放处祭祖，悼念先人。清明节前后，街道机关组织祭扫革命烈士，进行革命传统教育。

端午

农历五月初五端午节前，不少家庭包粽子。粽子用芦叶裹糯米制成，有多种样式。端午节中午，合家团聚赏午。

午餐菜肴丰盛，有的家庭还备有五红，如红烧黄鱼、虾、咸蛋、炒鳝丝、炒苋菜等，经济条件宽裕后，多不止五红，且有十三红之说。端午节午时称毒月、毒日、毒时，各户一般不出户，更不外出。节前，各户买菖蒲、艾，插入瓶内，或悬于门旁，驱除蚊虫，以防疫病。午后，将菖蒲、艾剪碎，用水烧煮，给孩子洗"百草汤"，据说可防治皮肤病。端午节，新通扬运河以北农村尚有儿童穿虎头鞋、佩索锁、佩蛋网，用手指蘸雄黄在额部涂"王"字之习俗。五月初六日，有带姑娘吃"馊粽子"之风。

中秋

农历八月十五是中秋节，俗称"八月半"。晚间月光下，阖家团圆，喝团圆酒。

送节　节前，境内有晚辈向长辈馈赠月饼、糕点、烟酒、果品的习俗，体现子女的孝道。未婚的准女婿若准备求娶，需准备月饼66扎、莲藕6扎、鸭子1对等礼品，送予准岳父岳母，寓意团团圆圆、有枝有节、丝丝相连。鸭子叫声"嘎嘎"与"嫁嫁"方言同音，当然准岳父岳母也就顺水推舟了。

敬月光　中秋晚喝完团圆酒后，开始"敬月光"。有在天井中放供桌的，有在屋内门边向月亮处放供桌的，供桌上焚香烛，供月宫饼、荷藕、粘饼、老菱、芋头、莲蓬、柿子、石榴等物，向空拜月后，合家喝茶谈心，品尝果物，收看电视，其乐融融。八月十六日，嫁女之家带女儿、女婿携外孙（女）回娘家吃"馊粘饼儿"，与五月初六带姑娘吃"馊粽子"意同。

重阳

农历九月初九日称重阳，又称重九。旧时，境域一些茶食店和糕点摊通常于这一时期以米粉蒸制方糕，上插三角形小彩旗出售，俗称"重阳糕"。重阳日天明时，以片糕放在儿女头额，寓意登高、攀高。重阳节也称登高节，有登高避灾的习俗，登高远望可达到心旷神怡、健身祛病的目的。"登高"在古人看来可以辟邪消灾。重阳节后，白昼渐短，境域体力劳动者不再吃晚茶（中饭和晚饭之间的一种加餐），有开始做夜作（做夜工）习惯，故有"吃了重阳糕，就把晚茶掉""喝了重阳酒，就把夜作走"之说。

菊花象征长寿。重阳日，境内历来就有赏菊花的风俗，一些植菊爱好者早早搬出几盆放在街店门口或柜台上，互相赏菊，聚会饮酒，所以又称菊花节、菊花月。

1989年，国家规定重阳日为"老年节"。重阳节前后，街道、社区（村）开展尊老敬老慰问走访等活动，邀请离退休老人相聚，或吃早茶，或吃午饭，或作短途旅游，向老人致慰问，体现社会对老年人的关心和尊重。

时令习俗

二月二

民间有“二月二，龙抬头”之说。境域民间普遍认为龙是祥瑞之物，能和风化雨。传说“二月二，剃龙头，一年都有精神头”。故每逢农历二月初二，各家理发店都是顾客盈门，生意兴隆。人们认为这天剃头会鸿运当头，吉星高照。此外，境域城乡还有二月二带女儿的习俗。旧谚有“二月二，带女儿，不带女儿穷女儿”“二月二龙抬头，家家带活猴（外孙、外孙女）”之说，故有农历二月二日，须带女儿一起回娘家过一日的习俗。

立夏

农历四月间，公历5月6日左右，是小麦登场的时节，讲究吃面，意在庆祝小麦丰收，又寓意来年风调雨顺，五谷丰登。境域有小儿坐门槛、吃炒韭菜可防疰夏之说，也有在立夏日称体重的习俗。

六月六

农历六月六正值伏天，夏日阳光暴烈，各家翻晒衣物、书籍，称“六月六，晒龙袍”。后来住户多住楼房，无衣服潮湿霉变之虞，但不少人家依然“晒伏”。境域还有六月六包饺子的习俗。有女儿出嫁的人家，要邀请女儿一家回来吃饺子。

七月七

农历七月初七称“乞巧节”，有牛郎织女鹊桥相会的传说，被视为中国的情人节。七月七日看巧云，天上云彩变幻，似各种动物，任人猜指。传说，如天晴当晚看流星，快速解衣扣，再扣上，流星未止，衣扣会变成金色。

七月半

农历七月十五日为中元节，也是传统

祭祖和感恩的日子。中午，境域各家备饭菜、敬祖先，烧纸锞，但须趁早，有言道："早烧清明晚烧冬，七月半的亡人等不到中。"

立秋

秋季第一个节气，预示着暑过秋来，庄稼开始成熟。因而在境内新通扬运河以北区域，民间有"晒秋""啃秋""贴秋膘"等习俗，立秋当日，家家户户都会买西瓜食之。

冬至

冬至是二十四节气之一，一般在每年公历十二月二十一日至二十三日交节，民间称"过冬"。冬至日为大冬，冬至前一日为小冬，小儿唱曰："大冬大似年，小冬不值钱。"冬至日早晨与过年一样，吃汤圆，下午吃番瓜。自冬至日起"数九"，民间歌云："一九二九河冻风吼，三九四九冰上走，五九六九河边看柳，七九河冻开，八九燕归来，九九加一九，耕牛田中走。"境内小冬日与清明、七月半同为祭祖日，"敬先"的礼仪相同。

大寒

大寒是二十四节气中最后一个节气，也是一年中最冷的时候。旧言大寒到立春之间，是新旧"太岁"交接之时，搬家、破土、安葬均无"太岁头上动土"之忧。老百姓虽不识"太岁"，但因"大寒无忌"，境域村（居）民选择在大寒期间搬家、破土、安葬的习俗却一直未变。

民间礼仪

迎宾送客

家中来客，主人要到门前出迎，进屋后让座，敬茶递烟，茶不斟满，主人双手递茶，客人起身相接。客来时如小孩在旁，主人指点小孩叫人。除有急事，客人不在吃饭时或晚上拜访。如对方家中有老人、小孩，做客须携带礼物。主人不邀请，客人不得进入主人卧室。雨具、药包不带入主人家里。客走，主人送至门外（年长的通常不送年轻人，只在原地站起或略行数步），互相点头或握手告别，目送客人走远，方回家关门。

宴请

请客吃饭，一般为先预约，届时奉请。吃饭时座位分大小，年长者或领导坐首位，以方桌（放置时桌缝东西向）而论，座位朝南（门在南边）东首最尊，西首次之；朝北东首第三，西首第四；朝西北首第五，南首第六；朝东北首第七，南首为末座。如六人同桌，则分三面而坐，称为“六人三对面”。圆桌座位无一定之规。饮酒时，主人不善饮酒也必须斟酒相陪。先食毕的人要在水平方向摆动筷子，对正在吃饭的人说“慢用”或“慢请”，然后将筷子搁在碗上，以示相陪，最后一同离席。改革开放以后，邀请客人一般先发请柬，宾客按请柬上的时间、地点、桌次入席就位，宴后酌邀其唱歌、跳舞、打牌、洗澡等。

礼貌用语

境域人际交往，广泛使用礼貌用语。问询事情必说“请问”，询问对方姓名必用“贵姓”“尊姓”，回答对方则用“免贵”等。称呼对方，通常以职务、职称连在姓下，如“某书记”“某工程师”。如无职务、职称或不清楚，称青年人与中年人为“老某”，称老年人为“某爹”“某老”。旧时称对方亲属，前有“令”“尊”，如令堂、尊夫人。称自己亲属，前加“家”“舍”（去世为“先”“亡”），如家兄、舍妹、先父、亡妻。称对方家庭为府上、尊府，称自己住所为舍间、舍下。旧时生活节奏缓慢，熟人路途相遇通常要停步寒暄，早晨必互道“早啊”“你早”，中午则互问吃过没有。随着生活节奏加快，相遇通常不停步，只点头、打招呼或挥手而已。

庙 会

庙会也称“庙市”“集场”，是境域集市形式之一。最初随庙会活动而起，商贩们抓住商机，向信徒、游人兜售各类香烛供品，以及服装、农具、玩具、日用器具、土特产和各种糕点小吃，从而形成“庙市”。20世纪六七十年代，庙会活动一度消失。20世纪90年代后，社会经济发展，物资丰富，集市活动重新兴起并有所发展。庙会对城乡物资交流、丰富群众文化生活起着一定作用。旧时庙会的部分游乐形式有所保留，如舞龙、舞狮、挑花担、荡湖船、打莲湘等，届时均有表演。唐甸村农历三月初三日、朱东村农历三月十五日等庙会习俗仍沿袭如前。2014年，唐甸庙会入选泰州市非物质文化遗产。

海陵唐甸庙会

唐甸“三月三”庙会，起源于明代的嘉靖年间。20世纪30年代初庙会兴起，规模逐步发展。其时，居士颜鉴荣组织信众在村口积庆庵进行扶乩、拜忏等庙会活动。乡绅洪鹤桃筹措资金，在庄西边兴建前后两进寺庙，取名“同善坛”。东西两庙各自开展庙会活动，相互竞争，香火十分兴旺。1949年前，每年三月三如过春节一般，全村男女老少穿新衣，邀亲朋，看舞龙、迎会。尤其是村西南方(一、二、三组)的吹打十番，悦耳动听，是北下河所没有的，还有陈良才的踩高跷，东南方(六组)的呼马弁等，热闹非凡。

1949年，唐甸村开办“唐甸联合学社”，积庆庵改为学校，众多佛像被焚烧，八角殿被拆除。1970年，学校整体搬迁，积庆庵又先后改为唐甸大队部、唐甸粮站供销社。1998年，积庆庵逐渐恢复原貌。但古屋年久失修，破烂不堪，2008年，唐甸村善男信女筹资24万元善款，重建积庆庵。2009年8月，举行开光典礼，积庆庵重现昔日香火。

随着积庆庵的落成，唐甸庙会也得以恢复，舞龙舞狮，打腰鼓，荡花船，烘托庙会喜庆热闹的氛围。此后，庙会内容不断丰富，规模逐步扩大，活动盛况空前，闻名十里八乡。

每年的农历三月初三拂晓，唐甸村300多名村民齐集积庆庵前广场，开始一天的庙会。

首先进行祭天仪式，燃烛焚香，供奉食品，祈祷上天保佑全村民众来年风调雨顺，五谷丰登，四季平安。随后进行迎会。八个轿夫抬出祖师菩萨、灵官菩萨等沿街巡游，敲锣打鼓、扛旗打伞，浩浩荡荡。所到之处家家鸣放鞭炮、烧香敬佛，煞是热闹。有的人家还会拿出事先准备的香烟、糖果和现金给庙会的组织者以表诚心，祈求神灵庇佑。

庙会当日，村里在周边企业打工的男人们，都要请假回来参与庙会活动，和村民们一道舞起四条祈福的彩龙穿梭在村庄的大街小巷中。四条彩色长龙，时而蜿蜒起伏，时而扶摇直上，时而腾云飞翔，时而吞云吐雾，彰显龙的英姿。由女同胞组成的荡花船、跑马、打莲湘、敲腰鼓、踩高跷等队伍紧随其后，尽情展示她们的勤劳美丽和生活的多姿多彩。之后开道的是左手持大刀，右手执铁鞭，驱赶邪魔的马弁和装扮成唐僧、孙悟空、猪八戒、沙僧等《西游记》的故事人物以及嬉闹的孩子们，前前后后，泱泱数百人游遍全村。

下午，熙熙攘攘的人群齐集唐甸村文化广场看戏听曲。早年，庙会组织者会邀请戏班子来演唱地方戏。后来，村里文艺达人们自编自导自演具有乡村色彩的文艺节目，传播唐甸乡村文化，抒发对美好生活的憧憬和向往。

庙会当日，唐甸村家家户户都会大办宴席，招待前来观赏巡游逛庙会的亲朋好友，欢聚一堂，其乐融融。与此同时，邻里之间相互攀比，比谁家人缘好，来的亲戚多，比谁家讲孝道，几代同堂和睦。

唐甸三月三庙会

比来比去，比出了唐甸人家庭和美、团结友爱。

伴随唐甸庙会，自然形成了一个规模盛大的集市，商贩们早早来到进村街道摆摊设点，吆喝声、叫卖声此起彼落，不绝于耳。

2015年起，唐甸庙会融入更多的现代元素。连续六年，举办唐甸庙会摄影比赛，让镜头中的“都市隐唐甸”变得更加靓丽多姿；组织众多志愿者走进田间地头，送文化、送科技、送法律、送信息，让唐甸人更加坚定科技致富的信心。

唐甸庙会，不仅给人们带来了一道乡村文化盛宴，也向世人展示了唐甸淳厚朴实的民风、热情好客的民众、优雅秀丽的村容。

朱东庙会

每年农历三月十五，是城东街道朱东村的庙会，庙会缘起何朝何代何时已无从考究。只知道人们把逛朱东庙会唤作“赶集场”。

庙会当日，朱东村家家邀亲约客，人人笑语盈盈。村庄里，亲朋欢聚，杀鸡宰鹅，其乐融融。每个路口都搭彩门、插彩旗、挂灯笼。三五更头，村头的高音喇叭便传来会长吆喝集合的声音。不多会儿，“梆梆梆、咚咚锵”的锣鼓声便喧嚣而至。暗夜里到处是此起彼伏的鞭炮声、人语声、脚步声，持续到天亮。

家家大门敞开，神龛上烛影摇曳，檀香袅袅，大门口均立着一炷斗香，祈福纳祥。百十号人的踩街队伍从村部出发，

朱东村三一五庙会

一路上浩浩荡荡，气势俨如銮驾。几位壮汉擂响大鼓开道，前面是举着十八般兵器的仪仗队，扮演济公、孙悟空的滑稽相，让人忍俊不禁。接着是龙凤旗、虎头牌，然后是几条腾挪跳跃的舞龙队，后面是踩高跷、跑旱驴、抬花轿、摇花船、挑花担、打莲湘、敲腰鼓、扭秧歌、划旱船等民间表演，让游客们大饱眼福。舞龙表演是重头戏，先跑圆场，而后有苍龙摆尾、走马穿花、燕摆翅、日月穿梭等舞蹈动作，营造出一种豪放雄壮、威武肃穆的气氛。

纵贯村庄南北的泰港路路边，一溜儿小商摊、小吃摊，各种小商品琳琅满目，各种风味小吃令人馋涎欲滴。大街上红男绿女、摩肩接踵，空气中五味杂陈、声浪袭人，汇成一片欢乐的海洋。戏场上人头攒动、烟气缭绕。村妇们看到动情处潸然泪下，抽噎声此起彼伏；汉子们站在后面，有时也跟着喝彩几声。年轻男女则在外围相互逗笑，借以散释青春期过剩的精力和激情。

下午，庙会上演重头戏——赛龙舟和会船表演。停靠岸边的贡船上搭建着亭台楼阁，张灯结彩，龙旗飘扬，随着贡船上令旗飞舞，龙舟会船竞相登场。首先亮相的是四条龙舟，由清一色的船娘们操桨，快捷地滑过水面，令人眼花缭乱。接着由四条水泥船进行会船表演，在数十名篙手整齐划一的操纵下，各船便像离弦的箭争先恐后向前疾驰，赢得两岸观众一片喝彩……

朱东春日庙会，氤氲着独特的古典气息，洋溢着浓郁的民族风情，浸润着淳朴的田园亲情。那份期盼、欢愉和乡情，像河水一样，永远流淌在人们的心灵深处。

第十篇　人　　物

城东街道历史悠久，人文荟萃，积淀深厚，培育了一批批杰出人物。既有勤政爱民、为官清廉的文人士子，亦有保家卫国、舍己救人的烈士英雄；既有敬业爱岗、勤于奉献的劳动楷模，也有精益求精、勇攀高峰的时代先锋；既有客籍的贤达，也有本籍的名人。不管他们生在何时，处于何处，都会被城东人民铭记，也会被历史记载。

人物传略

徐蕃(1463—1530)

明泰州东郊鲍坝人。字宣之,号北屏。弘治六年(1493)进士,乞养归家,后选为南京礼科给事中。明武宗嗣位,恢复孝宗时所裁汰的各种冗费,徐蕃等人力争不可,未被采纳。又上疏抨弹刘瑾,被逮捕械系至京,几乎受廷杖而死,削籍为民放还。刘瑾伏诛后,起用为江西参议,跟从都御史陈金讨平东乡寇乱。后又任浙江提学副使、都御史等职。任都御史时巡抚鄂、襄,清查得流民20万户,使一方安定,百姓为他立去思碑。嘉靖时以工部右侍郎提督易州,因病乞休。去世后葬于泰州鲍家坝。

徐蕃生性简淡,衣食与居室均很俭朴,见儿子营治宅第颇为考究,十分生气。徐蕃没有妾媵,妻子为他添置贴身婢女,徐蕃见到立即遣放回家,有古代贤者的风范。

梅巧玲(1842—1882)

祖籍江苏泰州凤凰墩鲍家坝。原名芳,正名芳普,字筱波,一字雪芬,号慧仙,别号蕉园居士,自号梅道人,乳名阿昭,寓所名"景和堂",又称景和堂主人,绰号"胖巧玲"。1842年9月25日出生,1882年12月16日,病故于宣南李铁拐斜街45号(旧门牌)寓所。他是清朝同治、光绪时期技艺非凡、声名赫赫的京剧表演艺术家,徽班进京后由演唱徽调、昆腔衍变为京剧的十三位奠基人之一。因其在京剧旦角表演艺术方面的突出成就,被清末画家沈蓉圃绘入《同光十三绝》画谱。他是四代京剧梨园世家的创始人,梅兰芳大师的祖父。代表作品《百花赠剑》。

因家境贫困,梅巧玲8岁时过继江姓,后被辗转贩卖。11岁入福盛班从班主杨三喜学昆旦兼皮黄青衣,又从夏白眼习艺，后与四喜班名旦罗巧福习花旦，艺成后即崭露头角，且极有人缘，遂为四喜班主要旦角。罗巧福为人慈祥，对待徒弟极为厚道，课徒授艺极为认真，深受梨园同仁的爱戴与尊敬。罗巧福的师父杨三喜，虐待徒弟是出名的，梅巧玲几经转卖，恰被杨三喜收为徒弟，受尽了百般折磨，后又转拜夏白眼为师，同样饱尝皮肉之苦。仁慈的罗巧福出资赎出梅巧玲，带回家中精心培育，终于使其成才，为此梅、罗两家世代友好。

梅巧玲天资聪慧，学戏刻苦，扮相雍容端丽，表演细腻逼真，念白文雅脱俗，京、昆俱佳。在京剧早期，青衣、花旦界限很严，但梅巧玲戏路很宽，花旦戏外，兼工青衣和昆旦，为余紫云、王瑶卿、梅兰芳等创花衫行当打下基础。梅巧玲为人正直，办事公道，他一反苛待艺徒和梨园同业恶习，厚待四喜班贫苦同业，在四喜班遇到困难时，梅巧玲尽出自己私蓄，以维持班内同业生活，其重信义，讲情谊，深为人们所敬重。

梅巧玲戏路极为宽广。常演昆曲有《百花赠剑》《刺虎》《思凡》《折柳》《小宴》《絮阁》等。京剧有《盘丝洞》《闺房乐》《梅玉配》《浣花溪》《虹霓关》《胭脂虎》《玉玲珑》《彩楼配》《龙女牧羊》《乘龙会》《五彩舆》《德政坊》等。最拿手的是旗装戏，如《四郎探母》《雁门关》（扮演萧太后）等。此外还有《得意缘》《二进宫》《百花亭》《密誓》等。

张淦清(1869—1927)

字汉卿，祖籍江苏江都。继嗣于泰州外祖父张氏家，故定居泰州。张氏在泰州陈家桥开了一家小米店（自己碾米卖），张淦清在店里帮忙打理。因年少不愿经商，张淦清私下跟拳师学武，后来投军，任保甲局分巡所巡官。他身材魁梧，体魄强健，且有勇有谋。泰州里下河匪首刘凤巢，当时向张淦清提出“借坡子街一条街”（意思就是打劫坡子街），消息一出，泰州百姓人心惶惶，不知所措。面对匪首刘凤巢的挑衅，张淦清会同扬州军政分府军政长徐宝山（徐老虎）、申锦彪等人将里下河一帮土匪平定，生擒匪首刘凤巢。后徐宝山宣布泰州光复，任命张淦清为泰州军政司令部司令。

有一年发大水，鲍坝闸突然溃破，之后，张淦清带领军民一起守闸护坝，并发誓说：“如果不把坝口堵起来，我张淦清就钉‘肉桩’站到缺口里去。”冒着大雨，他率领百姓用木筏载上装满泥土的草包，顺着激流下到堤坝的缺口处，再用绳索拉着木筏迅速竖立起来，插入到缺口处，挡在滚滚的洪水前，保住鲍坝上、下游百姓的生命财产安全。

张淦清任职期间，尽心履职。1912年，他拥孙反袁，积极训练士兵、筹备饷械，后又被授予陆军步兵上校。1913年，司令部裁撤，他改任为商巡营营长。张淦清一生乐善好施，喜欢帮扶穷苦大众，每年他都会送十石米去陈家桥西边的粥厂，生活困难的泰州人每天早晨可以去粥厂排队领粥。他还积极投身治水、修庙等公益活动。后来泰山顶上还有他为纪念岳飞将军捐赠的“精忠报国”四个大字的牌匾。

张淦清享年58岁，他在泰州为地方群众做了很多好事，群众对他十分敬仰。当他去世出殡的时候，两边赶来送葬的人群，一直从陈家桥列队到坡子街，人人都进香叩拜。当时送葬的队伍，前面是栋栋扛（十人抬的大棺材），中间是仪仗队，最后是家属和亲朋好友乘坐的轿队，是当时最隆重的送葬仪式。

梅兰芳（1894—1961）

名澜，又名鹤鸣，乳名裙姊，字畹华，别署缀玉轩主人，艺名兰芳，出生于北京，祖籍江苏泰州鲍坝村，京剧表演艺术大师。

梅兰芳父母早亡，由伯父梅雨田抚养成人。8岁学戏，9岁从名旦吴菱仙学唱青衣。10岁时第一次登台，在《天河配》中串演昆曲《长生殿·鹊桥密誓》中的织女。清光绪三十年（1904）正式搭喜连成班演出，同时转益多师，遍向戏剧界前辈求教，观摩旦角本工戏及各行角色演出。1913年，梅兰芳应邀与名须生王凤卿等到上海演出，在王凤卿帮助下主演大轴戏《穆柯寨》，轰动上海。在上海，梅兰芳受表现近代与当代题材的“新戏”启发，返京后搭翊文社演戏，排出第一个时装新戏《孽海波澜》，1914年再次应邀赴上海，前后演出45天，场场爆满，盛况空前，以22万票当选为“伶界大王”。

自1915年开始，梅兰芳对京剧表现当代题材作了大胆探索，排演时装戏《宦海潮》《邓霞姑》《一缕麻》，揭露官场黑暗，为妇女的悲惨命运鸣不平。又尝试排演古装新戏《嫦娥奔月》《黛玉葬花》《千金一笑》《廉锦枫》《霸王别姬》《天女散花》《麻姑献寿》《洛神》等，创作了很多与剧情配合的舞蹈。对传统节目，也精心加工整理，排演了《宇宙锋》《贵妃醉酒》《奇双会》《金山寺》《断桥》《打渔杀家》等。梅兰芳突破传统正工青衣专重唱功、不讲究身段表情的局限，将花旦乃至刀马旦的技巧融合运用。除继承传统唱腔外，还编制独具个性的新腔。他的演唱咬字清晰，音色朗润，唱腔婉转妩媚、流畅甜美。对旦角的念白、舞蹈、音乐、化妆、服装也作了大胆改进与创新，使之更能表现人物细腻的感情，形成在质朴中见俏丽、妩媚中显大方的梅派风格。1927年，北京《顺天时报》举行首届京剧旦角名伶评选，梅兰芳被评为四大名旦之首。

梅兰芳在艺术上的卓越成就，引起国外人士重视。1919年与1924年两次应邀去日本演出，1929年去美国演出，1935年去苏联演出，与卓别林、斯坦尼斯拉夫斯基等著名表演艺术家切磋交流。演出期间有几个片段被拍成电影，在美国被授予博士学位。梅兰芳是将中国戏曲传播到国外并获得盛誉的第一位戏曲表演艺术家。

1931年“九一八”事变后，梅兰芳自北平移居上海，在上海排演《抗金兵》《生死恨》等，激励人民抗日斗志。上海为日军侵占后，一度避居香港。在敌伪统治下，梅兰芳不为威胁利诱所屈服，蓄须明志，闭门谢客，拒绝任何演出，生活困难时变安家产、典当衣物度日。1945年8月日军投降，他立即剃掉胡须，于10月重新登台。1949年5月上海解放时，梅兰芳与上海人民一道上街欢迎解放军，连续招待演出3场。

1949年，梅兰芳应邀参加第一届全国文学艺术工作者代表大会与第一届中国人民政治协商会议。中华人民共和国成立后，当选为全国人大代表、全国政协常委，中国文学艺术界联合会副主席、中国戏剧家协会副主席，担任中国戏曲研究院、中国戏曲学院、中国京剧院院长等职。1952年11月，在第一届全国戏曲观摩演出大会上，文化部授予梅兰芳荣誉奖。同年冬，出席在维也纳召开的世界人民和平大会。次年，参加中国人民赴朝鲜慰问团，任副团长，多次慰问演出。1955年4月，国家文化部、中国文学艺术界联合会、中国戏剧家协会，为梅兰芳、周信芳联合举办舞台生活50年纪念活动，摄制戏曲影片《梅兰芳舞台艺术》《游园惊梦》等。1951—1955年，梅兰芳组织梅剧团到全国各地巡回演出500多场，观众超过100万人。此时他上演的剧目减少，艺术风格趋于精炼含蓄，更富于内在魅力，已达炉火纯青的境界。1956—1957年，梅兰芳又先后到日本与苏联访问，为增进中日、中苏人民的友谊作出贡献。1957年7月，国际舞蹈协会授予梅兰芳荣誉奖章。1959年3月，梅兰芳加入中国共产党。同年创作排演《穆桂英挂帅》，向国庆十周年献礼。1961年8月，梅兰芳因心脏病在北京逝世，终年67岁，时任国务院总理周恩来担任治丧委员会主任，时任副总理陈毅主持追悼会。

梅兰芳对故乡泰州怀有深厚的感情。1931年泰州遭受特大水灾，梅兰芳闻讯立即捐款赈灾。1956年3月，梅兰芳带领妻子儿女回泰州祭祖探亲，并为家乡父老演出《宇宙锋》《霸王别姬》《贵妃醉酒》《风还巢》《奇双会》等梅派代表作，受到热烈欢迎。

梅兰芳著有《梅兰芳文集》《梅兰芳演出剧本选集》，以及自述传记《舞台生活四十年》等。

1984年，为纪念梅兰芳诞辰90周年，在梅兰芳的祖籍地泰州东郊凤凰墩兴建梅兰芳纪念亭。此后逐步扩建为梅兰芳纪念馆，俗称梅园，成为京剧大师梅兰芳故乡的纪念建筑群。1985年2月，时任国家主席李先念题写馆名。1992年2月，时任中共中央总书记、国家主席、中央军委主席江泽民视察，挥毫写下“弘扬民族优秀文化，振兴京剧艺术”的题词。

梅兰芳史料陈列馆由明清两代古建筑移建而成。其布局错落有致，融严整、朴实、幽静、雅致于一体。设有“梅兰芳艺术生平”“梅兰芳生活实物展”“桃李厅”等七个展厅。1956年3月，梅兰芳携夫人率团返乡认亲祭祖，访问演出，受到泰州市委和市政府的隆重接待，形成了万人空巷看梅郎的热闹场面，终于圆了他的还乡梦。梅兰芳不忘故乡情，故乡人永远怀念梅兰芳，泰州政府从1984年起，每年都要举行一次重大纪念活动，从2008年开始，泰州市政府每年与江苏省文化厅联合举办梅兰芳艺术节，梅兰芳的后裔每年都从北京回到泰州参加活动。

于锦凤（1911—1991）

泰州东郊人，出身贫苦，青年时代做过皮匠、挑箩工人，解放后积极参加土地改革运动，任花园村农会主任、村长。1952年3月，中共泰州市委在花园村创办全市第一个农业生产互助组，于锦凤任组长。于锦凤办事公道，互助组定有切实的生产计划与合理的评工记分制度，互助组成员生产热情高涨，第一年即获得丰收，为全市农民走互助合作的道路起了示范作用。1954年5月，于锦凤的互助组发展为全市第一个初级农业生产合作社。当年夏天泰州大水，花园初级农业生产合作社在防汛排涝及灾后补种过程中，显示了集体生产的优越性，农民纷纷要求入社。以后于锦凤又带领花园村农民积极参加高级农业生产合作社与人民公社。于锦凤没有文化，不善言谈，但工作埋头苦干，深受群众拥护。1954年加入中国共产党，1956年被评为江苏省劳动模范。1991年病逝，终年80岁。

宋汉林（1945—1966）

泰州东郊人，1965年9月，宋汉林参军，成为驻舟963部队三连战士。次年，在一场山体塌方中献出宝贵的生命，年仅21岁。

帅长根（1951—1976）

泰州东郊人，1973年1月应征入伍。刚到新兵连，即向连队党支部呈交学雷锋决心书，立志做雷锋式的战士。在部队3年，工作变动6次，每次调动都愉快服从、努力工作，最后在安徽省军区独立第六团运输排当战士。

1976年4月27日，帅长根与副驭手驾车执行任务，行至蚌埠建材厂附近时，梢马突然受惊，从公路冲向东面一条直对建材厂的下坡路。建材厂门前车来人往，情况万分紧急。帅长根脚踏刹把，双手紧勒缰绳，令副驭手抓住笼头。此时辕马也受惊狂奔，两匹惊马拖车顺着下坡直向人群冲去。帅长根果断地把缰绳在手上缠了几道，身体拼命后仰，使尽全身的气力踏住刹把，硬逼着惊马拐向路边只有三尺宽的缺口。马车越过缺口时失去平衡，马仰车翻。帅长根身负重伤，抢救无效，英勇献身。帅长根所在部队党委追认他为中国共产党党员，安徽省军区追记一等功，作出《关于宣传和学习帅长根同志的决定》。

刘志贞（1942—1978）

泰州东郊人，生前是28军高炮团2营车管助理员，1978年4月牺牲。

人物简介

夏道球　1941年11月生，泰州东郊人。中国气象学会会员、江苏省书法家协会会员、海陵区作家协会会员、市书画院特聘书画家。1965年7月毕业于南京大学大气科学系。曾在云南省气象局工作，任预报科负责人。1974年12月调入泰州市气象局，1990年初聘任为高级工程师，并任泰州市气象学会秘书长（正科级），2001年10月退休。

陈来元　1942年2月生，城东街道宫涵村莲花池庄人。江苏省泰州中学上学期间，他一直担任团干部，高一时加入中国共产党，高三时担任校学生会主席。1963年9月，考入南京大学外文系英文专业。1970年，进入外交部外交人员服务局工作，后被派往巴基斯坦、比利时等国驻华大使馆任英文翻译。1982年底至2003年6月先后任中国驻利比里亚大使馆随员、三等秘书、二等秘书，外交部西亚北非司二等秘书、副处长、一等秘书，中国驻以色列大使馆政务参赞兼大使馆党委委员，外交部西亚北非司总支书记，西亚北非司总支书记，中国驻莱索托大使兼大使馆党委书记和中国驻纳米比亚大使兼大使馆党委书记。

2009年，陈来元成为中国作家协会会员，2011年获中国翻译协会授予的资深翻译家证书。出版著作《中东非洲不了情》和《中国驻中东大使话中东·以色列》。出版译著荷兰作家高罗佩著《大唐狄公案》、美国作家厄尔·德尔·比格斯著《伦敦大侦探之死》、英国作家狄更斯著《艰难时世》和纳米比亚总统努乔马自传《坚定不移》等。在全国报刊发表、转载文章400多篇，8篇获省市一、二、三等奖和优秀奖。

王锦州　1955年生，初中文化，城东街道花园村人。他根据身边人、身边事创作贴近农村生活、反映农村实际、具有浓郁乡土气息的方言小品、相声、快板书、方言韵白等文艺作品50多篇，有讽刺农村不赡养老人的方言小品《二月平》，有宣扬和谐家庭的快板书《婆媳对刀》，有反映反腐倡廉的方言表演唱《四大嫂夸丈夫》，有破除封建迷信的、宣扬人间真情的，还有科技兴农的……

2008年6月7日，在望海楼景区，中央电视台《乡约》节目组，录制一台由著名主持人肖东坡主持，反映农民文化生活的节目《农民笑星——王锦州》。10月18日，在中央电视台4频道播出。

戚根森 1957年10月生，中共党员，城东街道人，泰州东方糕点有限公司总经理，五云斋第七代嵌桃麻糕制作技艺传承人。1983年，戚根森与师傅刘建春、师爷周金余、师叔周纯正等一起制作嵌桃麻糕，多次获奖。戚根森工作执着，对产品精益求精，追求极致。2010年，被泰州市政府认定为泰州嵌桃麻糕制造技艺传承人。2014年，获上海大世界吉尼斯之最证书（桃花糕制作）。2017年，获江苏省供销合作社系统劳动模范称号。2018年9月，被授予海陵工匠称号。

郑元林 1961年1月生，城东街道鲍坝人，江苏师范大学原副校长。理学博士，博士生导师，江苏师范大学特聘教授，江苏省药用植物生物技术重点实验室首席科学家和学科带头人，教育部“高等学校骨干教师资助计划”培养对象，江苏省“333工程”第三批次培养对象，江苏省教育厅“青蓝工程”中青年学术带头人。江苏省抗衰老科学技术学会副理事长，江苏省动物学会理事。

主要从事抗衰老的分子生物学机制等领域的研究工作。先后主持国家自然科学基金、教育部“高等学校骨干教师资助计划”“863项目”子课题以及江苏省“六大人才高峰”资助项目等10余项科研项目，参与编写学术专著2部。同时还兼任20余种SCI学术期刊的审稿人。先后在国际著名的学术期刊《Brain》《Journal of Pathology》《Cerebral Cortex》《Brain Pathology》等和《中国药理学报》《药学学报》《生理学学报》等国内权威或核心期刊上发表论文80余篇。

王裕华 1962年2月生，中共党员，城东街道鲍坝社区党总支书记。任职期间，社区集体经济实力不断增强，居民收入不断增长。社区有可出租物业面积70000多平方米，固定资产超过1.6亿元。社区集体经济股份合作社股民除每年可领取4800元生活费，年终还有2000多元的股金分红，年满60周岁老人每年还可领取1200至1440元的社区尊老金。先后获评泰州市“最美基层干部”“泰州市劳动模范”。

沈党兰 女，1962年10月生，城东街道智堡社区菜农。1986年开始从事蔬菜种植，通过自学参训，掌握各类蔬菜种植技术，创造良好生产效益。先富起来的沈党兰坚持“一个人富不算富，共同富才是富”的理念，将经验技术毫无保留地传授给其他菜农，并带头运用无公害生产技术种植蔬菜，促进蔬菜生产转向安全、优质、高效和环保型。在她的带动下，菜农种菜的经济效益逐年提高。2013年，沈党兰被评为“泰州市劳动模范”。

刘晓东　1964年4月生，泰州市新纪元农资有限公司总经理，经济师。他坚持“善待农民就是善待自己”“农民的满意度，就是企业发展的加速度”理念，做新型农资业的探路者，整合原有网点，创建“品牌农资”，建立农资连锁，营销辐射到村。其创办的新纪元农资有限公司获评省“农资消费示范单位”和省“价格诚信单位”。他先后获省“五一劳动奖章”“新泰州建设功臣”称号。

许灯梅　女，1975年2月生，中共党员，城东街道春晖社区党总支部书记、居委会主任。2019年，她创办春晖社区“石榴籽驿站”，构建民族工作服务平台，精心设计“温馨服务卡”，为少数民族居民提供医、食、住、学、养、乐等服务，打造成为全市首家“省民族工作示范社区”。

2020年7月27日，《中国民族报》刊发《“石榴籽驿站”：画出最大“同心圆”》一文，介绍春晖社区打造社区民族工作新模式的特色做法。许灯梅先后获评江苏省首届“最美社工”、“江苏省民族团结进步模范个人”“泰州市优秀社区工作者”等称号。

孙正坤　1978年8月生，中共党员，城东街道宫涵社区党总支部书记、居委会主任。任职期间，他带领社区党员干部优化“房东经济”，社区股份合作社创总收入超过600万元，居民纯收入达3.1万元。创新社区政治、法治、德治、自治、智治“五治融合”治理体系，社区多年保持无重大刑事案件、无集体上访、无个人越级上访的“三无”目标。聚力改善民生，组织实施“技防补盲”“绿改停”等一批民生实事项目，增强社区群众的获得感和幸福感。2015年，孙正坤获得泰州市个人三等功，2016年被评为“泰州市劳动模范”，2018年被评为泰州市“最美基层干部”。

徐国华　1981年4月生，中共党员，城东街道唐甸村党总支部书记、村委会主任。任职期间，他带领村“两委”致力打造生态唐甸、文化唐甸、魅力唐甸。创办泰州市美丽唐甸旅游文化发展有限公司，开发具有唐甸特色的文创产品和旅游线路。全村108盏老路灯改造为LED节能路灯，村庄8000多平方米主要道路实施硬质化和“白改黑”，新建村民健身休闲小游园。推进特色田园乡村建设，建成民俗文化广场、健身步道、民俗文化展示馆、生态停车场、泉书屋等。2021年，村集体收入达266.6万元。其个人先后获评泰州市“我最喜爱的共产党员”、江苏省“千名领先”村书记。

黄夜明 1986年2月生。泰州油恒油气工程服务有限公司的焊工技师和油建班长，熟练掌握10多种焊接技术。从2011年起，多次作为主力焊工，参加中国石化华东油气分公司在江苏、山西、重庆、贵州等多个油气生产工区的重大地面工程项目建设，经手的焊缝合格率在98%以上，为保障各工区油气产销做出了重要贡献。2017年，黄夜明获得泰州市焊工职业技能竞赛获一等奖。2019年，获“泰州市劳动模范”称号，2020年，获“江苏省五一劳动奖章”。

人物名录

城东街道国家级先进模范人物名录

表 25

姓　名	称号	授予时间	授予单位	所在单位
姚喜珍	全国劳动模范	2000	中共中央、国务院	春兰集团
成龙华	全国乡（镇）优秀计划生育工作者	2000	国家计生委	东郊乡
杨兆华	全国“孝亲敬老之星”	2004	民政部	红枫公寓
杨兆华	全国五一劳动奖章	2007	全国总工会	红枫公寓
李爱华	全国维护妇女儿童权益先进个人	2017	全国妇联	城东街道矛盾纠纷调处中心
段成林	中国好人	2020	中央精神文明办	城东街道段成林志愿服务站
段成林家庭	2020 年度全国最美家庭	2020	全国妇联	东安社区

城东街道省级先进模范人物名录

表 26

姓　名	称号	授予时间	授予单位	所在单位
赵罗珍	江苏省劳动模范	1996	省委、省政府	东郊乡智堡村
杨兆华	江苏省文明职工	2003	省委、省政府	红枫公寓
李爱华	全省优秀党务工作者	2006	省委	工人社区
刘晓东	江苏省五一劳动奖章	2010	省委、省政府	新纪元农资公司
刘晓东	省人社厅和省供销社劳动模范	2011	省人社厅、省供销总社	新纪元农资公司
李爱华	江苏好人	2013	省委精神文明办	城东街道办事处

续表

姓　名	称号	授予时间	授予单位	所在单位
段成林	“文明江苏·和谐社区”优秀社区志愿者	2015	省民政厅	东安社区
王　平	“文明江苏·和谐社区”优秀社区志愿者	2015	省民政厅	育才社区
沈党兰	江苏省劳动模范	2015	省委、省政府	智堡社区
李爱华	江苏省社区矫正工作先进个人	2015	省司法厅	城东街道矛盾纠纷调处中心
李爱华	江苏省婚姻家庭纠纷优秀调解员、金牌调解员	2016	省妇联、省司法厅	城东街道矛盾纠纷调处中心
戚根森	江苏省供销合作社系统劳动模范	2017	省供销总社	东方糕点公司
周华英	江苏省优秀工会工作者	2018	省总工会	城东街道工会
丁慧芳	江苏省最美基层妇联干部	2018	省妇联	城东街道妇联
王金珠	江苏省基层统计岗位标兵	2019	省统计局	城东街道统计站
李爱华	江苏省金牌个人调解工作室	2019	省司法厅	城东街道矛盾纠纷调处中心
何　锐	江苏省第四次全国经济普查优秀工作者	2019	江苏省第四次全国经济普查领导小组	春兰社区
汤汝华朱林妹夫妇	江苏好人	2020	省委精神文明办	“鲁班80365”志愿服务工作室
李爱华	江苏省优秀人民调解员	2020	省司法厅	城东街道司法所
李爱华	江苏省规范化家事调解社区工作室	2020	省司法厅	城东街道矛盾纠纷调处中心
许灯梅	江苏省第五批社会工作领军人才	2020	省民政厅	春晖社区
许灯梅	江苏省民族团结进步模范个人	2020	省政府	春晖社区
黄夜明	江苏省五一劳动奖章	2020	省委、省政府	油恒油气工程公司
丁惠芳	江苏省三八红旗手	2021	省妇联	城东街道妇联
徐国华	江苏省“千名领先”村书记	2021	省委组织部	唐甸村
段金梅	江苏省计划生育协会工作成绩突出个人	2021	省计生协	东城社区
许灯梅	江苏省“暖心之星”	2021	省卫健委	春晖社区
王金珠	江苏省第七次全国人口普查工作成绩显著个人	2021	省统计局	城东街道统计站

续表

姓　名	称号	授予时间	授予单位	所在单位
高卫玲	江苏省第七次全国人口普查工作成绩显著个人	2021	省统计局	智堡社区
高春华	江苏省第七次全国人口普查工作成绩显著个人	2021	省统计局	迎春社区
高海玲	江苏省第七次全国人口普查工作成绩显著个人	2021	省统计局	梧桐社区
沈智强	江苏省第七次全国人口普查工作成绩显著个人	2021	省统计局	城东街道统计站
何　锐	江苏省第七次全国人口普查工作成绩显著个人	2021	省统计局	东城社区

城东街道市级先进模范人物名录

表 27

姓　名	称号	授予时间	授予单位	所在单位
杨国胜	泰州市双拥模范	1997	市委、市政府、泰州军分区	城东街道办事处
李爱华	泰州市劳动模范	2007	市委、市政府	工人社区
沈党兰	泰州市劳动模范	2013	市委、市政府	城东街道办事处
刘晓东	泰州市“我最喜爱的共产党员”	2013	市委	新纪元农资公司
王国法	泰州市最美人民调解员	2014	市政府	城东街道司法所
孙正坤	个人三等功	2015	市委、市政府	宫涵社区
孙正坤	泰州市劳动模范	2016	市委、市政府	宫涵社区
刘永山	泰州市劳动模范	2016	市委、市政府	园艺场有限公司
孙正坤	泰州市优秀党务工作者	2016	市委	宫涵社区
刘晓东	新泰州建设功臣奖	2016	市委、市政府	新纪元农资公司
黄夜明	泰州市“五一劳动奖章”	2017	市委、市政府	油恒油气工程公司
黄夜明	泰州市“五一创新能手”	2017	市总工会	油恒油气工程公司
王裕华	泰州市“最美基层干部”	2017	市委、市政府	鲍坝社区
郑　宇	深化全国文明城市创建个人二等功	2018	市委、市政府	迎春社区

续表

姓　名	称号	授予时间	授予单位	所在单位
叶利峰	深化全国文明城市创建个人嘉奖	2018	市委、市政府	春兰社区
徐国华	泰州市场“我最喜爱的共产党员”	2018	市委组织部	唐甸村
孙正坤	泰州“最美基层干部”	2018	市委、市政府	宫涵社区
王裕华	泰州市劳动模范	2019	市委、市政府	鲍坝社区
黄夜明	泰州市劳动模范	2019	市委、市政府	油恒油气工程公司
梅宏俊	泰州市深化全国文明城市创建先进个人	2021	市委、市政府	城东街道办事处
殷筛林	泰州市深化全国文明城市创建先进个人	2021	市委、市政府	鲍坝社区

孙虎臣——英勇抗击元军

孙虎臣，南宋末年泰州最后一位知州。《泰州志》载，孙虎臣知泰州前曾在湖北参加过鄂州守卫战，立过赫赫战功，受到南宋朝廷“官十转”与“赐金帛”的封赏。德祐元年(1275)，元军破九江，下安庆，江浙岌岌可危。宋廷命丞相贾似道为主帅，孙虎臣为步军指挥使，总统诸军应战。一场血战后，宋军惨败，建康城迅速陷落，东南危急。《宋史》载：“时一军七万余人，尽属孙虎臣，军丁家洲……二月庚申夜，虎臣以失利报……拊膺而泣曰：‘吾兵无一人用命也！’”孙虎臣对这次失败十分痛心，他也被免去职务，遭贬到泰州任知州。时局艰难，很快泰州也成了烽火前线。时元将阿术集行省诸翼万户兵船于瓜州，阿塔海、董文炳集行院诸翼万户兵船于西津渡，欲沿江东下。已来到泰州的孙虎臣又整军前往助战，与枢密都承旨张世杰与平江都统刘师勇共率战舰万艘，以十舟为一舫，连以铁索，碇于江中，横列焦山江面，欲与元军决战。可惜被阿术以水陆协同进击，配以火攻打败，损失惨重。从此长江防线彻底崩溃，临安危在旦夕。江战之败，也使宋军元气大伤，沿江诸州郡，非降即遁。两个月后，也就是宋恭帝德祐元年九月，元军兵至泰州，孙虎臣满怀忠愤，自杀殉国。《宋史》载：“九月丙戌，大元兵至泰州，知州孙虎臣自杀。庚寅，赠太尉。”《泰州志·人物忠节》也记曰：“孙虎臣咸淳年间知泰州，时元军逼泰州，虎臣孤军无援，死之。”一代名将，横刀自刎，全忠全义，州人于城南为之建忠节祠，以示崇敬缅怀。

元军围攻泰州时，距离泰州不远的扬州已被围困了数年，固守扬州的是时任淮东制置使的李庭芝，姜才是其得力之副将。其时，元军已攻破临安，已降元的谢太后下诏谕降，庭芝以“奉诏守城，未闻以诏谕降也”之慷慨壮语严词驳回，一次次怒杀来使，固守扬城，力战不屈。端宗景炎二年(1277)，扬州城中渐渐粮绝兵乏，在福州的小皇帝赵昰遥拜李庭芝为丞相，召其南下主事。在这种情势下，李庭芝决定先转泰州，再东入海南下福州。他命制置副使朱焕主扬州，而自己与姜才将兵七千且战且退至泰州。可惜李庭芝刚离开扬州，朱焕即以城降，元军又大兵追至泰州。泰州城壕深广，元军不能攻入，遂筑长围堑困之。《续资治通鉴》载："庭芝走入泰州，阿珠围之，且驱其妻子至陴下招降。会姜才疽发背，不能战。泰州裨将孙贵、胡惟孝、尹端甫、李遇春，开北门纳外兵。庭芝投莲池中，水浅不死，遂与才俱被执。"李庭芝与姜才被俘后，被元军押往扬州。阿术爱其忠勇，以高官厚禄劝其归顺元朝，遭严词拒绝，最后壮烈殉国，二人同葬于扬州梅花岭。史书载"扬泰民闻者莫不泣下"。文天祥闻讯，赋诗赞曰："屹然强寇敌，古人重守边。惜哉功名忏，死亦垂千年。"明清以来，当地百姓在莲花池畔的红庙曾建忠节祠、三忠祠纪念三位民族英雄。

孔尚任——寓居陈庵写就《桃花扇》

孔尚任（1648—1718），字季重，号东塘，山东曲阜人，清代戏曲作家，山东曲阜人，孔子第64代孙。历官国子监博士、户部主事、员外郎。以作传奇《桃花扇》驰名。康熙二十五年（1686）随兵部侍郎孙在丰到苏北治水驻节泰州三四年，常奔走于南京、仪征、扬州、泰州、兴化一带，与当地文化名人冒襄、邓汉仪、杜浚、吴绮等交往。在泰州陈庵写就《桃花扇》二稿，并曾在俞锦泉家班渔壮园试演。

李明扬——转战下河坚持抗日

李明扬（1891—1978），原名健，又名敏来、逊吾，字师广，安徽省萧县人。清光绪三十三年（1907）考入南京江苏陆军小学，毕业后升入陆军第四中学。宣统三年（1911）任江西李烈钧都督府独立机关炮大队长，1912年秋，任江西陆军步兵第十团团长兼湖口要塞司令，同年参加同盟会。后赴日本、德国留学，归国后任广西护国第二军总部少将高级参谋、广州军政府参谋本部警卫团团长等职。北伐战争中历任副师长、师长、副军长。抗日战争爆发后，任第五战区鲁苏皖边区游击总指挥、徐州防空军司令兼苏北第二、第四游击区指挥官，曾参加台儿庄会战。

1938年秋，李明扬到泰州收编地方武装，兵力发展到万余人。次年任国民政府鲁苏皖边区游击总指挥部总指挥，下辖11个纵队（后为7个纵队），据有泰县全境及周围地区，形成有别于韩德勤势力的地方实力派。新四军挺进苏北，经陈毅三进泰州谈判，李明扬同意借道给新四军东进，并暗中协助新四军取得黄桥战役胜利。由于日军的压迫与韩德勤的排挤，李明扬处境日益困难。1941年2月，李明扬与李长江兵分两路，李明扬率领一个纵队及教导队离开泰州至下河唐家甸一带农村坚持抗日。此后，先后任鲁苏战区副总司令、长江下游挺进军总司令、江苏省特别行政区主任、第十战区副司令长官等职，多次粉碎日军扫荡。1945年6月，李明扬在泰州北乡唐家甸被日军包围俘虏。日军多次劝降均遭严词拒绝，日军投降后获释。抗日战争胜利后，李明扬一度在上海经商。中国人民解放军渡江前夕，李明扬受李宗仁委托，以总统府国策顾问身份与共产党和谈。和谈破裂，李明扬毅然起义。中华人民共和国成立后，任全国政协委员、华东行政区委员会委员。1952年任政协江苏省第一届委员会副主席，江苏省农林厅厅长，第一、第二、第三、第五届全国人民代表大会代表，国防委员会委员，中国国民党革命委员会团结委员会委员等职。1978年病逝于北京。

附 录

碑记

扬关奉宪永禁滕鲍各坝越漏南北货税告示

兵部侍郎兼都察院右副都御史总理粮储提督军务巡抚江苏等处地方林，为出示严禁事。

据扬关详称："泰州滕坝，内通下河盐场州县，外达口岸支河大江，本属扬关管辖。嗣因该坝离关窎远，于乾隆元年题归泰州，只许征收落地零星税银并附近泰兴土物，其江南运赴江北、江北远赴江南，应在扬关由闸及分设之中、白二口输税者，概不准其征收。从前每因关闸钱粮短绌，查因该处商民偷挖滕坝，私走货船，甚将苏杭杂货绕至滕坝，直达里下河州县各场。又将北来饼豆杂粮，由坝驳至口岸，盘入海船，绕至江南福山、上海等处。并访有行户私设行栈，包揽绕越，或设囤船拖运。俱经各前道详请严禁，并将牙行封闭，差派委员督同中、白二口书役，前赴口岸镇及滕坝一带不时稽查。近如道光五年，泰州绅士刘江禀请改坝为闸，亦经前道详奉委员勘明：'滕坝数百年不通舟楫，扬关近年缺额全赖中闸、芒稻、白塔各口补苴，若货船可由滕、鲍等坝直至下河，则三口税银必至大绌。兼之夹带私盐、偷漏货物，势所必至，应请毋庸更张。'详奉各宪批准。又于道光十二年，口岸镇行户李国昌包揽纸货，发交口岸司押回中闸，认罚具结。各在案。是泰州各坝实为扬关第一漏卮，是以节次详禁严明，无非为剔除弊端，力加防范起见。乃奸商多方觊觎，百弊丛生，每越数年辄萌故智。其尤甚者，近于道光十二年王前道正在照案查禁，即据泰州朦禀扬州府转禀，妄以该州滕坝向征税货，准由口岸运赴投税，并请将中闸巡拦裁于六闸等处稽查等情。职道莅任后，查与成案不符。种种窒碍，当将该州违例滥征坝税，及不应私走口岸、盘越滕坝缘由，并关税近年来偷漏缺额情形，缕晰通详。旋奉各宪批饬'泰州经征落地税银，岁仅二千两，且无短绌处分。而扬关每年额税多于十六万余两，近来无年不短，赔缴之外，尚应按分议处，衡情定议，岂宜更任滕坝为关闸之漏卮。自应如详饬禁，并札江潘司转饬泰州遵照。仍由该关委员，督同中、白二口书役，于滕坝、口岸一带不时稽查。一面出示严禁，南来货船毋许私绕口岸，以杜流弊而符旧制’等因到关。奉此，遵即明白出示禁止，并行扬属各州县一体严禁。另札泰州州同、口岸司巡检，就近率同中白书役，不时前赴巡查。各在案。伏查例载‘商货须直赴关口按例输税，陆路不许绕避别口，水路不得私走支河。若有船户脚夫包送，希图漏税等弊，将奸商船户等分别究治，地方官并予议处’等语。今以滕坝言之，于扬关既为别口，以口岸言之，于中闸即为支河。是以稽察稍疏，一切绕越偷盘之弊即无所底止。兹查一年以来，关口征税情形稍有起色，自系泰州各坝偷漏渐稀所致，惟是从前扬关详禁各案，久以视为具文。此次虽奉严禁，而奸商刁埠仍不免以冀图绕越为能，诚恐日久弊深，尤不可不防其渐。理合详情，俯赐照案出示，严禁盘坝绕越，发交职道在于口岸镇及滕、鲍各坝支河要道处所张贴晓谕，并请勒石永禁，以重久远”等情前来。

查扬关由闸近年征收税课，遍有短缺，总由奸商刁贩绕越偷漏所致。是泰州滕、鲍各坝实为关闸漏卮，断难再任商贩船埠人等，仍前盘坝绕越，致亏税课。据详前情，合行给示永禁。为此，示仰商贩行户船埠人等知悉：尔等贩运各货，由江南运赴江北，及江北运赴江南销售者，务各恪遵定例，概赴扬关由闸及中、白二口，照例输税，不得避重就轻，私自盘坝绕越。倘将应赴关闸各口输税货物，私行串通偷盘过坝者，查出定将该商埠人等一并从重治罪。尔等具有身家，切勿贪利图私，致蹈法网，各宜凛尊毋违。

特示。道光十五年七月二十八日示。

诗词

清风阁

宋·王安石

飞甍孤起下州墙，胜势峥嵘压四方。
远引江山来控带，平看鹰隼去飞翔。
高蝉感耳何妨静，赤日焦心不废凉。
况是使君无一事，日陪宾从此倾觞。

注：清风阁，始建于五代，原名清风楼。

清风楼

宋·曾致尧

楼号清风颇觉清，玉壶冰室漫传名。
并无尘土当轩起，只有松萝绕槛生。
秋似玉霜凝户牖，夜宜素月照檐楹。
我来涤虑搜吟坐，惟恐冬冬暮鼓声。

雨后至城外

宋·吕本中

日日思归未就归，只今行露已沾衣。
江村过雨蓬麻乱，野水连天鹳鹤飞。
尘务却嫌经意少，故人新更得书稀。
鹿门纵隐犹多事，苦向人前说是非。

浴沂亭

明·侯　瓒

凤凰墩上凤凰仪，凤去亭高俯碧漪。
童冠衣新春浴罢，舞雩风暖咏归迟。
问酬可是成狂简，章甫何曾入梦思。
遥想前贤真乐地，杏花坛上瑟音稀。

伏龙桥

明·方　岳

十胜街前事，君王勇未消。
空余一片石，犹记伏龙桥。

迎春日赴郡斋宴集（二首选一）

明·储　巏

共迎春去出东城，报道春从海角生。
青盖日消浮酒晕，彩鞭风细袅吟声。
物华谩说灯期好，岁事先占谷日晴。
十载宦游常记忆，故乡风俗少年情。

凤凰墩

明·凌　儒

威凤曾栖江上州，一堆空见古高丘。

碧梧树老枝还长，玉液池平水自流。
缭绕经声连峻阁，苍茫海色接危楼。
昌期五百当今日，早晚重来此地游。

伏龙桥

明·凌　儒

苔深小径封，片石拟三容。
城郭曾仍旧，干戈定几逢？
运移悲渡马，事往识潜龙。
此日荒祠外，空余叱犊踪。

伏龙桥

明·刘万春

甃石古藤封，君王此暂容。
海神应未见，钓叟岂曾逢？
梦已征亡鹿，名犹记伏龙。
伤心南渡事，不忍问遗踪。

登郡楼

明·李　湘

百年今复仲宣楼，圮坏兼逢宋玉秋。
海岳有灵时送鹤，桑麻无事自眠牛。
东南丽藻晴相并，西北晴岚晚未收。
爱看冥冥万里在，背沙惊起二三鸥。

清风阁

清·张　音

高阁风清人更清，风前寻阁忆芳名。
多时人共梅花老，何日风随桂蕊生。
乍泠泠来惊薮泽，长飘飘复下檐楹。
可怜到此空荒址，惆怅松萝鸟雀声。

靖海楼晚眺

清·袁尔钦

东城胜地喜相过，天阔台高闪绿萝。
海气苍茫迷老树，春光淡荡逗轻波。
楼头确断诗痕少，岩脚花残鸟迹多。
一望云山神愈远，临风把酒快如何。

靖海楼晚眺

清·韩　鰊

岑楼缥缈接青雯，蹑履登临趁夕曛。
万里山光迷海气，千行树色黯晴云。
春塍负郭衡从见，别浦归帆远近分。
何处钟鱼林外出，文昌高阁暮鼠氰。

舟泊东城同叔公麟登岸小憩

清·程瑞德

孤舟何处泊，灯火半东城。
夜景巢乌集，更残促织鸣。
岸通村野阔，林隔小桥横。
散步惊农父，风淳味自清。

议复靖海楼

清·宫寿平

东南形胜峙神丘，文物由来最上头。
何事高台空茂草，几人长啸漫登楼。
斗牛尚有冲霄气，栋宇能无借箸筹？
他日丹梯凭眺好，海天一色望中收。

雪中靖海楼

清·朱式玉

冲寒踏雪到东城，独上高楼望远垧。

郊外已铺千点白，山头犹露一峰青。
人沾柳絮归茅屋，雁带芦花唤水汀。
不是几回凭索酒，朔风吹得醉还醒。

城东靖海楼梅花盛开纪事

清·宋于庭

去年忆梅在燕市，春衫憔悴增泥滓。
今年访梅州城东，欲吐不吐娇春风。
一抹楼台寒乍破，万重香雪光融融。
不断衣香与人影，愿与梅花作管领。
携酒刚逢月上时，坐来不觉衣裳冷。
法曹咏梅树底卧，海内诗人重叠和。
千秋佳话只空留，一春寂寂燕支涴。
我为愁多瘦十分，与花相遇淡无痕。
却疑身在春江上，花月低迷断客魂。

靖海楼秋望

清·陈燮

缥缈城隅百尺楼，凭栏风景触烦忧。
山容平远寒无影，海气荒凉淡不收。
倜傥鲁连常入梦，逍遥潘岳惯惊秋。
繁霜摇落商歌苦，潦倒生平酒一瓯。

海陵竹枝词

清·康发祥

寒食清明祭墓田，凤凰墩畔放风鸢。
阿侬记得阿婆语，烈妇坟边爇纸钱。
春到风筝天际鸣，红灯向晚又分明。
自从鸦片烟吹后，灯影筝声一例清。
泰邑从来多庙宇，崔巍梁栋足游观。
东郊自有仙坛设，又筑风云雷雨坛。
东山寺里祀张王，话梦吴人返故乡。
载送粮艘留此寺，伤心不是白驹场。

海陵竹枝词

清·赵　瑜

沿堤古迹认烟墩，新月微茫树色昏。
行过塘湾问归路，莲花池上近东门。
土牛送去又芒神，五色春鞭族族新。
年例人家挈儿女，迎春桥畔看迎春。
东山寺里吴王像，偶为同乡拜谒之。
天日照尔不照我，蛛丝雀粪满须眉。

海陵竹枝词

清·储树人

鲍家坝上客船过，篾缆青青两岸拖。
牵挽几人真出力，儿童妇女滥竽多。
迎春桥畔看迎春，五色春鞭族族新，
预卜来年丰且乐，土牛黄傍白芒神。
榼壶上冢值清明，妇女城东恣野行，
行近凤凰墩畔路，儿童逐队放风筝。
红香酿出瓮中春，细酒槽坊味独醇。
风雪天寒浑不觉，三杯佳酝饮枯陈。

海陵竹枝词

清·朱余庭

迎恩南向北迎准，物阜民通乐与偕。
唯有东城遥望海，海宁门辟远人怀。
为求佳兆叶兰征，百子桥先步几层。
莫负元宵佳节过，华佗王庙看屏灯。
北极楼前列果蔬，严家巷口买刀鱼。
何来小婢携筐至，豆蔻梢头二月初。

小车行过头营南，扫墓刚逢三月三。
采得野花归去晚，前途歇足到茶庵。
河临西坝波光阔，庄近鱼行塔影横。
满地菜花香不断，遥看春色上新城。
妾艇常依河泊所，郎家旧住水关桥。
尺书欲寄写肠断，东坝难通早晚潮。
枯陈美酒酿樽中，留客殷殷欵曲通。
鶵煮桃花虾作饼，田收新粟海陵红。
今年欢笑复明年，泛宅浮家几处迁。
燕子不来春又老，赵公桥外柳如烟。
松林庵里松盘曲，幻竹庵中竹扫除，
驼岭清风泰堂月，浮香亭畔看芙蕖。
庵寻栖凤幽篁里，桥访伏龙春水滨。
古士乡前太子港，颓垣破户旧乡绅。
琳宫梵宇郁嵯峨，春日城南载酒过。
一样燕支河畔水，暮春桥下落花多。
水西园近老西河，诗客当年觅句多。
一片荒凉无著处，秋坟鬼唱雨婆娑。
楼名靖海象虚涵，香火缘深佛一龛。
风日清和销蜃气，坐看天目拥晴岚。
古寺遥看老树垂，南山当户列参差。
晴曦一塔忽撑住，笔颖分明落凤池。
神翁遗像久留传，须发今看尚凛然。
故址莫寻天庆观，升仙桥上说升仙。
期逢岁考暗添愁，收拾书箱下泰州。
恭喜文元寓何处，先生小住玉花浮。
争来试院考名流，八邑英才集此州。
爆响十声看案发，几家欢乐几家愁。
五月城河浅水流，喧天锣鼓闹龙舟。
锦标夺得人争羡，泰坝街门都皂头。
开化禅林忠义街，泉通卓锡蜀江涯。
迷途唤醒钟声远，多少尘缘一棒揩。
行过板桥路渐低，五条巷里使人迷。
阿侬暂借良家住，系马庄东牛市西。
宜宜楼馆又新新，双福三元四可因。
扬镇京苏风味别，都来供食海陵人。
麻油篦子小灯笼，方物些须表素衷。
莱菔久腌咸菜煮，寒酸口味嗜来同。
城河菱好种东门，斜日西风欲断魂。
一抹采菱歌不绝，鸳鸯扣到凤凰墩。
旗分五色戏儿曹，题字家家饲枣糕。
且喜重阳没风雨，泰山墩上共登高。
茅屋萧条老树遮，秋光先到野人家。
东园载酒西园醉，多少游人赏菊花。
洋药招牌贩远商，洋呢洋表又洋枪。
近来事事夸洋款，何怪洋灯逐日洋。
谋深防堵土为城，暂住吴陵好避兵。
往往天阴闻鬼哭，多年古冢一齐平。
历尽人情怕胆尝，那堪苦境比甜乡。
年逢腊月廿三四，祀灶家家供灶糖。
爆竹一声催腊去，千门万户换桃符。
来年恭贺财源茂，元宝堆儿满地铺。

海陵竹枝词

清·王广业

东山古寺阅兴亡，可惜西风菜叶黄。
天寿山前云气散，残僧犹自奉张王。
踏青觉正寺门前，寒食家家扫墓烟。
一路菜花黄似蜡，纸鸢风里夕阳天。

东山寺

清·朱宝善

城东东山寺，栋宇埋榛荆。中设张王像，须眉飒有灵。生长白驹场，里居近吴陵。

银铠十条龙，雄踞姑苏城。独念汤沐邑，厚爱不加兵。是知豪杰流，刻意讲人情。

奈何今士夫，矫此以洁名。居高妄自大，遇事辄相倾。藐尔张九四，桑梓推至诚。

遗像亦土偶，入梦托村氓。魂魄恋故乡，即此见生平。我昔曾瞻拜，搴帷拂尘缨。

西风葵叶黄，怀古为沾襟。英雄有至性，成败休妄评。

东郊

清·朱宝善

东城有佛地，蔽庐恰相近。带月敲僧门，弥勒笑且应。

对门喜登高，杰阁攀数仞。阁下流水香，藻芹漾明镜。

沿岸多白杨，昏鸦晚成阵。儿时不畏鬼，呼群窜荒径。

笑持破纸幡，家旁争岔进。一瞬五十年，流光去何迅。

未知嬉戏人，至今几人剩。抔土半长眠，谁将宿草认？

前年阁亦毁，荒地斟余烬。佛地想重游，松声答清磬。

送子健东行之莲花池

清·宫元凑

诗酒相亲半月中，那堪人去凤城东。
堤边柳残瘦还绿，渡口桃花淡不红。
燕语莺声愁独听，暮云春树梦难通。
茫茫一片征帆远，回首河干夕照空。

晓登觉正寺文昌楼

清·宫元涛

冒雨来登郭外楼，一层更上兴偏幽。
千樯倒影波如镜，万木无声雁报秋。
鱼鸟天机随处见，乾坤清气豁然收。
昂首欲吐胸中愤，安得文光射斗牛。

东山寺张士诚像

朱沛深

斩木为兵据一方，大江南北拥吴王。
至今父老思遗爱，赢得千秋俎豆香。

梅兰芳公园

刘汉符

半亩幽兰半亩梅，西亭东馆任徘徊。
畹公玉像云空立，疑是还巢凤又来。

江城子·东河风景区老年锻炼晨景

张　时

东城河畔好风光，水流长，绕回廊。花树亭台，幽雅更芬芳。杨柳枝头鸣翠鸟，声婉转，韵悠扬。

妪翁潮涌向朝阳，发俱霜，体皆强。空气新鲜，晨练列成行。七十古稀今不老，逢盛世，寿而康。

减字木兰花

陈克武

今年12月26日，为梅兰芳先生九十诞辰。我市于其祖居凤凰墩上建梅亭，植兰花，种芳草，并邀梅门弟子来泰会演。盛况空前，诚剧坛之韵事也。

凤凰墩上，的皪梅花亭群放。九畹兰香，余韵流风一脉长。

满园芳草，斗艳争妍颜色好。响遏行云，白雪阳春绕古城。

梅兰芳史料陈列馆

陈宝祥

玉楼召唤返重天，遗范今朝尚宛然。
旧过榭台留宿绩，再来华表是何年。
馆邻竹菊陪风雅，篱护梅兰伴管弦。
乡土再无君步步，箕裘幸有后人贤。

夏夜游东城河风景区

顾侠和

斗柄夜空移，婵娟挂桂枝。
萤光穿细草，蛙鼓闹清溪。
鸠妇阴晴唤，杜鹃朝暮啼。
樟花香四溢，游客为神怡。

龙年桃园新景

杨红珍

同窗返泰踏春行，喜沐微寒听鸟鸣。
新岛如茵芳草地，老街似画水车声。
舒心纳尽湖天色，歇脚传来锣鼓筝。
吃喝玩游衔一体，欣看客众举瑶觥。

高阳台·梅兰芳

张　彦

袖拂云霓，莺啼春色，高歌曼舞飞旋。步踏莲花，皎然玉树青青。一颦一笑星流转，但姣羞、眄目含情。吐玑珠、急管繁弦，月满中庭。

凤城有幸芳菲驻，看美人醉态，天女娉婷。剑舞乌江，英雄大写人生。君心只合梨园老，蓄髭须、为表忠贞。仰高山、雪映寒梅，余韵长萦。

凤城河

缪　斌

我看见满夜的星光
在你心中点亮
我看见万家的灯火
拥抱着你娇羞的模样

五彩的丝带
轻轻地摇曳着画舫
温柔温柔的眼神
浸渍了你的胸膛

华灯初上
绿荫下悠闲的脚步
踏着轻盈的风
拂动了爱意绵绵的柳杨

远眺桃园

晨曦吐芳
晶莹的露珠
倒映着小鸟儿的欢唱
在五彩缤纷中流淌

数千年的沉淀
数千年的眺望
在婉转飘动的水袖中
在亭台楼阁雕梁画栋里飞扬

飞扬　飞扬
飞扬这春天的气息
眺望　眺望
眺望无限美好的远方

楚风汉韵的辞藻
依旧刻画在明堂
船工的号子
依然在赛龙舟上传唱

楹联

梅兰芳公园

1.大门

凤墩留胜迹；湖水浥清芬。（诸质卿）

2二门

亮节辉千古；青衣第一家。（萧娴）

3.序厅

（1）早惊歌舞动天下；晚有弟子传芬芳。（桂平）

（2）千树梅花传永世；一湾潭水漾深情。（储质卿）

4.正厅

寰宇蜚声，缀玉音容昭艺苑；海陵钟秀，流金祠馆亘千秋。（许姬传）

5.音响厅

桃李开何处；荣华照当年。（佚名）

6梅亭

梅因近水花先发；亭为怀人境自高。（吴浴宁）

7.戏台

惊梦别姬，人天绝唱；装疯醉酒，千古奇观。（刘子善）

桃园

1.大门（戏曲第二村）

竹径护陈庵，孔尚任长留绝唱；桃花萦古韵，渔壮园首演传奇。（佚名）

2.清风阁

（1）身远尘嚣，竹影平生野趣；心聆爽籁，松声时送清凉。（方凤翔）

（2）桃柳梅花，一楼瞰三园秀色；范文荆国，千载称两宋贤臣。（储质卿）

3.陈庵

（1）凌云健笔写青史；带血桃花染翠园。（李桂明）

（2）桃花扇底风流千古；望海楼东春色满园。（王庆农）

4.怡园

新书远寄桃花扇；旧院常关燕子楼。（摘《桃花扇》句）

5.渔壮园

公运岂穷，乞来渔壮园中粟；庵名能著，占得桃花扇底香。（桂平）

6.流香亭

风前燕子归寝室；水上鱼儿逐柳花。（顾祖印）

7.来凤楼

钟声清听寒山月；春色宏观大海潮。（舒贵生）

8.采菱榭

庆云在霄，甘露被野；和光春蔼，爽气秋高。（吴熙载）

东山寺

国士无双，护南国山河之戒；英雄第一，增东山俎豆之馨。（朱光斗）

桃园春色

编后记

2023年3月,《城东街道志》编纂工作启动,城东街道党工委、办事处高度重视,成立编纂领导小组,搭建编纂班子。

一、编纂与初审

《城东街道志》编纂组本着对历史负责的态度,依据《泰州市名镇名村志编纂手册》,参照有关志书,在初步调研、拟定篇目基础上,印发《关于收集工作材料的通知》,将任务分解落实到街道各有关部门和承编人员。

2023年4月—10月,编纂组收集整理、细化篇目,列出编写提纲、查阅档案、外调资料。同时,通过街道派出所、商场、企业、村(社区)等单位征集相关资料约30万字。

2023年12月,编纂人员多次调整篇章结构,进行反复修改,形成近20万字初稿。根据出版要求,联系承印单位,进行全志配图。在街道志出样后,及时组织审校,对志稿进行通篇阅读并进行初审,广泛征求街道机关党政部门、各村(社区)、单位修改意见,对历史事件、大事记、产业发展进行全面修改。

2024年1月,完成《城东街道志》初稿修改。2024年2月20日,将《城东街道志》样书送至海陵区党史方志办公室,提出复审申请。

二、复审与终审

2024年5月11日,海陵区党史方志办公室召开《城东街道志》复审会,进行集中评审。会上,专家们提出了许多宝贵的意见和建议,并一致同意《城东街道志》通过复审。

复审会后,编纂组根据评审专家所提意见和建议,认真进行大幅度修改，调整框架结构，查漏补缺。经过五个多月的努力，于2024年10月完成《城东街道志》修改调整和资料补充。

2024年10月18日，《城东街道志》终审会召开，各位专家对终审稿给予充分肯定，并提出进一步修改意见，一致同意《城东街道志》通过终审。

三、验收与出版

2024年11月，《城东街道志》通过海陵区党史方志办公室组织的验收。《城东街道志》全面、系统、真实地反映了城东街道发展变迁，是记录历史、传承文明的文化载体。

《城东街道志》的编纂，得到了街道党工委、办事处的高度重视，各村(社区)、各部门、企业、驻街道单位的支持配合，海陵区党史方志办公室给予全程指导。在此，一并表示衷心感谢。《城东街道志》采用了部分图片，在此对有关作者表示诚挚谢意。

《城东街道志》编纂是一项浩繁细致的文化工程。受人力、物力所限，不少史料、历史事件未能征集录入；所涉时限长、内容广，加之编者水平有限，错讹遗漏在所难免，敬请各位读者给予斧正。

2024年11月